on course

italian

Liliana Foligno

On course Series Editors
Sandra Truscott
John Morley

Hodder Arnold

A MEMBER OF THE HODDER HEADLINE GROUP

First published in Great Britain in 2005 by
Hodder Education, a member of the Hodder Headline Group,
338 Euston Road, London NW1 3BH

www.hoddereducation.co.uk

Distributed in the United States of America by
Oxford University Press Inc.
198 Madison Avenue, New York, NY10016

British Library Cataloguing in Publication Data
A catalogue record for this book is available from the British Library

Library of Congress Cataloging-in-Publication Data
A catalog record for this book is available from the Library of Congress

ISBN-10: 0 340 88533 5
ISBN-13: 978 0 340 88533 8

1   2   3   4   5   6   7   8   9   10

Typeset in 10/13pt Frutiger Light by Fakenham Photosetting Ltd
Illustrations by Oxford Designers and Illustrators Ltd.
Printed and bound in Dubai

What do you think about this book? Or any other Hodder Education title? Please
send your comments to the feedback section on www.hoddereducation.co.uk.

List of Contents

Acknowledgements

I would like to thank all the people who have contributed to *On Course Italian*.

In particular my thanks to editors Sandra Truscott and John Morley for their constant assistance, their precious ideas and suggestions, and for their hard work in editing the manuscript.

I also wish to thank my family and friends for their cooperation in providing, or being the subjects in, many of the photographs used in this book. My thanks go especially to Raffaella Grignolio, Gisela Grimaldi, Alessandro Dell'Anna, Osvaldo Dell'Anna, Giusy Fasano and Denise Dell'Anna. There are many others too numerous to list, they are not forgotten, my thanks go to them also.

A special thank you goes to my husband Frederick Smith for his continuous encouragement, patience, support and useful comments.

★ **Nota culturale**

You will notice that *On Course Italian* is published in my maiden surname. This reflects the Italian culture where married women retain their maiden name for use in all official, public and employment environments.

Every effort has been made to trace and acknowledge ownership of copyright. The publishers will be glad to make suitable arrangements with any copyright holders whom it has not been possible to contact.

The author and publishers would like to thank the following for use of text, photographs and artwork in this volume:

Cover John Townson/Creation; © Corbis, **pp2** (top right), **81** (bottom row, second from right); © Rebecca Teevan, **p2** (bottom right); © Photodisc, **pp2** (two on right), **151** (2, 4 and 7); © AGF/Rex Features, **p8** (top row, first left); © Rex Features/J F Martin, **p8** (top row, second left; © Rex Features/Stuart Atkins, **p8** (top row second from right); © Rex Features/Camilla Morandi, **p8** (top row, first from right; bottom row, second from right); © PA Photos, **p8** (bottom row, first left); © Rex Features/Julian Makey, **p8** (bottom row, second left; © Rex Features/Action Press, **p8** (bottom row, first from right); © Hulton-Deutsch Collection/CORBIS, **p73**; © David Lees/CORBIS, **p81** (top row, first left); © Michael S. Yamashita/CORBIS, **p81** (top row, second left); © Philippa Lewis; Edifice/CORBIS, **p81** (top row, second from right); © Dennis Marsico/CORBIS, **p81** (top and bottom row, first from right); © Owen Franken/CORBIS, **p81** (bottom row, first left); © Vanni Archive/CORBIS, **p81** (bottom row, second left); © Massimo Listri/CORBIS, **p81** (bottom row, middle); © Boscolo Tours, **p92**; © Alinari Archives/CORBIS, **p98**; Bevilacqua, Giovanni Carlo 1775–1849. "Spring", "Summer", "Autumn" and "Winter", undated. From a cycle of the Four Seasons. Fresco, removed. Venice, Museo Civico Correr. Photo: © akg-images / Cameraphoto, **p102**; © Deborah Clegg, **p119** (middle); © Olycom/Publifoto, **p128**; © Olycom/Mirko Albini, **p148**; © Tibor Bognár/CORBIS, **p151** (1); © Charles E. Rotkin/CORBIS, **p151** (3); © Adam Woolfitt/CORBIS, **p151** (5); ©Larry Lee Photography/CORBIS, **p151** (6); © Roger Ressmeyer/CORBIS, **p151** (8); © Olycom/Ubaldini, **p152**; © ZUMA/CORBIS, **p172** (left); © Fabian Cevallos/CORBIS SYGMA, **p172** (right); © Archivo Iconografico, S.A./CORBIS, **p176**; © Olycom/Diena Fabio, **p223**; © Olycom/Puntocom, **p243**; © Ronald Grant Archive, **p245**; © AP Photo/Eric Draper, **p246**.

Special thanks go to the staff at restaurant Corte Ludovico who provided the basis of many of the dialogues and materials used in Unità 7.

Introduction

The *On Course* series is especially designed for students in post-secondary education who would like to begin or refresh their knowledge of one of the major European languages – French, Spanish, Italian or German.

The course remains firmly communicative in approach with plenty of scope for pair and group activities, both orally and in written mode. These activities are anchored within the student and study abroad experience. At the same time, our approach lays more emphasis on grammar than has been the tendency in many recent course books. *On Course* also includes an element of independent learning for those courses in which this has become an integral part.

The target language is used throughout, apart from grammar explanations and some of the more challenging cultural input. Rubric is accompanied by an English explanation for the preliminary units and is gradually faded out as students become more familiar with the target language. We have tried to take a multicultural approach and to introduce topics and characters from a variety of countries in which the language is used.

Each unit should take approximately six hours to cover in class time, thus allowing the first half of the book to be covered in Semester One and the second half in Semester Two. Students will be expected to make up the remainder of the 200 hours allocated to a typical 20-credit course in their own time and there is sufficient material in each unit to allow them to do this.

Each course is built round ten units, each of which deals with a different aspect of life in the target country. The chapter headings give a flavour of the material in each unit:

Unit One: First contacts
Unit Two: A day in the life of …
Unit Three: Where do you live?
Unit Four: A weekend in Florence
Unit Five: A day in the city
Unit Six: My autobiography …
Unit Seven: Enjoying yourself …
Unit Eight: Problems!
Unit Nine: The world of work
Unit Ten: Future plans

Each unit is, in turn, divided into a number of sections:

Revision: a rapid overview of the main points from the previous chapter;

Starter: a brief introduction to the essentials of the unit;

1st and *2nd* '*courses*' and a '*side dish*': each of which deals with a different aspect of the main theme, together with salient points of grammar;

Dolci: a section which deals with the following:
Pronunciation and intonation;

Portfolio: which gives suggestions of written and oral tasks to be completed by students outside class, and which can be collected to form a dossier of independent work;

Culture: a section which introduces students to some of the cultural aspects of life in the target country;

Revision: a final section which reviews the important elements of the unit.

As can be seen from the list of contents, there is a substantial amount of built-in revision, which should help students consolidate earlier material, while moving forward towards new ground.

Answers to the exercises and full recording transcripts are available in a separate Support Book and we strongly recommend that you obtain the *On Course Italian Support Book and Audio Pack*, which will enable you to develop your listening skills and get used to hearing the Italian language as it is spoken now.

The *On Course* team hopes that students and their teachers will enjoy using the materials and will find them an efficient and worthwhile learning resource.

Primi contatti

Indice dell'unità

unità 1 Primi contatti

In this unit you will

★ *Apprendere qualcosa sulla geografia italiana*
Learn something about Italian geography

★ *Chiedere e dare alcune informazioni personali*
Ask for and give some information about yourself

★ *Apprendere qualcosa sulla lingua italiana*
Learn something about the Italian language

Antipasto

Un po' di geografia

Una città

Bolzano
Torino Milano Verona Venezia
Genova Bologna
Pisa Firenze Ancona
Perugia
Pescara
Roma
ITALIA
SARDEGNA Napoli Bari
Lecce
Cagliari
Palermo
SICILIA Reggio Calabria

Roma, la capitale d'Italia

Un'isola

Il mare

1 *Con il tuo compagno e gli altri studenti, prova a completare le frasi seguenti scegliendo la parola appropriata.* With your partner and the other students, complete the following sentences with the appropriate word.

isola	paese	città	provincia	nazione
regione	penisola	capoluogo	capitale	mare

a) L'Italia è una _____ (penisola – città).

b) Venezia è una _____ (città – isola).

c) La Sicilia è un' _____ (isola – nazione).

d) Il Lazio è una _____ (regione – capitale).

e) Roma è la _____ (capitale – nazione) d'Italia.

f) Bolzano è una _____ (provincia – paese).

g) Milano è il _____ (capoluogo – paese) della Lombardia.

h) La Toscana è una _____ (isola – regione).

i) La _____ (nazione – città) italiana è circondata per tre lati dal _____ (mare – paese).

j) Rivoli è un _____ (paese – capoluogo) vicino a Torino.

un paese	**una città**	**un arcipelago**	**un'isola**	**uno spettacolo**

2 *Prova a tradurre le seguenti parole in italiano.*
Try to translate the following words into Italian.

a) Geography _____

b) City _____

c) Nation _____

d Capital _____

■ Notice how the English endings change in Italian.

Example:	Italy (-y)	*Italia (-ia)*
	Curiosity (-ty)	*Curiosità (-tà)*
	Information (-tion)	*Informazione (-zione)*
	Regional (-al)	*Regionale (-ale)*

3

A *Prova a tradurre le seguenti parole in italiano.*
Try to translate the following words into Italian.

a) Biology _____

b) Sociology _____

c) University _____

d) Society _____

e) Attention _____

f) Situation _____

g) Special _____

h) Original _____

B *Ora ascolta e ripeti le frasi che senti.*
Now listen and repeat the sentences you hear.

4

I termini dell'Attività 3 sono detti 'vocaboli affini'. Riesci a spiegare cos'è un 'vocabolo affine'? The words in Activity 3 are cognates. Can you explain what a cognate is?

■ Many Italian and English words are similar in form and meaning. This is because these words have a common origin. Here are five groups of cognates. After reading them, you should be able to recognise and use some cognates.

-cs = -ca	-ty = -tà	-y = -ia	-tion = -zione	-al = -ale
physics: *fisica*	university: *università*	psychology: *psicologia*	education: *educazione*	national: *nazionale*
politics: *politica*	society: *società*	astronomy: *astronomia*	station: *stazione*	provincial: *provinciale*
mathematics: *matematica*	activity: *attività*	philosophy: *filosofia*	generation: *generazione*	regional: *regionale*

5

Con un compagno, pensa a delle parole inglesi che terminano in -y, -ty, -tion, -al e prova a dare il corrispondente termine italiano. Together with a partner, think of some English words ending in '-y, -ty, -tion, -al' and try to give the corresponding Italian word.

Primo piatto

All'Università per stranieri di Perugia

 1

A *Ascolta la conversazione.* Listen to the conversation.

Richard	Ciao. Mi chiamo Richard. E tu?
Silvie	Io sono Silvie.
Richard	Piacere.
Silvie	Piacere mio.

B *Ora leggi la conversazione ad alta voce con un compagno.*
Now read the conversation out loud with a partner.

C *Presentati al tuo compagno prima, e poi a cinque altri compagni della classe.* Introduce yourself to your partner first, and then to five others in the class.

 2

A *Ascolta come procede la conversazione.* Listen how the conversation develops.

Richard	Che cosa studi, Silvie?
Silvie	Psicologia. E tu?
Richard	Io studio fisica nucleare.

B *Ora completa la tabella.* Now complete the grid.

Inglese	**Italiano**
I study	(io) studio
you study	(tu) ....

C *E tu che cosa studi?*
What do you study? Exchange information with your partner.

3

A *Richard e Silvie continuano a parlare di sé. Ascolta e leggi.*
Richard and Silvie carry on talking about themselves. Listen and read.

Richard	Di dove sei, Silvie?
Silvie	Sono di Lione, sono francese. E tu?
Richard	Io sono di Oxford, sono inglese. Questo è George, un amico.
Silvie	Piacere, George. Sei inglese anche tu?
George	Piacere. No, sono irlandese, di Dublino.

B *Abbina le frasi italiane alle corrispondenti frasi inglesi.* Match the Italian phrases with the corresponding English phrases.

Italiano	Inglese
Di dove sei?	*This is …*
Questo è …	*I am from …*
Sono di …	*Where are you from?*

C *In gruppi di tre, leggete la conversazione precedente ad alta voce.*
In groups of three, read the above conversation out loud.

D *Adesso scopri la città di origine dei tuoi compagni.*
Now find out about the home town of your partners.

  4

A *Ed ora Alessandro Ferri incontra i suoi studenti. Ascolta e leggi.*
And now Alessandro Ferri meets his students. Listen and read.

Al. Ferri	Buongiorno. Sono il Professor Ferri. Sono il nuovo insegnante d'italiano. Lei come si chiama?
Silvie	Silvie Bertrand.
Al. Ferri	Piacere. Di dov'è, Silvie?
Silvie	Sono di Lione. E Lei?
Al. Ferri	Io sono di Roma.

> ★ **Nota culturale**
>
> The singular pronoun 'you' has two forms: **Lei** and **Tu**. **Lei** is formal and is used when talking to people older or of higher status than you or to people you don't know. **Tu** is familiar/informal and is used when talking to friends, family, colleagues and children. If you are unsure how to address someone, wait and see how they address you and follow suit.

B *Metti la prima e la seconda persona del verbo 'essere' accanto ai pronomi personali soggetto.* Put the first and second person informal and formal of the verb *essere* next to the Italian subject pronouns.

essere	to be
(io)	I am
(tu)	you are (informal)
(Lei)	you are (formal)

C *Ora chiedi all'insegnante di dov'è. Userai 'Lei' o 'tu'?*
Now ask where your teacher is from. Will you use *Lei* or *tu*?

  5

Ascolta i tre dialoghi e completa la tabella.
Listen to the three dialogues and complete the grid.

	1	2	3
Nome			
Città di origine			
Nazionalità			
Professione			

   6

A *Con un compagno, completa il seguente dialogo.*
With a partner, complete the following dialogue.

Diego Ciao. Mi _____ Diego. E tu?
Sara Io _____ Sara.
Diego Di dove _____, Sara?
Sara _____ di Firenze. Sono italiana. E tu?
Diego Io _____ di Madrid, sono spagnolo.

B *Adesso, con il tuo compagno, completa di nuovo il dialogo usando il 'Lei'. Pensa agli altri cambiamenti da fare.* Now complete it again using the *Lei* form. Think about what other changes you might have to make.

Diego Ciao. Mi _____ Diego. E _____?
Sara Io _____ Sara.
Diego Di dove _____, Sara?
Sara _____ di Firenze. Sono italiana. E _____?
Diego Io _____ di Madrid, sono spagnolo.

7

Leggi questi aggettivi e abbinali alle seguenti bandiere. Fai attenzione alle desinenze. Read these adjectives and match them to the following flags. Make sure you give the appropriate ending.

inglese	brasiliano	italiano	svizzero	spagnolo
austriaco	tedesco	americano	svedese	francese

Esempio:

 La bandiera portoghese.

 a) La bandiera _____

 b) La bandiera _____

 c) La bandiera _____

 d) La bandiera _____

 e) La bandiera _____

f) La bandiera _____

 g) La bandiera _____

 h) La bandiera _____

 i) La bandiera _____

 j) La bandiera _____

8

Di che nazionalità è? What is his/her nationality?

Francesco Totti

Cameron Diaz

Robbie Williams

Oriana Fallaci

Antonio Banderas

Kelly Holmes

Robert De Niro

Penélope Cruz

Completa le frasi seguenti con la nazionalità dei personaggi delle foto. Complete the following sentences with the nationality of the people in the pictures.

a) È un cantante _____ . È di Stoke on Trent. Si chiama Robbie Williams.

b) È un calciatore _____ . È di Roma. Si chiama Francesco Totti.

c) È un'attrice _____ . È di Madrid. Si chiama Penélope Cruz.

d) È una scrittrice _____ . È di Firenze. Si chiama Oriana Fallaci.

e) È un attore _____ . È di New York. Si chiama Robert De Niro.

f) È un'atleta _____ . È di Pembury, Kent. Si chiama Kelly Holmes.

g) È un'attrice _____ . È di San Diego. Si chiama Cameron Diaz.

h) È un attore _____ . È di Málaga. Si chiama Antonio Banderas.

 9

Nell'attività precedente hai notato che, in alcuni casi, gli aggettivi cambiano desinenza. Riesci a elaborare una regola? Che succede a 'inglese'? In the previous activity you will have noticed that, in some cases, the adjectives change their endings. Can you work out a rule? What happens to *inglese*?

 **10**

Completa la tabella e metti le persone singolari dei verbi 'essere' e 'chiamarsi' accanto ai pronomi personali soggetto. Complete the grid, by putting the singular forms of the verbs *essere* and *chiamarsi* next to the subject pronouns.

essere	to be
(io)	I am
(tu)	you are (informal)
(Lei)	you are (formal)
(lui/lei)	he/she is

chiamarsi	to be called
(io) mi	I am called
(tu) ti chiami	you are called (informal)
(Lei) si	you are called (formal)
(lui/lei) si	he/she is called

 **11**

Pensa a tre o quattro personaggi famosi. Descrivili al tuo compagno come nell'Attività 8. Il tuo compagno deve indovinare i personaggi. Think of three or four celebrities. Describe them to your partner as in Activity 8. Can he/she guess who you are describing?

Nouns, Indefinite articles and Adjectives

- In Italian, nouns are either masculine or feminine:

  Giorgio, attore, calciatore are masculine.
  Maria, regione, attrice are feminine.

- Words which accompany them (articles 'the', 'a' and adjectives 'Italian', 'big') have to agree:

Indefinite article	Noun	Adjective
un (masc.)	fisico	italiano
uno (masc.)	scrittore	spagnolo
una (fem.)	ballerina	italiana
un' (fem.)	attrice	spagnola
un (masc.)	politico	inglese
una (fem.)	biologa	inglese

Note how the masculine form of the indefinite article changes when it is followed by nouns beginning with **s** + consonant or **z**:

uno studente
uno zaino

Secondo piatto

Un problema di accento

A *I due nuovi amici sono al bar. Ascolta e leggi la conversazione.* The new two friends are in the cafeteria. Listen and read the conversation.

Richard	Abbiamo un bravo insegnante d'italiano, vero?
Silvie	Sì, è bravo, ma ha un accento difficile.
Richard	Io ho una buona cassetta, utile per attività di ascolto.
Silvie	Hai anche il libro con le trascrizioni?
Richard	Sì, ma non qui con me. È a casa.
Silvie	Oh, è tardi. Andiamo!

B *Riascolta la conversazione e spunta le parole che senti.*
Listen to the conversation again and tick the words you hear.

vocabolario

bravo: *good*
difficile: *difficult*
utile: *useful*
ascolto: *listening*
trascrizioni: *transcripts*
qui: *here*
andiamo: *let's go*

- ■ attrice
- ■ libro
- ■ ballerina
- ■ accento
- ■ attività

- ■ insegnante
- ■ scrittore
- ■ cassetta
- ■ casa
- ■ aula

C *Abbina le parole italiane alle corrispondenti parole inglesi.*
Match up the Italian words to the corresponding English words.

Italiano	Inglese
vero?	*but*
anche	*late*
tardi	*also*
ma	*isn't that so?*

D *Riesci ad identificare nuovi verbi nel dialogo? Sottolineali.*
Can you identify any new verbs in the dialogue? Underline them.

L'articolo determinativo (The definite article – 'the')

	Singular	Plural
Masculine	il libro	i libri
Masculine	lo studente	gli studenti
Masculine	l'amico	gli amici
Feminine	la cassetta	le cassette
Feminine	l'amica	le amiche

 2

Riesci a spiegare le diverse forme dell'articolo determinativo? E il plurale dei nomi? Can you explain the different forms of the definite article? And the plural of nouns?

  3

A *Ascolta e spunta la figura corrispondente a ogni frase che senti.*
Listen and tick the picture corresponding to each phrase you hear.

Esempio:

il mare

gli aquiloni

a   **b**   **c**   **d**   **e**

f   **g**   **h**   **i**   **j**

B *Adesso scrivi quello che mostrano le figure.*
Now write down what each picture shows.

4

A *Ascolta i numeri e ripeti.* Listen to the numbers and repeat them.

B *Ora abbina i numeri a sinistra alle parole a destra.*
Now match the numbers on the left with the words on the right.

11	otto
20	quattordici
17	venti
8	cinque
29	ventinove
30	undici
14	trenta
5	diciassette

5

Giochiamo a tombola. Ascolta e metti una croce sui numeri che senti.
Let's play bingo. Listen and put a cross against the numbers you hear.

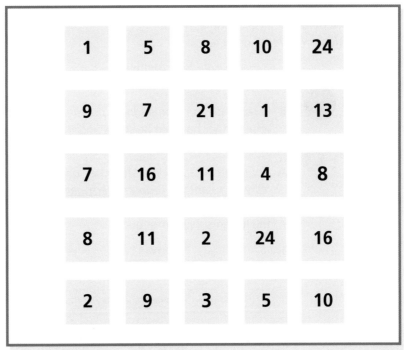

6

A *Ascolta questi numeri. Per ogni numero che senti, sii pronto a dire il numero che segue.* Listen to these numbers. For every number you hear, be ready to say the number that follows.

B *Ascolta di nuovo i numeri e prova a dire il numero che precede.* Listen to the numbers again and say the number that comes before each one.

7

A *A turno con un compagno, chiedi la soluzione delle seguenti operazioni.* In turns with a partner, ask for answers to the following sums.

Esempio: – Quanto fa due più due?
– Fa quattro.

+ (più)
− (meno)
× (per)
÷ (diviso)

a) 8 + 1 = ... **b)** 5 − 3 = ... **c)** 2 × 4 = ... **d)** 10 ÷ 2 = ...

e) 14 + 3 = ... **f)** 28 − 5 = ... **g)** 9 × 3 = ... **h)** 25 ÷ 5 = ...

i) 15 + 15 = ... **j)** 21 ÷ 3 = ...

B *Ora inventa delle operazioni e interroga un compagno.* Now make up some sums of your own and test your partner.

8

A *Ad una festa Richard chiacchiera con Michela. Ascolta e leggi la conversazione.* At a party Richard is chatting with Michela. Listen and read the conversation.

Richard	Quanti anni hai, Michela?
Michela	Diciannove, e tu?
Richard	Io ho ventun anni.
Michela	E Silvie quanti anni ha?
Richard	Vent'anni, credo.

E tu quanti anni hai? And how old are you?

B *Chiedi l'età a un compagno e poi riferisci l'informazione alla classe.* Ask your partner how old he/she is and then refer the information to the class.

9

A *Completa la tabella e metti le persone mancanti dei verbi 'avere' ed 'essere' accanto ai pronomi personali soggetto.* Complete the following grid by putting the missing persons of the verbs *avere* and *essere* next to the Italian subject pronouns.

avere		to have	essere		to be
(io)		*I have*	(io)		*I am*
(tu)		*you have (informal)*	(tu)		*you are (informal)*
(Lei)		*you have (formal)*	(Lei)		*you are (formal)*
(lui/lei)		*he/she has*	(lui/lei)		*he/she is*
(noi)		*we have*	(noi)	siamo	*we are*
(voi)	avete	*you have*	(voi)	siete	*you are*
(loro)	hanno	*they have*	(loro)	sono	*they are*

Contorno
La lingua italiana e le sue varietà

A *Questo è un breve paragrafo sulle varietà dell'italiano. Leggilo ad alta voce con un compagno.* This is a short paragraph about the varieties of the Italian language. Read it out loud with your partner.

v o c a b o l a r i o

ogni: *every*

parole: *words*

spesso: *often*

oggi: *today, nowadays*

quasi: *almost, nearly*

> **L**a lingua italiana deriva dal Latino, la lingua degli antichi Romani. In Italia ci sono venti regioni e in ogni regione c'è un dialetto diverso. Le parole dialettali hanno una pronuncia molto diversa dall'italiano e, spesso, sembrano una lingua straniera. In ogni regione c'è anche una cadenza caratteristica. Spesso la cadenza varia da città a città.
>
> Nella lingua italiana di oggi ci sono molte varietà dell'italiano: c'è l'italiano standard, c'è l'italiano neo-standard, c'è l'italiano parlato colloquiale, c'è l'italiano popolare e molte altre varietà.
>
> Oggi tutti, o quasi tutti, in Italia parlano l'italiano, ma anche il dialetto della propria regione o città.

B *Riesci a trovare nel testo le forme italiane corrispondenti a 'there is – there are'?* Can you find in the text the Italian for 'there is – there are'?

a) there is: _____

b) there are: _____

A *Prova a cercare nel testo la traduzione italiana delle frasi seguenti.* Can you find in the text the Italian for the following phrases?

a) There is a different dialect.

b) There are twenty regions.

c) There is the colloquial Italian.

d) There are many varieties of Italian.

e) There is a characteristic intonation.

B *Riesci a spiegare le differenze tra queste varietà dell'italiano?* Try to explain the difference between these forms of Italian.

a) L'italiano standard

b) L'italiano neo-standard

c) L'italiano parlato colloquiale

d) L'italiano popolare

C *Esistono le stesse differenze linguistiche nel tuo Paese?* Do similar linguistic differences exist in your own country?

Dolci

Pronuncia e Ortografia

■ L'alfabeto italiano

A *Queste sono le 21 lettere dell'alfabeto italiano. Ascolta e ripeti.*
Here are the 21 letters in the Italian alphabet. Listen and repeat them.

A – a	D – d	G – g	L – l	O – o	R – r	U – u
B – b	E – e	H – h	M – m	P – p	S – s	V – v
C – c	F – f	I – i	N – n	Q – q	T – t	Z – z

B *Quali lettere mancano e perché?* Which letters are missing and why?

C *Queste sono altre lettere importate nell'alfabeto italiano. Quali sono?*
Here are some extra letters which have been imported into the Italian alphabet. Can you work out which letters they are?

- I lunga
- Cappa
- Doppia vu

- Ics
- Ipsilon

■ Come si scrive?

A *Alessandro Ferri sta scrivendo il registro e chiede agli studenti di pronunciare i loro nomi lettera per lettera. Ascolta e completa la tabella seguente.* Alessandro Ferri is writing the class register. He asks the students to spell their names letter by letter. Listen and fill in the grid below.

Nome	Cognome
Silvie	
R	
G	

B *Ora presentati al tuo compagno e pronuncia lettera per lettera il tuo nome e cognome.* Now introduce yourself to your partner and spell your name and your surname letter by letter.

Esempio:
– Mi chiamo Christine Alcock.
– Come si scrive il nome?
– Ci, acca, erre, i, esse, ti, i, enne, e.
– E il cognome?
– A, elle, ci, o, ci, cappa.

C *Insieme con l'insegnante, guarda le parole nella tabella seguente e leggile ad alta voce.* Together with your teacher, look at the words in the following grid and read them out loud.

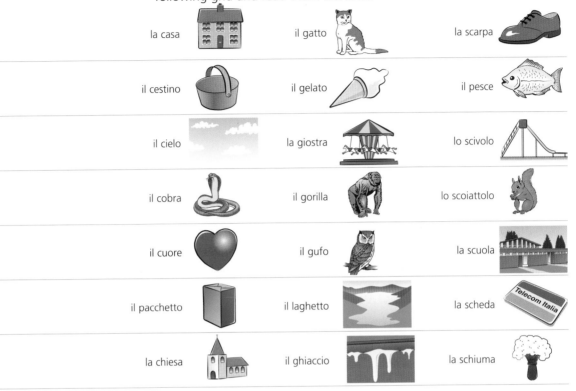

la casa		il gatto		la scarpa	
il cestino		il gelato		il pesce	
il cielo		la giostra		lo scivolo	
il cobra		il gorilla		lo scoiattolo	
il cuore		il gufo		la scuola	
il pacchetto		il laghetto		la scheda	
la chiesa		il ghiaccio		la schiuma	

D *Riesci a elaborare una regola relativa alla pronuncia delle consonanti 'c , 'g' e 'sc'?* Can you work out a rule for the pronunciation of 'c', 'g' and 'sc'?

Il tuo portfolio

Questi sono alcuni compiti, basati sul materiale di questa unità, che puoi inserire nel tuo portfolio. Here are some tasks, based on the material in this unit, that you might want to complete for your portfolio.

1

- *Registra una presentazione di te stesso. Menziona il nome, di dove sei, la tua nazionalità e l'età.* Record an introduction of yourself. Mention your name, where you are from, your nationality and your age.

- *Trova un amico di madrelingua italiana e registra una breve conversazione in cui vi scambiate alcune informazioni personali. Poi trascrivila.* Find a native speaker, or Italian-speaking friend, and record a short conversation in which you exchange personal information. Then transcribe it.

- *Adesso scrivi un breve paragrafo in cui parli di te stesso e del tuo amico.* Now write a short paragraph in which you talk about yourself and about your friend.

2

■ *Trova, in rete, degli esercizi di grammatica relativi ai punti grammaticali che hai studiato in questa unità. Completa gli esercizi online, poi stampali e aggiungili al tuo portfolio.* Find some web-based computer exercises which practise the grammatical points introduced in this unit. Complete them online, then print them out and add them to your portfolio.

3

■ *Rileggi l'articolo 'La lingua italiana e le sue varietà' a pagina 15 e poi chiudi il libro. Quante frasi ed espressioni riesci a ricordare?* Reread the text on page 15, then close your book. How many phrases and expressions can you remember?

4

■ *Dopo aver letto la parte relativa al 'Digestivo', prova a cercare delle canzoni inglesi che contengono saluti. Poi traduci i versi dove appaiono i saluti e dai delle informazioni sui cantanti (nome, luogo di origine ecc.).* Once you have read the 'Digestivo' section, try to find some English songs containing greetings. Then translate in Italian the lines of the songs where the words for greetings appear and give some information about the singers (name, where they are from etc.).

Digestivo

■ Un mare di saluti

Leggi i brani seguenti tratti da alcune canzoni.
Read the following song medley.

Ciao, Ciao – Petula Clark
Ciao, ciao! Grido chiamandoti.
Ciao, ciao! Amore abbracciami.
Ciao, ciao! Sono tornata da te.
Ciao, ciao!

Arrivederci Roma – Renato Rascel
Arrivederci, Roma …
Good bye … au revoir …

Buongiorno bambina – Eros Ramazzotti
Buongiorno, bambina
Il sole ti guarda ormai.

Buonasera (signorina) – Fred Buscaglione
Buonasera, signorina,
buonasera.

Buonanotte fiorellino – Francesco De Gregori
Buonanotte, buonanotte, fiorellino,
buonanotte tra le stelle e la stanza.

Queste sono espressioni di saluto. Quando le useresti? Here are some expressions for greeting people. When would you use them?

- Buongiorno
- Buonasera
- Buonanotte
- Salve

- Ciao
- Arrivederci
- ArrivederLa

Ripasso

You should be able to

★ *Riconoscere e usare alcuni termini geografici*
Recognise and use some geographical terms

★ *Dare alcune informazioni personali e chiedere le stesse informazioni ad altri*
Give some information about yourself and ask for the same information from others

★ *Pronunciare le parole lettera per lettera*
Give the spelling of words

★ *Salutare le persone in modo adeguato*
Greet people appropriately

★ *Sapere qualcosa in più sulla lingua italiana*
Understand a bit more about the Italian language

★ *Usare i numeri da 0 a 30*
Use numbers from 0 to 30

★ *Usare il presente dei verbi 'essere', 'avere' e il singolare del verbo 'chiamarsi'; l'articolo determinativo e indeterminativo; i pronomi personali soggetto; formare il plurale dei nomi e concordare l'aggettivo con il nome*
Use the present tense of the verbs 'to be', 'to have' and the verb 'to be called' in the singular; the definite and indefinite articles; the subject pronouns; form the plural of nouns and make the adjective agree with the noun

Svolgi i seguenti esercizi e ripassa il materiale su cui non ti senti sicuro prima di procedere all'Unità 2. Test yourself with the exercises below and revise any of the material you are not sure about before moving on to Unit 2.

A

Questa è una lista di luoghi italiani. Decidi se sono regioni, isole, città, capoluoghi o paesi. Here is a list of a few Italian places. Decide whether they are regions, islands, cities, regional capitals or villages.

- L'Umbria
- Asti
- Bologna
- Venezia

- Bergamo
- La Campania
- La Sardegna

- Reggio Calabria
- Pinerolo
- Bassano del Grappa

B

Questi sono alcuni dei termini e frasi più importanti incontrati in questa Unità. Riporta la traduzione. These are some of the most important words and phrases which have cropped up in this unit. Can you write the translations?

Italiano	Inglese
	I'm called Tiziana.
Io sono Valeria.	
Piacere.	
	Where are you from?
Sono di Napoli.	
Sono italiana.	
	This is Martin.
Sei inglese?	
No, sono scozzese.	
Sono il nuovo insegnante d'italiano.	
	He is an Italian footballer.
È un'attrice spagnola.	
È un attore inglese.	
È una cantante italiana.	
	We have a good teacher.
Ha un accento difficile.	
Io ho una buona cassetta.	
Hai anche il libro con le trascrizioni?	
	How old are you?
	In Italy there are twenty regions.
In ogni regione c'è un dialetto diverso.	
In ogni regione c'è una cadenza caratteristica.	
Ci sono molte varietà dell'italiano	

C

A turno con un compagno, completa la seguente attività ad alta voce.
With your partner, complete your side of this activity out loud.

A   Ciao. Sei italiana?
B   *Say no, you are Scottish.*
A   Ah, io sono italiana. Mi chiamo Diana. E tu?
B   *Say you are called Liz.*
A   Piacere. Di dove sei, Liz?
B   *Say pleased to meet you and say you are from Aberdeen. Then ask Diana where she is from.*
A   Sono di Napoli. Lui è un tuo amico?
B   *Say yes. He is Gabriel, a Spanish friend.*
A   Siete in Italia per lavoro?
B   *Say no. You are students of Italian.*
A   Avete bravi insegnanti?
B   *Say yes. You have a good Italian teacher.*

Adesso puoi rifare l'esercizio, dando risposte che ti riguardano o che riguardano una persona che conosci. You could now do the exercise again, changing the English answers to ones which are more appropriate for you or someone you know.

Vocabolario

Nomi	**Nouns**		
accento	accent	paese (m.)	country; village
amico	friend	parola	word
anno	year	penisola	peninsula
aquilone (m.)	kite	pronuncia	pronunciation
ascolto	listening	provincia	province
attività	activity	regione (f.)	region
attore (m.)	actor	scrittrice (f.)	writer
attrice (f.)	actress	studente (m.)	student
aula	classroom	università	university
bandiera	flag	varietà	variety
cadenza	intonation		
calciatore (m.)	football player	**Aggettivi**	**Adjectives**
cantante (m. e f.)	singer	americano/a	American
capitale (f.)	capital	austriaco/a	Austrian
capoluogo	regional capital	brasiliano/a	Brazilian
cassetta	cassette	bravo/a	good
città	city	buono/a	good
cognome (m.)	surname	caratteristico/a	characteristic
dialetto	dialect	difficile	difficult
insegnante (m. e f.)	teacher	diverso/a	different
isola	island	francese	French
lingua	language	inglese	English
libro	book	irlandese	Irish
mare (m.)	sea	italiano/a	Italian
nazione (f.)	nation	molto/a	a lot of, much
nome (m.)	name	nuovo/a	new
		portoghese	Portuguese

questo/a	*this*	di dove sei?	*where are you from?*
scozzese	*Scottish*	piacere	*pleased to meet you*
spagnolo/a	*Spanish*	quanti anni hai?	*how old are you?*
straniero/a	*foreign*	vero?	*isn't it? doesn't it, etc.*
svedese	*Swedish*		
svizzero/a	*Swiss*		
tedesco/a	*German*	**Saluti**	**Greetings**
utile	*useful*	arrivederci	*goodbye*
		buonanotte	*good night*
		buonasera	*good evening*
Verbi	**Verbs**	buongiorno	*good morning*
avere	*to have*	ciao	*hi, bye*
chiamarsi	*to be called*	salve	*hello*
essere	*to be*		
scrivere	*to write*		
studiare	*to study*	**I numeri 1–30**	**Numbers 1–30**
		uno	*1*
		due	*2*
Altre parole	**Other words**	tre	*3*
a	*at, to*	quattro	*4*
anche	*also, too*	cinque	*5*
come	*how*	sei	*6*
con	*with*	sette	*7*
da	*from*	otto	*8*
di	*of, from*	nove	*9*
dove	*where*	dieci	*10*
e	*and*	undici	*11*
in	*in*	dodici	*12*
ma	*but*	tredici	*13*
molto	*very, very much*	quattordici	*14*
no	*no*	quindici	*15*
non	*not*	sedici	*16*
ogni	*every*	diciassette	*17*
per	*for*	diciotto	*18*
quanto	*how much*	diciannove	*19*
quasi	*almost, nearly*	venti	*20*
qui	*here*	ventuno	*21*
sì	*yes*	ventidue	*22*
spesso	*often*	ventitré	*23*
tardi	*late*	ventiquattro	*24*
		venticinque	*25*
		ventisei	*26*
Espressioni utili	**Useful phrases**	ventisette	*27*
che cosa studi?	*what do you study?*	ventotto	*28*
c'è	*there is*	ventinove	*29*
ci sono	*there are*	trenta	*30*
come ti chiami?	*what's your name?*		
come si scrive?	*how do you spell it?*		

Una giornata nella vita di ...

Indice dell'unità

23

In this unit you will

★ *Parlare delle tue attività del tempo libero*
Talk about your leisure activities

★ *Chiedere e dire l'ora*
Ask and say the time

★ *Parlare delle tue abitudini quotidiane*
Talk about your daily routine

★ *Conoscere qualcosa sul tipo di vacanza preferito da molti giovani italiani*
Know something about the type of holidays many young Italians like

Ripasso

Cosa riesci a ricordare? What can you remember?

Nell'Unità 1 hai imparato a pronunciare i suoni italiani. Adesso ascolta e completa la tabella con le parole mancanti. In Unit 1 you learnt to pronounce some Italian sounds. Now listen and fill in the table with the missing words.

musica		computer
pomeriggio	videogiochi	valigia
	piscina	bocce
cinema	vacanza	
	amici	pattinaggio

Antipasto

Osserva le seguenti figure e scegli l'espressione appropriata dal riquadro.
Look at the following pictures and choose the appropriate expression from
the box below.

1 _____   2 _____   3 _____

4 _____   5 _____   6 _____

7 _____   8 _____   9 _____

prendere il sole   dormire   ballare
leggere   giocare a bocce   partire per il mare
giocare a tennis   guardare la TV   giocare a pallone

Primo piatto

Un sondaggio

v o c a b o l a r i o

ti va: *would you mind/do you fancy?*

qualche domanda: *a few questions*

volentieri: *with pleasure*

allora: *so*

se: *if*

mah: *well*

poi: *then*

dopo: *after*

prima: *first*

quando: *when*

soltanto: *only*

compiti: *homework*

a volte: *at times*

 1

A *Clara intervista uno studente per il suo sondaggio. Ascolta Stefano mentre dice come passa il suo tempo libero.* Clara interviews a student for her survey. Listen to Stefano talking about how he spends his free time.

B *Con un compagno, leggi il dialogo ad alta voce.*
With a partner, read the dialogue out loud.

Clara	Ciao. Ti va di rispondere a qualche domanda per un sondaggio?
Stefano	Sì, volentieri.
Clara	Tu studi o lavori?
Stefano	D'inverno studio e d'estate lavoro.
Clara	E dove lavori?
Stefano	Lavoro in un bar.
Clara	Allora se d'inverno studi e d'estate lavori, non hai molto tempo libero!
Stefano	Mah, io lavoro fino alle due e poi ho tutto il pomeriggio libero.
Clara	E come passi il tempo libero?
Stefano	D'estate, dopo il lavoro, prima dormo un po' e poi passo il tempo libero al mare. Amo molto il mare e adoro nuotare e prendere il sole.
Clara	E quando sei al mare, prendi il sole e nuoti soltanto?
Stefano	No, gioco a pallone o a bocce con gli amici.
Clara	E d'inverno cosa preferisci fare?
Stefano	D'inverno, quando finisco i compiti, gioco al computer o vedo gli amici. A volte leggo, ascolto la musica o guardo la TV.

C *Trova, nella conversazione, il corrispondente italiano delle espressioni seguenti.* Find the Italian versions of the following phrases in the conversation.

a) I sleep a bit.

b) I listen to music.

c) I play on my computer.

d) In winter I study.

e) I love the sea a lot.

f) I see my friends.

g) In summer I work.

h) I read.

i) I watch TV.

j) I spend my free time at the seaside.

k) I work in a bar.

l) I finish my homework.

m) I have the whole afternoon free.

n) I love swimming.

 **2**

Tocca a te fare alcune domande. Fai a sei compagni le domande seguenti. It's your turn to ask some questions. Ask six people the following questions.

a) Cosa preferisci fare d'inverno?

b) Cosa preferisci fare d'estate?

Esempio: D'inverno leggo.
  D'estate nuoto.

 3

A *Clara continua il suo sondaggio e intervista una signora. Ascolta Irene mentre dice come passa il tempo libero.* Clara continues her survey and interviews a woman. Listen to Irene talking about how she spends her free time.

B *Adesso leggi la conversazione con un compagno ad alta voce.*
Now read the conversation with a partner out loud.

Clara	Buongiorno, signora. Le va di parlarmi del suo tempo libero?
Irene	Io, veramente, non ho molto tempo libero.
Clara	Come mai? Lavora molto?
Irene	Eh, sì!
Clara	E non ha mai un minuto libero?
Irene	Sì, il fine settimana.
Clara	E come passa il fine settimana?
Irene	D'inverno, quando il tempo è brutto, resto a casa e leggo.
Clara	Che genere di libri legge?
Irene	Biografie, romanzi gialli, classici …
Clara	Pratica degli sport?
Irene	No, sono un po' pigra, ma amo molto ballare.
Clara	E d'estate preferisce passare la domenica al mare?
Irene	Ah, sicuramente!
Clara	E prende il sole?
Irene	Certo.

vocabolario

veramente: *actually*
come mai? *how come?*
non … mai: *never*
fine settimana: *weekend*
tempo: *weather*
brutto: *bad*
genere: *genre*
romanzi gialli:
   detective novels
pigro/a: *lazy*
sicuramente: *definitely*
certo: *of course*

C *Adesso chiedi al tuo compagno come passa il fine settimana.*
Now ask your partner how he/she spends the weekend.

Esempio: – Come passi il fine settimana?
– Il sabato gioco a pallone.
– La domenica studio.

4

Nei dialoghi precedenti hai incontrato il presente indicativo di alcuni verbi. Ora completa la tabella con la prima, seconda e terza persona singolare dei verbi indicati, accanto ai pronomi personali soggetto. In the above conversations you have come across some verbs in the present tense. Now complete the grid by putting the first, second and third person of the verbs indicated, next to the Italian subject pronouns.

	lavor-are	**prend-ere**	**dorm-ire**	**fin-ire**
(io)				
(tu)				
(Lei)				
(lui/lei)				
(noi)	lavor-iamo	prend-iamo	dorm-iamo	fin-iamo
(voi)	lavor-ate	prend-ete	dorm-ite	fin-ite
(loro)	lavor-ano	prend-ono	dorm-ono	fin-isc-ono

5 *Riesci a spiegare come si forma il presente indicativo dei verbi regolari?*
Questi sono i verbi regolari che hai incontrato nelle conversazioni precedenti.
Can you explain how the present tense of regular verbs is formed? These
are the regular verbs you came across in the previous conversations.

-are	-ere	-ire	-ire
adorare	leggere	dormire	finire
amare	prendere		preferire
ascoltare	rispondere		
ballare	vedere		
giocare			
guardare			
lavorare			
nuotare			
passare			
praticare			
restare			

The present tense

■ Italian verbs are divided into three conjugations. **-are**, **-ere** and **-ire**
are the endings of the infinitive of the three conjugations.

■ The present tense is formed by replacing the ending of the infinitive
with the appropriate endings of the present. The endings are different
for each person.

Am-o ballare.	I love dancing.
Prend-o il sole.	I sunbathe.
Dorm-o un po'.	I sleep a bit.

■ Some verbs with the infinitive in **-ire**, add **-isc-** between the stem and
the endings with the exceptions of the **noi** and **voi** forms.

Fin-isc-o di lavorare alle due.	I finish working at two.
Prefer-isc-o guardare la TV.	I prefer watching TV.

A *Leggi le seguenti attività. Riesci a capire il significato? Poi ascolta Flavio mentre parla delle sue attività del tempo libero e spunta le attività che menziona.* Read the following activities. Can you understand what they all are in English? Then listen to Flavio talking about his leisure activities and tick the activities that he mentions.

- Leggo la posta elettronica.
- Vado in piscina.
- Frequento un corso di recitazione.
- Faccio equitazione.
- Non vado mai al cinema.
- Gioco a bocce.

- Navigo in rete.
- Vado in palestra.
- Vado in discoteca.
- Guardo la TV.
- Faccio vela.
- Faccio pattinaggio.

- Vado in vacanza.
- Ascolto la musica.
- Gioco a tennis.
- Vado a teatro.
- Pratico lo sci nautico.
- Vado a sciare.

B *Questi sono alcuni avverbi di frequenza. Riesci ad abbinare la versione inglese a quella italiana?* Here are some adverbs of frequency. Can you match the English with the Italian?

Italiano	Inglese
Ogni sera	In winter
Il lunedì	Sometimes
Qualche volta	Once in a while
Il mercoledì	Every evening
Ogni tanto	Never
Spesso	In summer
Mai	On Mondays
D'estate	Often
D'inverno	On Wednesdays

C *Cosa fa Flavio? Ora ascolta Flavio di nuovo e completa le frasi.* What does Flavio do? Now listen to Flavio again and complete the sentences.

a) Ogni sera: _____

b) Il lunedì: _____

c) Qualche volta: _____

d) Il mercoledì: _____

e) Ogni tanto: _____

f) Spesso: _____

g) Mai: _____

h) D'estate: _____

i) D'inverno: _____

7 A turno con un compagno, fai alcune domande sulle attività di Flavio. In turns with your partner, ask questions about Flavio's activities.

Esempio: Cosa fa Flavio il lunedì?
Quando gioca a tennis?

8 Chiedi al tuo compagno quando fa le seguenti attività. Ask your partner how often he or she does the following activities. *Usa le seguenti parole nella risposta.* Use the following words in your answers: *mai, spesso, qualche volta, ogni tanto.*

Esempio: – Quando vai in piscina?
– Vado in piscina ogni tanto.

a) Andare in piscina

b) Navigare in rete

c) Giocare a tennis

d) Fare pattinaggio

e) Andare al cinema

f) Andare in discoteca

g) Giocare a pallone

h) Fare vela

i) Andare a teatro

9 Prepara una breve presentazione per la classe su come passi il tuo tempo libero. Non dimenticare di dire quello che fai nei fine settimana, d'estate e d'inverno. Prepare a mini-presentation for the class on how you spend your free time. Don't forget to say what you do at weekends, in summer and in winter.

Esempio: Il fine settimana vado al bar.
D'estate gioco a tennis.
D'inverno gioco a carte.

★ Nota culturale

All the people interviewed in this section, Stefano, Irene and Flavio, spend a lot of their free time at the beach. Italians are passionate about the sea and like to spend their weekends at the seaside and their summer holidays at a resort. People who live near the sea will often go there after work. In the south of Italy some businesses are only open until 2 p.m. in the summer.

 **10**

Per finire, scrivi un sommario delle tue attività e di quelle di un compagno.
Finally, write a summary of your activities and those of another classmate.

 **11**

A *Confronta il verbo 'lavorare', a pagina 28, con i verbi 'andare' e 'fare'
nella tabella seguente. Riesci a vedere la differenza nel modo in cui si
forma il presente di questi verbi?* Compare the verb *lavorare*, on page 28,
with the verbs *andare* and *fare* in the following grid. Can you see any
differences in the way the present tense of these verbs is formed?

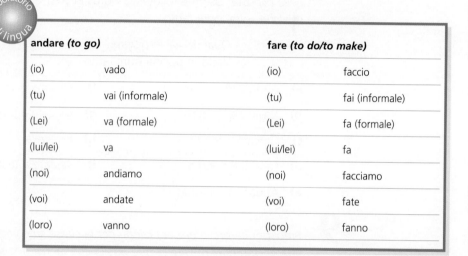

andare *(to go)*		fare *(to do/to make)*	
(io)	vado	(io)	faccio
(tu)	vai (informale)	(tu)	fai (informale)
(Lei)	va (formale)	(Lei)	fa (formale)
(lui/lei)	va	(lui/lei)	fa
(noi)	andiamo	(noi)	facciamo
(voi)	andate	(voi)	fate
(loro)	vanno	(loro)	fanno

B *Con un compagno, in cinque minuti, inventa delle frasi usando i due verbi
nella tabella. Quale coppia inventa più frasi?* With a partner, make up as
many sentences as possible, in five minutes, using the two verbs in the
table above. Which pair can make the most sentences?

C *Adesso, con il tuo compagno, usa alcuni degli esempi dell'Attività 11B e
scrivi un paragrafo breve, ma coerente.* Now, with your partner, use some
of the examples you came up with for Activity 11B to write a short
paragraph.

 **12**

A *Questi sono i giorni della settimana, ma non sono nell'ordine giusto.
Mettili nell'ordine corretto.* Here are the days of the week, but they are
not in the right order. See if you can put them in the correct order.

- mercoledì
- domenica
- venerdì
- lunedì

- sabato
- martedì
- giovedì

B *Ora ascolta come vengono pronunciati i giorni della settimana e ripeti.*
Now listen how the days of the week are pronounced and repeat them.

C *Leggi i seguenti esempi. Riesci a spiegare la differenza tra queste due frasi?* Read the following examples. Can you explain the difference between these two sentences?

a) Lunedì Flavio va in palestra.

b) Il lunedì Flavio va in piscina.

- If you do something on a particular Monday, you don't use the article.

- If you do something every Monday, you need to use the definite article.

- There are other ways to express the idea of 'every Monday': *Ogni lunedì* or *tutti i lunedì*.

Secondo piatto

Che ore sono, per favore?

 **1** *Ascolta i numeri e ripeti.* Listen to numbers and repeat them.

 **2** *Ascolta e numera le ore nell'ordine in cui le senti.*
Listen and number the times in the order you hear them.

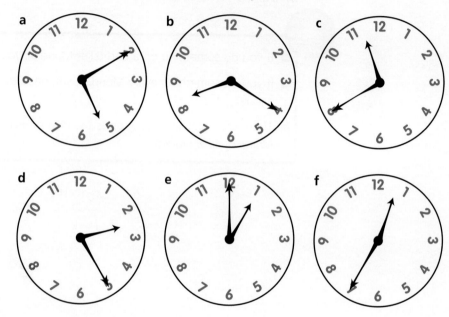

 3 *Adesso conosci i numeri fino a cento. Usane alcuni e abbina le frasi italiane alle equivalenti inglesi.* Now you know the numbers up to 100. Use some of them and match up the Italian phrases with their English equivalents.

	Italiano	Inglese
6:00	Sono le sei.	It's five to two.
7:05	Sono le sette e cinque.	It's half past ten.
8:15	Sono le otto e un quarto.	It's three o'clock.
9:20	Sono le nove e venti.	It's six o'clock.
10:30	Sono le dieci e mezzo.	It's ten to one.
10:40	Sono le undici meno venti.	It's a quarter past eight.
11:45	Sono le dodici meno un quarto.	It's five past seven.
12:50	È l'una meno dieci.	It's a quarter to twelve.
1:55	Sono le due meno cinque.	It's twenty past nine.
3:00	Sono le tre.	It's twenty to eleven.

È líuna

meno un quarto

e un quarto

e mezzo

a due 4 *Che ora è? Di' l'ora al tuo compagno.*
What time is it? Tell your partner the time.

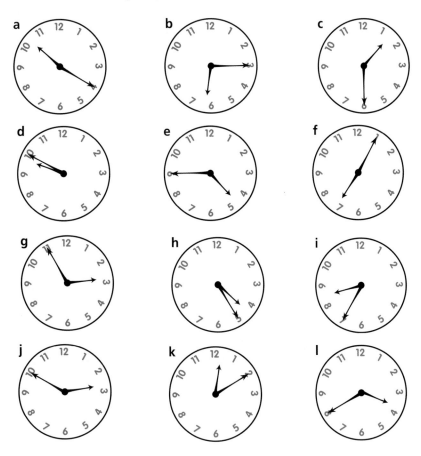

Che ora è – Che ore sono?
What time is it?

- **Che ora è? – Che ore sono?** Both of these expressions are used in Italian to ask the time.

- From 2 o'clock, use: **Sono le ...** Can you guess why?

- For one o'clock, say: **È l'una**.

- It's midday, it's midnight: **È mezzogiorno – È mezzanotte**.

- If you are asking at what time something takes place, use **a** (at):

A che ora pranzi?	(At) what time do you have lunch?
Pranzo all'una.	I have lunch at 1:00.
Pranzo alle dodici.	I have lunch at 12:00.
Pranzo a mezzogiorno.	I have lunch at midday.

 5

Guarda le figure e completa le frasi seguenti riportando l'ora.
Look at the pictures and complete the following sentences with the time.

a   b   c

d   e   f

Esempio: **a)** Nico si sveglia alle sette.

b) Si alza _____

c) Si lava i denti _____

d) Si fa la barba _____

e) Si fa la doccia _____

f) Si veste _____

6

A *Per il suo sondaggio, Clara, ora, chiede a Stefano come passa le sue giornate nel periodo dell'università. Ascolta il dialogo e decidi se tu e Stefano fate le stesse cose.* For her survey, Clara now asks Stefano how he spends his days in university time. Listen to the dialogue and decide whether you and Stefano do the same things.

B *Adesso, con un compagno, leggi la conversazione ad alta voce.* Now, with a partner, read the conversation out loud.

Clara	Stefano, come passi le tue giornate quando vai all'università?
Stefano	Quando frequento l'università sono sempre un po' stanco.
Clara	Come mai?
Stefano	Mah, perché mi sveglio sempre presto.
Clara	A che ora ti svegli?
Stefano	Mi sveglio alle sette e mi alzo subito. Mi lavo i denti e mi faccio la barba. Subito dopo mi faccio la doccia e mi vesto. Mi pettino, faccio colazione e, alle otto, prendo l'autobus e vado all'università. Quando, alle nove, arrivo all'università, sono già stanco. Frequento le lezioni fino all'una. Pranzo alla mensa e poi, alle due, vado a studiare in biblioteca fino alle cinque. Dopo prendo l'autobus e torno a casa.
Clara	E quando arrivi a casa ti riposi un po'?
Stefano	Mah, sì, mi riposo un po'. Ascolto un po' di musica e poi, alle sette, ceno.
Clara	E dopo cena vai subito a letto?
Stefano	Beh, no. Dopo cena guardo la TV e, alle nove, vado al bar dove mi incontro con gli amici. Torno a casa alle undici, vado a letto e mi addormento quasi subito.

> **v o c a b o l a r i o**
>
> le tue giornate: *your days*
> frequento: *I go to, I attend*
> un po': *a bit*
> già: *already*
> mensa: *refectory*
> beh: *well*

  7

A *Nella conversazione ci sono diverse frasi che indicano azioni quotidiane. Ascolta di nuovo il dialogo e indica l'ordine in cui ricorrono nella conversazione.* In the conversation there are a number of expressions which indicate daily actions. Listen to the dialogue again and indicate the order in which they occur in the conversation.

a) I comb my hair.

b) I fall asleep almost immediately.

c) I have a shower.

d) I meet up with my friends.

e) I rest a bit.

f) I wake up at seven.

g) I shave.

h) I brush my teeth.

i) I get up immediately.

j) I get dressed.

B *Adesso scrivi l'equivalente italiano nell'ordine corretto.* Now write the Italian equivalent in the right order.

8

Ascolta Alessia mentre descrive le sue attività quotidiane e prova a rispondere, in inglese, alle seguenti domande. Listen to Alessia describing her daily activities and try to answer the following questions in English.

a) A che ora si sveglia Alessia?

b) Cosa fa dopo?

c) A che ora fa colazione?

d) A che ora esce di casa?

e) Cosa fa dalle nove all'una?

f) Dove lavora?

g) A che ora cena con la famiglia?

h) Quando passa un po' di tempo con i bambini?

i) Cosa fa alle undici?

  9

Mentre il tuo compagno ti racconta le sue attività quotidiane, annota i fatti principali. Poi riferisci queste attività ad un altro studente. Il tuo compagno ti correggerà se sbagli e, se necessario, aggiungerà ulteriori dettagli. While your partner tells you about his daily routine, jot down the most important facts. Then tell another classmate about your partner's activities. Your partner will correct you if you are wrong and will add more detail, if necessary.

Esempio: – Marina si veste ed esce di casa.
  – Sì, ma prima mi trucco un po' e faccio colazione.

> **vocabolario**
> mi trucco:
>   *I make up my face*

 **10**

Le seguenti figure mostrano la routine di Carla e della figlia Sabrina. Sono uguali? Descrivi la loro routine ad alta voce ed usa connettivi come 'ma' e 'anche'. The following pictures show Carla's and her daughter Sabrina's routine. In what way are they different? Describe their routine out loud and use connectors like 'but' and 'also'.

Esempio: – Cosa fanno Carla e Sabrina?
  – La mattina Carla si sveglia alle sette, ma Sabrina, alle sette, dorme ancora.

Carla

Sabrina

 **11**

Scrivi un breve paragrafo sulla routine della madre e della figlia. Write a short paragraph about the daily routines of mother and daughter.

 **12**

A *Completa la tabella con le parti mancanti dei verbi.*
Complete the following grid with the missing parts of the verbs.

svegliarsi	**mettersi** (il pigiama, i guanti)	**vestirsi**
(io)	(io)	(io)
(tu)	(tu)	(tu)
(lui/lei)	(lui/lei)	(lui/lei)
(noi) ci alziamo	(noi) ci mettiamo	(noi) ci vestiamo
(voi) vi alzate	(voi) vi mettete	(voi) vi vestite
(loro) si alzano	(loro) si mettono	(loro) si vestono

B *Riesci a spiegare in che modo questi verbi sono diversi da altri verbi delle coniugazioni che conosci già?* Can you explain in what way these verbs are different from others belonging to the conjugations that you already know?

The present tense of reflexive verbs

■ A verb is used reflexively when it expresses an action that refers back to the subject. With reflexive verbs, reflexive pronouns have to be used.

Mi lavo.   I wash (myself).

■ The infinitive of a reflexive verb is formed by dropping the final **-e** and adding the reflexive pronoun **-si** (oneself).

Lavar-si   To wash

13

A *Nel descrivere le sue attività quotidiane (Attività 8), Alessia dice: 'Alle otto e un quarto esco di casa'. Riesci a completare le frasi seguenti con le desinenze del verbo 'uscire'?* In describing her daily activities (Activity 8), Alessia says: 'At a quarter past eight, I go out of the house'. Can you complete the following sentences with the endings of the verb *uscire* (to go out)?

a) All'una (io) esc _____ dall'università e mangio un panino al bar.

b) Paolo, a che ora esc _____ di casa?

c) Ogni sera Tonio esc _____ con gli amici.

d) (Noi) usc _____ molto spesso d'estate, ma preferiamo stare a casa d'inverno.

e) (Voi) usc _____ spesso la sera?

f) A che ora esc _____ loro dal cinema?

B *Ed ora, riesci a spiegare come si forma il presente di questo verbo?* Can you now explain how the present tense of this verb works?

Contorno

Vacanze inter-rail

  1

Questo è un breve paragrafo sul modo in cui molti giovani italiani amano passare le vacanze. Leggilo ad alta voce con un compagno. This is a short paragraph about the way in which many young Italians like to spend their holidays. Read it through, out loud, with your partner.

Molti giovani italiani preferiscono un tipo di vacanza che si chiama *inter-rail*. D'estate questi giovani vanno all'estero, visitano le principali capitali europee con gli amici e non spendono molto. Con pochi soldi, comprano un biglietto ferroviario e scelgono la data e l'itinerario dei posti da visitare. Il biglietto non costa più di 300 euro. Quando arrivano a destinazione, alloggiano in un ostello o in una pensione o presso le famiglie del luogo. Molti ragazzi, invece, dormono all'aria aperta con dei compagni di viaggio. Con questo tipo di vacanza, molti giovani hanno la possibilità di conoscere ragazzi di altre nazionalità e di perfezionare le lingue straniere.

v o c a b o l a r i o

un tipo di: *a type of*
all'estero: *abroad*
principali: *main*
soldi: *money*
biglietto ferroviario:
    railway ticket
scelgono: *they choose*
alloggiano: *they stay*
pensione: *board and lodging*
presso: *at*
all'aria aperta: *in the open air*
perfezionare: *to improve*
straniero/a: *foreign*

 2

Rispondi, in inglese, alle seguenti domande.
Answer the following questions in English.

a) What is this type of holiday called?

b) Why do young Italians choose this kind of holiday?

c) When they buy their tickets, what do they have to select?

d) Where do they stay when they get to their destination?

 3

Con un compagno, leggi il testo di nuovo e poi trova il corrispondente italiano delle seguenti espressioni. With a partner, read the text again and then find the Italian version of the following expressions.

a) They buy a railway ticket.

b) They visit the main European capitals.

c) They stay in a hostel.

d) These young people go abroad.

e) They don't spend a lot.

4 *Completa le frasi della colonna di sinistra con l'espressione appropriata della colonna di destra.* Form complete sentences, by matching the words on the left with those on the right.

Molti giovani italiani preferiscono	con gli amici.
Visitano le principali capitali europee	dormono all'aria aperta.
Scelgono	costa più di 300 euro.
Il biglietto non	un tipo di vacanza che si chiama *inter-rail*.
Molti ragazzi, invece,	conoscere ragazzi di altre nazionalità.
Molti giovani hanno la possibilità di	la data e l'itinerario.

  5 *Con un compagno, prova a dire quanto più è possibile sulle vacanze inter-rail.* With your partner, say as much as you can about 'inter-rail' holidays.

Dolci

Pronuncia e Ortografia

■ L'intonazione

A *Ascolta e leggi le frasi seguenti. Nota come la voce scende e sale.* Listen to and read the following sentences. Note how the voice falls and rises.

A *Andiamo al cinema stasera?*
B *Sì, andiamo pure al cinema.*

A *Ti alzi sempre presto?*
B *No, non mi alzo mai prima di mezzogiorno.*

A *Quando vai in vacanza?*
B *Di solito vado in vacanza d'estate.*

A *Perché non passiamo il fine settimana in montagna?*
B *No, grazie. Non amo la montagna.*

A *Ami la musica moderna o l'opera?*
B *Amo di più la musica moderna.*

A *Cosa fai stasera?*
B *Non so. Sicuramente non vado in discoteca.*

B *Ora riesci a spiegare la regola relativa all'intonazione?*
Can you find a pattern in the intonation?

C *Adesso prova a leggere le frasi precedenti.*
Now try saying the sentences yourself.

Il tuo portfolio

Questi sono alcuni compiti, basati sul materiale di questa unità, che puoi inserire nel tuo portfolio. Here are some tasks, based on the material in this unit, which you might want to complete for your portfolio.

1

■ *Registra te stesso mentre parli delle attività del tempo libero che svolgi durante la settimana.* Record yourself talking about your leisure activities throughout the week.

■ *Trova un amico di madrelingua italiana e intervistalo sulle sue attività del tempo libero. Prepara le domande in anticipo e registra questa attività.* Try to find a native speaker, or Italian-speaking friend, and interview him about his leisure activities. Prepare your questions carefully beforehand and ask him to speak slowly. Again, record this activity.

■ *Ed ora scrivi un resoconto delle attività del tempo libero del tuo intervistato.* And now write up an account of your interviewee's leisure activities.

2

- *Trova, in rete, degli esercizi di grammatica relativi ai punti grammaticali che hai studiato in questa unità. Completa gli esercizi online, poi stampali e aggiungili al tuo portfolio.* Find some web-based computer exercises which practise the grammatical points introduced in this unit. Complete them online, then print them out and add them to your portfolio.

3

- *Registra te stesso mentre parli delle tue azioni quotidiane.*
  Record yourself talking about your daily actions.

- *Trova un amico di madrelingua italiana e intervistalo sulle sue attività quotidiane. Prepara le domande in anticipo e registra questa attività.*
  Try to find a native speaker, or Italian-speaking friend, and interview him about his daily activities. Prepare your questions carefully beforehand and ask him to speak slowly. Again, record this activity.

- *Ed ora scrivi un resoconto delle attività quotidiane del tuo intervistato.*
  And now write an account of your interviewee's daily activities.

4

- *Rileggi il testo 'Vacanze inter-rail' a pagina 42 e poi chiudi il libro. Quante frasi ed espressioni riesci a ricordare?* Reread the text 'Vacanze inter-rail' on page 42. Then close your book. How many of the phrases and expressions can you remember?

Digestivo

■ Cerchiamo i giorni

Riesci a trovare i giorni della settimana nella seguente tabella? Cerca anche la parola che li 'contiene'. Can you find the days of the week in the grid below? Look further to find a word which 'contains' them.

x	m	e	r	c	o	l	e	d	i
s	e	t	t	i	m	a	n	a	f
s	d	v	c	b	d	i	m	w	l
a	o	c	q	k	b	n	y	r	g
b	m	s	v	e	n	e	r	d	i
a	e	g	i	o	v	e	d	i	o
t	n	m	a	r	t	e	d	i	x
o	i	y	s	l	u	n	e	d	i
u	c	g	c	v	x	l	g	n	y
r	a	t	q	h	r	k	f	d	u

Ed ora completa le frasi seguenti.
And now complete the following sentences.

oggi: *today*
domani: *tomorrow*
prima di: *before*
tra: *between*

a) Se oggi è lunedì, allora domani è _____

b) Prima di lunedì c'è _____

c) Il giorno tra venerdì e domenica è _____

d) Dopo martedì c'è _____

e) Prima di sabato c'è _____

f) Il giorno tra domenica e martedì è _____

g) Il giorno tra mercoledì e venerdì è _____

h) Tutti i sette giorni formano una _____

Ripasso

You should be able to

★ *Parlare delle tue attività del tempo libero*
Talk about your leisure activities

★ *Chiedere e dire l'ora*
Ask for and say the time

★ *Parlare delle tue abitudini quotidiane*
Talk about your daily routine

★ *Usare il presente dei verbi regolari, dei verbi riflessivi e dei verbi irregolari 'andare', 'fare', 'uscire'*
Use the present tense of regular verbs, reflexive verbs and the irregular verbs *andare, fare, uscire*

★ *Usare alcuni avverbi di tempo e di frequenza e i giorni della settimana*
Use some adverbs of time and frequency and days of the week

★ *Usare i numeri fino a 100*
Use numbers up to one hundred

★ *Parlare del tipo di vacanza preferito da molti giovani italiani*
Talk about the type of holidays many young Italians like

Svolgi i seguenti esercizi e ripassa il materiale su cui non ti senti sicuro prima di procedere all'Unità 3. Test yourself with the exercises below and revise any material you are not sure about before proceeding to Unit 3.

A *Nel brano seguente, Camilla descrive le sue attività quotidiane. Leggi il brano e poi riscrivilo usando la terza persona singolare.* In the following text, Camilla describes her daily activities. Read the text first and then rewrite it using the third person singular.

> **M**i chiamo Camilla. Sono insegnante. Lavoro all'Università di Milano dove insegno Letteratura italiana. Ho due bambini. Ogni mattina mi sveglio presto, alle sei, e mi alzo subito dopo. Mi lavo i denti, mi faccio la doccia e mi vesto. Dopo mi pettino e, alle sette, sveglio i bambini. Faccio colazione e, quando arriva la baby-sitter, esco di casa. Prendo l'autobus e vado all'università. Insegno fino a mezzogiorno. Poi torno a casa e pranzo. Il pomeriggio gioco un po' con i bambini e poi correggo i compiti. Alle otto ceno. Poi guardo la TV o leggo. Alle undici e mezzo mi metto a letto e mi addormento.

B *Guarda le figure e descrivi il modo in cui Carlotta preferisce passare il suo tempo libero.* Look at the pictures and describe what Carlotta prefers to do in her free time.

1 2 3 4

5 6 7 8

C

Il tuo insegnante di sociologia ti ha chiesto di completare un questionario on line sulle attività degli studenti. Spunta le caselle che si riferiscono a te.
Your sociology lecturer has asked you to complete an on line questionnaire about students' activities. Tick the boxes which apply to you.

	Tutti i giorni	Mai	Meno di tre volte alla settimana	Più di tre volte alla settimana
1 Leggo la posta elettronica	❑	❑	❑	❑
2 Ascolto la musica	❑	❑	❑	❑
3 Gioco a pallone	❑	❑	❑	❑
4 Guardo la TV	❑	❑	❑	❑
5 Gioco al computer	❑	❑	❑	❑
6 Vado a ballare	❑	❑	❑	❑
7 Gioco a bocce	❑	❑	❑	❑
8 Nuoto	❑	❑	❑	❑
9 Gioco a tennis	❑	❑	❑	❑
10 Faccio vela	❑	❑	❑	❑
11 Vado al cinema	❑	❑	❑	❑
12 Vado a teatro	❑	❑	❑	❑
13 Faccio sci nautico	❑	❑	❑	❑
14 Vado in piscina	❑	❑	❑	❑
15 Faccio pattinaggio	❑	❑	❑	❑
16 Vado in palestra	❑	❑	❑	❑
17 Faccio equitazione	❑	❑	❑	❑
18 Vado a sciare	❑	❑	❑	❑
19 Navigo in rete	❑	❑	❑	❑

Vocabolario

Nomi	Nouns	Aggettivi	Adjectives
autobus (m.)	bus	brutto/a	bad
bambino	child	elettronico/a	electronic
bar (m.)	bar	libero/a	free
barba	beard	pigro/a	lazy
biblioteca	library	qualche	some
biografia	biography	stanco/a	tired
cena	dinner	tutto/a	all
cinema (m.)	cinema		
colazione (f.)	breakfast	**Verbi**	**Verbs**
corso	course	addormentarsi	to fall asleep
dente (m.)	tooth	adorare	to adore
discoteca	discothèque, nightclub	alzarsi	to get up
doccia	shower	amare	to love
domanda	question	andare	to go
equitazione (f.)	horse-riding	arrivare	to arrive
estate (f.)	summer	ascoltare	to listen to
famiglia	family	ballare	to dance
genere (m.)	type, kind; genre	cenare	to dine
giornata	day	dormire	to sleep
giorno	day	fare	to do, to make
interesse (m.)	interest	finire	to finish
inverno	winter	frequentare	to attend, to go to
lavoro	work	giocare	to play
letto	bed	guardare	to watch
lezione (f.)	lesson	incontrarsi	to meet up with
macchina	car	insegnare	to teach
mattina	morning	lavarsi	to wash
mensa	refectory	lavorare	to work
mezzanotte (f.)	midnight	leggere	to read
mezzogiorno	midday	mangiare	to eat
minuto	minute	mettersi	to put on
montagna	mountain	navigare	to surf
musica	music	nuotare	to swim
palestra	gym	partire	to leave
panino	roll	passare	to spend
pattinaggio	skating	pettinarsi	to comb one's hair
pigiama (m.)	pyjamas	pranzare	to have lunch
piscina	swimming pool	praticare	to practise, to do
pomeriggio	afternoon	preferire	to prefer
posta	mail	prendere	to take
recitazione (f.)	acting	restare	to stay, to remain
rete (f.)	web	riposarsi	to rest
romanzo	novel	rispondere	to answer
sci (m.)	ski	scegliere	to choose
sera	evening	sciare	to ski
sondaggio	survey	spendere	to spend
sport (m.)	sport	svegliarsi	to wake up
teatro	theatre	tornare	to come back; to go back
tempo	time	trovare	to find
ufficio	office	truccarsi	to put on make-up
vacanza	holiday	uscire	to go out, to leave
vela	sailing	vedere	to see
videogioco	video game	vestirsi	to get dressed
		visitare	to visit

Altre parole	**Other words**
allora	so
ancora	still, yet
certo	of course
domani	tomorrow
dopo	after
già	already
invece	on the contrary
mai	never
o	or
oggi	today
perché	why; because
poi	then
presto	early
prima	first
quando	when
se	if
sempre	always
sicuramente	definitely
soltanto	only
stasera	tonight
subito	immediately
tra	between
veramente	actually

Espressioni utili	**Useful phrases**
a che ora…?	what time …?
all'estero	abroad
a volte	at times
come mai?	how come?
cosa …?	what …?
di solito	usually

fare colazione	to have breakfast
fare equitazione	to go horse-riding
fare pattinaggio	to go skating
fare vela	to go sailing
farsi la barba	to shave
farsi la doccia	to have a shower
fine settimana	weekend
fino a	until
giocare a bocce	to play bowls
giocare a carte	to play cards
giocare a pallone	to play football
giocare a tennis	to play tennis
giocare al computer	to play on the computer
lavarsi i denti	to brush one's teeth
mettersi a letto	to go to bed
ogni tanto	every so often
prendere il sole	to sunbathe
prima di	before
qualche volta	sometimes
sci nautico	water-skiing
un po'	a bit
volentieri	with pleasure

I giorni della settimana	**The days of the week**
lunedì (m.)	Monday
martedì (m.)	Tuesday
mercoledì (m.)	Wednesday
giovedì (m.)	Thursday
venerdì (m.)	Friday
sabato	Saturday
domenica	Sunday

Dove abiti?

Indice dell'unità

unità 3 Dove abiti?

In this unit you will

★ *Parlare della tua casa e descrivere la tua stanza*
Talk about your home and describe your room

★ *Parlare della tua famiglia*
Talk about your family

★ *Parlare delle sistemazioni degli studenti universitari*
Talk about student accommodation

Ripasso

Cosa riesci a ricordare?
What can you remember?

*Nell'Unità 2 hai imparato a dire l'ora e a descrivere le tue abitudini
quotidiane. Ora osserva le figure, discutile e riempi i fumetti.*
In Unit 2 you learnt to say the time and to describe your daily habits.
Look at the pictures, discuss them and fill in the speech bubbles.

1   **2**   **3**   **4**

5   **6**   **7**   **8**

Antipasto

 1 *Osserva le seguenti fotografie e scegli la definizione appropriata dal riquadro.* Look at the following pictures and match them to the definitions in the box below.

1   **2**   **3**   **4**   **5**   **6**

7   **8**   **9**   **10**   **11**

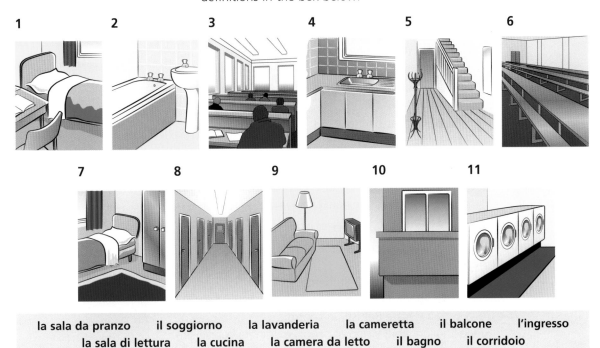

| la sala da pranzo | il soggiorno | la lavanderia | la cameretta | il balcone | l'ingresso |
| la sala di lettura | la cucina | la camera da letto | il bagno | il corridoio |

2 *Associa le stanze dell'Attività 1, in modo appropriato, all'appartamento o alla residenza universitaria.* Allocate the rooms in Activity 1 to either the flat or the students' hall as appropriate.

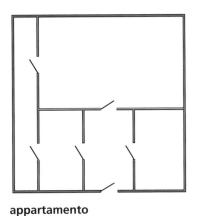

appartamento

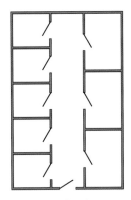

residenza universitaria

Primo piatto

Una casa per studenti

A *Richard e Silvie parlano della sistemazione che hanno appena trovato. Ascolta la conversazione e spunta la casella appropriata.* Richard and Silvie talk about the accommodation which they have just found. Listen to the conversation and tick the boxes as appropriate.

a) Silvie abita
- ❏ in un appartamento in centro.
- ❏ in una casa in periferia.

b) Richard abita
- ❏ vicino all'università.
- ❏ lontano dall'università.

B *Adesso leggi la conversazione con un compagno ad alta voce.*
Now read the conversation out loud with a partner.

Richard	Silvie, tu dove abiti?
Silvie	In una casa in periferia.
Richard	Abiti da sola?
Silvie	No, con altre tre studentesse. E tu?
Richard	Io abito in un appartamento al quinto piano. È in Via Cesare Battisti, in centro.
Silvie	Allora abiti vicino ai negozi e vicino all'università. Sei fortunato!
Richard	Perché?
Silvie	Perché io abito lontano dall'università e mi alzo presto tutti i giorni per arrivare in tempo alle lezioni.
Richard	Perché non cerchi un appartamento in centro?
Silvie	Perché in centro gli appartamenti costano molto. E poi la casa è bella.
Richard	Ah, sì? E com'è la tua casa?
Silvie	È grande, luminosa, è in una zona tranquilla…
Richard	E quante stanze ci sono?
Silvie	Ci sono quattro camere da letto, una cucina molto grande, un soggiorno e due bagni. Anche il giardino è abbastanza grande e pensiamo di organizzare delle belle grigliate.
Richard	Splendido! Mi inviti, poi, vero?

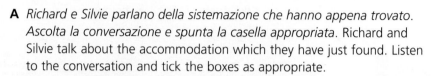

vocabolario

in periferia: *in the suburbs*
da solo/a:
  on your own, alone
piano: *floor*
vicino a: *near, next to*
fortunato: *lucky*
lontano da: *far from*
grigliate: *barbecue*

2

Ascolta di nuovo la conversazione e abbina le risposte giuste alle domande nella tabella. Listen to the conversation again and match the questions and answers in the following grid.

Dove abita Silvie?	Perché in centro gli appartamenti costano molto.
Abita da sola?	È abbastanza grande.
Dove abita Richard?	In una casa in periferia.
Perché Silvie non cerca un appartamento in centro?	È grande, luminosa, è in una zona tranquilla.
Com'è la casa di Silvie?	Ci sono otto stanze.
Quante stanze ci sono?	Abita con altre tre studentesse.
Com'è il giardino?	In un appartamento al quinto piano.

  3

Fai le seguenti domande ad un compagno. Ask your partner the following questions.

a) Dove abita Silvie?

b) Abita da sola?

c) Dove abita Richard?

d) Perché Silvie non cerca un appartamento in centro?

e) Com'è la casa di Silvie?

f) Quante stanze ci sono?

g) Com'è il giardino?

  4

Leggi di nuovo la conversazione e sottolinea quattro preposizioni. Se è necessario, guarda nella sezione Grammatica per verificare cosa sono le preposizioni. Read the conversation again and underline four prepositions. Look in the Grammar section if you are unsure about what prepositions are.

 5

Leggi il sommario del dialogo dell'Attività 1 e completa con le preposizioni. Read the summary of the dialogue in Activity 1 and complete with the prepositions.

Silvie abita _____ una casa _____ periferia. Abita _____ altre tre studentesse. Richard abita _____ un appartamento _____ quinto piano. È _____ Via Cesare Battisti, _____ centro, vicino _____ università. Silvie abita lontano _____ università.

6

A *Fai le seguenti domande ad un compagno.*
Ask your partner the following questions.

a) Dove abiti?

b) Abiti da solo/a?

c) Com'è la tua casa/il tuo appartamento?

d) Quante stanze ci sono?

B *Ora trova un'altra coppia e riferisci le informazioni relative al tuo compagno.*
Now get together with another pair and tell them about your partner.

7

A *Torna al dialogo dell'Attività 1 e trova l'equivalente italiano delle frasi seguenti.* Go back to the dialogue in Activity 1 and find the Italian equivalents of the following phrases:

a) near the shops

b) near the university

c) far from the university

B *Riesci a spiegare come si formano le preposizioni articolate 'a' e 'da'?*
Can you explain how the prepositions *a* and *da* combine with the definite article?

Prepositions *a* and *da* combined with an article

a + il	*Abito vicino **al** centro.*	**da + il**	*Abito lontano **dal** centro.*
a + l'	*Abito vicino **all'**ippodromo.*	**da + l'**	*Abito lontano **dall'**ippodromo.*
a + lo	*Abito vicino **allo** zoo.*	**da + lo**	*Abito lontano **dallo** zoo.*
a + la	*Abito vicino **alla** città.*	**da + la**	*Abito lontano **dalla** città.*
a + i	*Abito vicino **ai** castelli.*	**da + i**	*Abito lontano **dai** castelli.*
a + gli	*Abito vicino **agli** straordinari palazzi antichi.*	**da + gli**	*Abito lontano **dagli** straordinari palazzi antichi.*
a + le	*Abito vicino **alle** Dolomiti.*	**da + le**	*Abito lontano **dalle** Dolomiti.*

Note: This only applies to the definite article (the).

C *Ora completa le frasi seguenti con le preposizioni articolate 'a' e 'da'.* Now complete the following sentences with the prepositions *a* and *da* and the definite article.

a) Io abito vicino _____ ufficio postale (a + l').

b) Bruno abita lontano _____ stadio (da + lo).

c) Marco abita vicino _____ piscina (a + la).

d) Dario e Piero abitano vicino _____ parco (a + il).

e) Guido abita lontano _____ università (da + l').

f) I signori Nannini abitano vicino _____ giardini pubblici (a + i).

g) Matteo abita lontano _____ _____ splendidi castelli romani (da + gli).

  8 *Con un compagno, inventa delle frasi su te stesso e usa 'vicino a' e 'lontano da' con l'articolo determinativo.* With a partner, make up some sentences about yourselves, using *vicino a* and *lontano da* with the definite article.

  9

A *Pierre cerca una stanza da affittare. Nell'appartamento di Richard c'è una stanza disponibile. Ascolta il dialogo e spunta le stanze mentre Richard fa vedere l'appartamento a Pierre.* Pierre is looking for a room. There is a spare room in Richard's flat. Listen to the dialogue and tick the rooms as Richard shows Pierre round.

  B *Ascolta il dialogo di nuovo e completa le frasi della colonna di sinistra con l'espressione appropriata della colonna di destra.* Listen to the dialogue again and match the words on the left with those on the right.

A destra c'è	la stanza da pranzo.
Accanto al salotto c'è	la mia camera da letto.
Dietro la stanza da pranzo c'è	un bagno.
Di fronte alla porta d'ingresso c'è	un'altra camera da letto.
A sinistra, invece, c'è	il salotto.
Accanto a questa stanza c'è	una cucina.

C *Adesso leggi il dialogo e rispondi alle seguenti domande.*
Now read the dialogue and write answers to the following questions.

Richard	Di dove sei, Pierre?
Pierre	Sono di Parigi. E tu?
Richard	Io sono di Oxford.
Pierre	Da quanto tempo sei in questo appartamento?
Richard	Da due mesi. E tu dove abiti, adesso?
Pierre	In un appartamento al sesto piano con altri quattro studenti.
Richard	Come mai cerchi una stanza?
Pierre	Nel mio appartamento c'è sempre tanto chiasso ed io preferisco vivere in un posto più tranquillo.
Richard	Capisco. Bene, allora ti faccio vedere l'appartamento.
Pierre	Grazie.
Richard	È un appartamento piuttosto piccolo.
Pierre	Quante stanze ci sono?
Richard	Ecco, vedi, c'è subito l'ingresso … Qui a destra c'è il salotto … e accanto al salotto c'è la stanza da pranzo … Poi, dietro la stanza da pranzo c'è una cucina abbastanza piccola … Di fronte alla porta d'ingresso c'è un bagno abbastanza grande … A sinistra, invece, c'è la mia camera da letto … e accanto a questa stanza c'è un'altra camera da letto. Ecco, questa è la tua camera. Che ne pensi?

> **v o c a b o l a r i o**
>
> da quanto tempo:
> *how long?*
> chiasso: *noise*
> piuttosto: *rather*
> a destra: *on the right*
> accanto a: *next to*
> dietro: *behind*
> a sinistra: *on the left*
> di fronte a: *in front of*
> che ne pensi?:
> *what do you think of it?*

a) Dov'è il salotto? _____

b) Dov'è la cucina? _____

c) Dov'è il bagno? _____

d) Dov'è la camera da letto di Richard? _____

  10

Osserva la pianta dell'appartamento di Richard e descrivila al compagno.
Look at the plan of Richard's flat and describe it to your partner.

  11

Disegna la pianta del tuo appartamento. Non farla ancora vedere al tuo compagno. Ora descrivi il tuo alloggio al compagno che disegnerà la pianta. Paragona, poi, i due disegni. Draw a plan of your own flat. Don't show it to your partner yet. Now describe the layout to your partner, who will also draw a plan. Compare both drawings.

★ **Nota culturale**

In Italy many students choose to go to their nearest university, which allows them to remain living at home. Parents are happy to support their children until their graduation and often beyond it. Other students leave their homes to go to university. Some of these students stay in halls of residence, but, because there are not enough of these, they are obliged to rent houses or, more usually, flats to share with other students.

12 *Fornisci la traduzione inglese dei numeri ordinali.* Give the English equivalents of these ordinal numbers. Begin with 'first'. Careful! The last one is a trick …

- quinto
- ottavo
- primo
- decimo
- quarto
- nono

- terzo
- settimo
- secondo
- sesto
- ultimo

Ordinal Numbers (first, second, third)

- The words in Activity 12 are adjectives, so they behave like them and agree with the noun they qualify.

il primo piano   (the first floor)
la prima ballerina   (the first dancer)

13 *Ascolta i dialoghi e scrivi il piano.* Listen to the exchanges and write down the floor on which each person lives.

Dove abita …?

a) Adele: _____

b) Bruno: _____

c) Giacomo: _____

d) Caterina: _____

e) Flavio: _____

f) Germana: _____

14 *Guarda l'edificio e chiedi al tuo compagno a che piano si trova ogni dipartimento.* Look at this building and ask your partner which floor each department is on.

Facoltà di Lettere	
Dipartimento di Storia	Dipartimento di Filosofia e Scienze Umane
Dipartimento di Linguistica	Dipartimento di Slavistica
Dipartimento di Germanistica	Dipartimento di Ispanistica
Dipartimento di Francesistica	Dipartimento di Anglistica
Libreria	Portineria

15

Osserva i mobili nelle figure. In quali stanze li metteresti? Look at the following pieces of furniture. In which room would you put them?

a   b   c   d

e   f   g   h

i   j   k   l

16

Ascolta Michela mentre descrive la sua camera e spunta i mobili che menziona. Now listen to Michela describing her bedroom and tick the furniture she mentions.

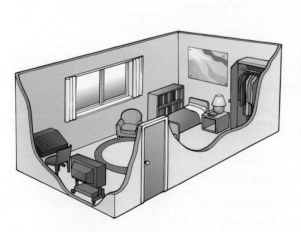

- divano
- guardaroba
- finestra
- scrivania
- cassettiera
- sedia
- libreria
- letto
- credenza
- poster

- comodino
- pianta
- lampada
- radiosveglia
- mobile basso
- tappeto
- poltrona
- tavolino
- televisore
- videoregistratore

17

Ascolta di nuovo il dialogo e, con un compagno, decidi se le seguenti affermazioni sono vere o false. Listen to the dialogue again and, with a partner, decide whether the following statements are true or false.

		Vero	Falso
a)	Di fronte alla porta c'è un guardaroba.	❏	❏
b)	Accanto al guardaroba c'è una finestra.	❏	❏
c)	Accanto alla finestra, a sinistra, c'è una scrivania con una sedia.	❏	❏
d)	A destra, invece, c'è una libreria piena di libri.	❏	❏
e)	Accanto al letto c'è un divano.	❏	❏
f)	Sul comodino c'è una bella lampada e una radiosveglia.	❏	❏
g)	Sul tappeto c'è una poltrona.	❏	❏
h)	Davanti al letto c'è un televisore.	❏	❏
i)	Sopra il televisore c'è un videoregistratore.	❏	❏

More prepositions

sul = on the

accanto a = next to

nel centro di = in the middle of

sopra = on, over, above

di fronte a = in front of

davanti a = opposite

sotto = under

18

Mentre riascolti il dialogo, riempi gli spazi con le preposizioni. As you listen to the dialogue again, say where the furniture is by filling the gaps with the prepositions.

a) _____ _____ c'è un guardaroba spazioso.

b) _____ guardaroba ci sono molti vestiti.

c) _____ _____ _____ porta c'è una finestra.

d) _____ _____ finestra, a sinistra, c'è una scrivania con una sedia.

e) _____ _____, invece, c'è una libreria piena di libri.

f) Sopra il letto, _____ muro, c'è un poster.

g) _____ _____ letto c'è un comodino.

h) _____ comodino c'è una bella lampada e una radiosveglia.

i) _____ _____ _____ stanza c'è un tappeto.

j) _____ _____ letto c'è un televisore.

k) _____ il televisore c'è un videoregistratore.

19

Descrivi ad un compagno il soggiorno nella foto. Ritorna all'Attività 16 per ulteriore vocabolario. Describe the living room in the picture to your partner. Go back to Activity 16 for more useful vocabulary.

 **20**

A *Leggi la descrizione della stanza di Michela e trova l'equivalente italiano delle frasi seguenti.* Read the description of Michela's room and find the Italian equivalents of the following phrases:

a) in my bedroom **b)** in the wardrobe **c)** in the middle of the room

> **È una bella stanza.** Non è molto grande, ma è molto confortevole e luminosa. Quando sono a casa, passo molto tempo nella mia stanza. Ci sono mobili moderni. A destra c'è un guardaroba spazioso. Nel guardaroba ci sono molti vestiti. Di fronte alla porta c'è una finestra. Accanto alla finestra, a sinistra, c'è una scrivania con una sedia. A destra, invece, c'è una libreria piena di libri. Poi c'è il letto e sopra il letto, sul muro, c'è un poster. Accanto al letto c'è un comodino. Sul comodino c'è una bella lampada e una radiosveglia. Nel centro della stanza c'è un tappeto e accanto al tappeto c'è una poltrona. Davanti al letto c'è un televisore e sotto il televisore c'è un videoregistratore.

B *Riesci a spiegare come si forma la preposizione articolata 'in'?* Can you explain how the preposition *in* combines with the definite article?

C *Nella descrizione c'è un'altra preposizione articolata che funziona come 'in'. Riesci a trovarla?* In the description there is another preposition that works like *in* when combined with the definite article. Can you find it?

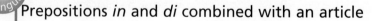

Prepositions *in* and *di* combined with an article

in + il = **nel**	*di + il =* **del**
in + l' = **nell'**	*di + l' =* **dell'**
in + lo = **nello**	*di + lo =* **dello**
in + la = **nella**	*di + la =* **della**
in + i = **nei**	*di + i =* **dei**
in + gli = **negli**	*di + gli =* **degli**
in + le = **nelle**	*di + le =* **delle**

Secondo piatto

La mia famiglia

A *Prova ad abbinare i nomi italiani di parentela agli equivalenti inglesi.*
Try to match up the Italian names of family relationships with their
English equivalents.

a) il nonno	*aunt*	
b) la nonna	*brother*	
c) il padre	*father*	
d) la madre	*grandmother*	
e) il marito	*uncle*	
f) la moglie	*cousin*	

g) lo zio	*husband*	
h) la zia	*sister*	
i) il fratello	*wife*	
j) la sorella	*mother*	
k) il/la cugino/a	*grandfather*	

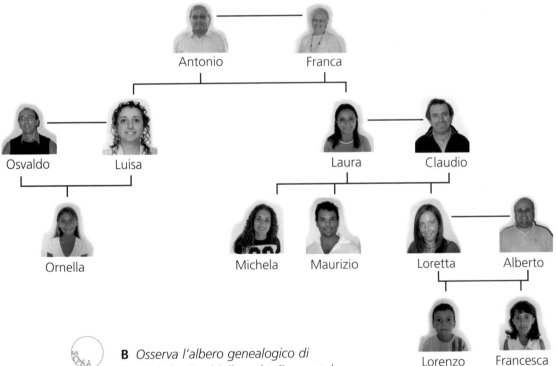

Antonio — Franca

Osvaldo — Luisa   Laura — Claudio

Ornella   Michela   Maurizio   Loretta — Alberto

Lorenzo   Francesca

B *Osserva l'albero genealogico di Michela. Qual è il grado di parentela tra le persone seguenti e Michela?*
Now look at Michela's family tree. What is the relationship of the following people to Michela?

Esempio: Antonio è il nonno di Michela.

a) Laura: _____   **b)** Osvaldo: _____   **c)** Claudio: _____   **d)** Luisa: _____

e) Franca: _____   **f)** Loretta: _____   **g)** Maurizio: _____   **h)** Ornella: _____

2

A *Richard incontra Michela alla mensa universitaria e iniziano a parlare della loro sistemazione. Michela dice di vivere con la sua famiglia e inizia a parlare dei suoi familiari. Ascolta la conversazione e spunta la casella appropriata.* Richard meets Michela in the refectory and they begin to talk about where they are living. Michela says she lives at home with her family and starts talking about her relatives. Listen to the conversation and tick the boxes as appropriate.

a) La zia di Michela ❑ è sposata.

❑ ha una figlia.

b) Il fratello di Michela ❑ lavora da una settimana.

❑ è disoccupato.

B *Con un compagno, ad alta voce, leggi la conversazione.*
Together with a partner, read the conversation out loud.

Richard Ti va di parlare della tua famiglia?

Michela La mia famiglia è abbastanza numerosa. Antonio e Franca sono i miei nonni e abitano nel nostro stesso palazzo. Mia madre fa l'insegnante e mio padre fa il poliziotto. Mia madre ha una sorella, Luisa. Mia zia vive con il suo compagno. Anche loro hanno un appartamento nel nostro stesso palazzo.

Richard E i tuoi zii che lavoro fanno?

Michela Mio zio è pilota e mia zia è assistente di volo. Sono molto spesso via perché viaggiano molto. La loro figlia si chiama Ornella e, quando i suoi genitori lavorano, i miei nonni si prendono cura di lei.

Richard E tu hai fratelli?

Michela Sì, ho un fratello e una sorella. Mia sorella si chiama Loretta ed è sposata. Mio cognato fa il medico. Hanno due figli che si chiamano Lorenzo e Francesca. I miei nipoti sono gemelli.

Richard Tuo fratello che lavoro fa?

Michela Mio fratello è ingegnere, ma non lavora ancora.

Richard Quanti anni ha?

Michela Ha trentadue anni.

Richard E vive ancora nella casa dei genitori?

Michela Per ora sì.

vocabolario
abbastanza: *quite*
numerosa: *numerous*
assistente di volo: *hostess*
sono molto spesso via:
they are very often away
genitori: *parents*
si prendono cura di lei:
they look after her
cognato: *brother-in-law*
ancora: *yet*
per ora: *for now*

3 *Ascolta di nuovo il dialogo e completa le affermazioni con la frase adeguata della colonna di destra.* Listen to the dialogue again and complete the statements with the correct phrase in the right-hand column.

Antonio e Franca	fa il poliziotto.
Mia madre	si chiama Ornella.
Mio padre	si chiama Loretta ed è sposata.
Mio zio	sono gemelli.
Mia zia	sono i miei nonni.
La loro figlia	fa il medico.
I miei nonni	è ingegnere.
Mia sorella	fa l'insegnante.
Mio cognato	è pilota.
I miei nipoti	si prendono cura di lei.
Mio fratello	è assistente di volo.

4 *Ritorna al dialogo (Attività 2) e all'Attività 3 e completa gli spazi con gli aggettivi possessivi mancanti.* Go back to the dialogue (Activity 2) and to Activity 3 and fill in the spaces with the missing possessive adjectives.

	Maschile singolare	Femminile singolare	Maschile plurale	Femminile plurale
my	_____ padre	_____ madre	i _____ nonni	le mie cugine
your	_____ fratello	tua sorella	i _____ zii	le tue sorelle
his/her	il _____ compagno	sua nonna	i _____ genitori	le sue cognate
our	nostro zio	nostra zia	i nostri zii	le nostre zie
your	vostro cugino	vostra cugina	i vostri cugini	le vostre cugine
their	il loro figlio	la _____ figlia	i loro figli	le loro figlie

5 *Con un compagno, parla di tre persone tra quelle elencate. Il tuo compagno prenderà appunti e riferirà ad un altro membro del gruppo.* Talk to your partner about three of the people below. Your partner will take notes and report back to another group member.

- tuo padre
- tua madre
- tuo fratello
- tua sorella
- tuo cugino
- tua nonna

a due **6**

Con un compagno, osserva gli aggettivi possessivi nella tabella seguente. Noterai che non sempre questi richiedono l'articolo determinativo. Riesci ad elaborare una regola sull'uso dell'articolo con i possessivi? With a partner, look at the possessive adjectives in the grid below. You'll notice that they do not always require the definite article. Can you work out a rule about the use of the definite articles with the possessive adjectives?

Maschile singolare	Femminile singolare	Maschile plurale	Femminile plurale
mio fratello	mia sorella	i miei fratelli	le mie sorelle
il mio appartamento	la mia casa	i miei libri	le mie amiche
tuo cugino	tua cugina	i tuoi cugini	le tue cugine
il tuo vestito	la tua sorellina	i tuoi amici	le tue vacanze
suo zio	sua zia	i suoi zii	le sue zie
il suo caro fratello	la sua scuola	i suoi gioielli	le sue scarpe
nostro nonno	nostra nonna	i nostri nonni	le nostre nonne
il nostro poster	la nostra lampada	i nostri studenti	le nostre insegnanti
vostro cognato	vostra cognata	i vostri cognati	le vostre cognate
il vostro motorino	la vostra cucina	i vostri mobili	le vostre sedie
il loro figlio	la loro figlia	i loro figli	le loro figlie
il loro lavoro	la loro camera	i loro vicini	le loro poltrone

Possessive Adjectives

■ Possessive adjectives are placed before the noun they modify and agree with it.

■ The definite article is normally used with them.

■ With singular nouns indicating family relationship, the definite article is not required, except when *loro* is used or when the noun is modified by an adjective or takes a suffix.

★ Nota culturale

In the dialogue in Activity 2, Michela's brother Maurizio, an unemployed engineer, is 32 and still lives with his parents. This is not uncommon in Italy, where many children go on living at home until they get married, whether they have a job or not. Marriage nowadays tends to happen quite late. Students tend to take longer to get their degree than their British counterparts, as they don't have the same financial pressures. Finding a job and somewhere to live can often take time, and these factors also contribute to the tendency to marry later than used to be the case.

When children get married they tend to live as close as possible to their parents, in the same area and often in the same apartment block. Grandparents help out looking after their grandchildren and are in turn looked after by their children in old age.

It's not uncommon nowadays for unmarried couples to live together.

Contorno

Un tetto per tutti

VILLE BIFAM.
CASTROMEDIANO - *Graziosa solu-zione al piano terra con villino ant. e post., doppio ingresso, ingr.-sogg., pranzo, a.c., 2 letto, 2 bagni, box e posto auto.*
Euro 142.000,00   L. 274.950.340

  1

Leggi il testo e rispondi, in inglese, alle seguenti domande.
Read the text and answer the following questions in English.

vocabolario

cercare: *to look for*
fuori sede: *non-residential*
residenze: *students' halls*
sufficienti: *sufficient*
perciò: *therefore*
chi: *he/she who*
si rivolge: *he/she turns to*
ricerca: *search*
sistemazione:
  accommodation
bacheche: *notice boards*
condivisione: *sharing*
annunci: *adverts*
stampa: *press*
veloce: *quick*
attraverso: *through*
agenzie immobiliari:
  estate agencies
servita: *served*
affittare: *to rent*
arredato: *furnished*
semiarredato: *half furnished*
vuoto: *empty*

Quando gli studenti decidono di frequentare l'università in una città lontana, hanno il problema di cercare una casa. Per gli studenti fuori sede ci sono le residenze universitarie, ma queste non sono sufficienti per tutti. Perciò, chi è lontano da casa si rivolge al mercato privato. La ricerca della casa è complicata. Quando gli studenti cercano una sistemazione, cominciano a leggere prima di tutto le bacheche dell'università dove ci sono molte offerte di condivisione o leggono gli annunci sulla stampa. Il modo più veloce di cercare casa è attraverso le agenzie immobiliari. Queste offrono un servizio più efficiente. Ma gli studenti pagano per questo servizio un costo alto.

Spesso gli studenti fuori sede tendono a cercare un appartamento in una zona ben servita dai mezzi pubblici, vicino all'università, alle biblioteche, ai negozi e ai supermercati.

È possibile poi, per gli studenti, affittare un appartamento già arredato, semiarredato o vuoto. Normalmente gli appartamenti disponibili per gli studenti sono arredati.

Adapted from *Career Book 2003 – Università*, 'Vita da studente', maggio 2003

a) What is the Italian expression for students who do not live at home?

b) What kind of accommodation is not sufficient for these students?

c) Through what other channels do students look for accommodation?

d) What are the areas favoured by students when they look for a flat?

e) What types of flats are possible for students to rent?

2

A *Ora rileggi il testo ad alta voce. Poi leggi questo sommario e scrivi le parole mancanti negli spazi vuoti.* Now read the text again out loud, then read this summary and fill in the missing words.

Quando gli studenti frequentano l'università in una _____ lontana, hanno il problema di cercare una _____ . Per gli _____ fuori sede ci sono le _____ universitarie, ma queste non sono sufficienti per tutti e molti studenti si rivolgono al _____ privato. La ricerca della casa è complicata. Quando gli studenti cercano una _____, leggono le _____ dell' università o gli _____ sulla stampa. Il modo più veloce di cercare casa è attraverso le _____ immobiliari. Queste offrono un servizio efficiente, ma gli studenti pagano per questo _____ un costo alto. Spesso gli studenti fuori sede cercano un appartamento in una _____ ben servita dai _____ pubblici, vicino all'università, alle _____, ai negozi e ai supermercati. Normalmente gli _____ disponibili per gli studenti sono arredati.

B *Ora ricerca, per ogni parola mancante, la forma plurale o singolare e il genere.* Research each of the missing words above: what is the plural/singular form? What is the gender?

  3

Prova a chiedere ad un compagno le seguenti informazioni relative al testo 'Un tetto per tutti'. Now ask your partner for the following information, which can be found in the text above.

a) Qual è l'espressione italiana per gli studenti che frequentano l'università in una città lontana?

b) Perché non tutti gli studenti vanno ad abitare nelle residenze universitarie?

c) Cosa fanno gli studenti quando cercano una sistemazione?

d) Dove tendono a cercare un appartamento?

e) Che tipo di appartamento è possibile affittare?

4

A *Nel testo dell'Attività 1 hai incontrato due verbi regolari, 'cercare' e 'pagare'. In questi verbi le consonanti 'c' e 'g' mantengono il suono duro. Riesci ora a completare la tabella con il presente di questi verbi?* In the text in Activity 1 you met two regular verbs, *cercare* and *pagare*. These verbs retain the hard sound of the consonants *c* and *g* throughout. Can you now complete the table with the present tense of these two verbs?

	cercare *(to look for)*	pagare *(to pay)*
(io)		
(tu)		
(lui/lei)		
(noi)		
(voi)		
(loro)	cercano	pagano

Verbs ending in -*care* and -*gare*

- Italian regular verbs ending in -***care*** and -***gare***, change their spelling in order to preserve the hard sound of ***c*** and ***g*** and add an ***h*** in front of the endings beginning with ***i*** (second person singular and first person plural).

B *Nell'Unità 2 hai incontrato tre verbi che funzionano come 'cercare' e 'pagare'. Ricordi quali sono?* In Unit 2 you came across three verbs that behave like *cercare* and *pagare*. Do you remember which they are?

Dolci

Pronuncia e Ortografia

■ Dove cade l'accento?

A *Ascolta le seguenti parole e sottolinea la vocale su cui cade l'accento.*
Listen to the words and underline the vowel where the accent falls.

agenzia	facilmente	professore	sistemazione
appartamento	frequentare	residenza	supermercato
ateneo	locale	ricerca	studente
bacheca	lontano	richiesta	veloce
esame	mercato		

B *Prova a leggere al tuo compagno le seguenti parole.*
Try reading the following words out loud to your partner.

affittare	biblioteca	educazione	illusione
allegro	cameriere	esibizione	professione
andiamo	cucina	geologia	televisione
azzurro	discoteca		

C *Adesso ascolta questo secondo gruppo di parole e sottolinea la vocale su cui cade l'accento.* Now listen to this second group of words and underline the vowel where the accent falls.

abitudine	ammirevole
amabile	incredibile
igienico	indagine

D *Riesci a vedere delle differenze tra i due gruppi di parole che hai ascoltato?* Can you spot any difference between the two groups of words you listened to?

E *Prova a leggere le seguenti parole.* Try reading the following words.

adorabile	attitudine	immagine
amichevole	impossibile	scettico
atletico	notevole	

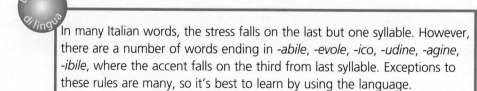

In many Italian words, the stress falls on the last but one syllable. However, there are a number of words ending in *-abile, -evole, -ico, -udine, -agine, -ibile*, where the accent falls on the third from last syllable. Exceptions to these rules are many, so it's best to learn by using the language.

Il tuo portfolio

Questi sono alcuni compiti, basati sul materiale di questa unità, che puoi inserire nel tuo portfolio. Here are some tasks, based on the material in this unit, which you might want to complete for your portfolio.

1

■ *Scrivi degli appunti sul tuo appartamento e poi pratica questa descrizione come se la stessi descrivendo a qualcun altro. Registra te stesso mentre descrivi il tuo alloggio dettagliatamente.* Make some notes about your own accommodation and then practise this description as though you were describing it to someone else. You could record yourself whilst you describe your accommodation in detail.

■ *Trova un amico di madrelingua italiana e intervistalo sul suo alloggio. Prepara le domande in anticipo e registra questa attività. Prova a fare alcune di queste domande.* Try to find a native speaker, or Italian-speaking friend, and interview him about his accommodation. Prepare your questions beforehand and record this activity. Try some of these questions:

- *Dove abiti?*

- *Com'è la tua casa/il tuo appartamento?*

- *Quante stanze ci sono?*

- *È vicino ai negozi?*

■ *Ed ora scrivi una descrizione dell'appartamento del tuo intervistato.* And now write up a description of your interviewee's accommodation.

2

■ *Scrivi una breve descrizione della tua famiglia o di un'altra famiglia che conosci (la famiglia reale, i Simpson, i Versace, gli Agnelli). Poi pratica questa descrizione come se la stessi descrivendo a qualcun altro e registra questa attività.* Write a short description of your own family or another family that you know (the Royal Family, the Simpsons, the Versaces, the Agnellis). Then practise this description as though you were describing it to someone else and record this activity.

■ *Scrivi un annuncio per la bacheca dell'università richiedendo un certo tipo di sistemazione.* Write an advert for a student notice board requesting a certain kind of accommodation.

Studente/ssa cerca ....
....
vicino a ....
Telefonare a ....
Ore ....

Dolci

3

■ *Trova, in rete, degli esercizi di grammatica relativi ai punti grammaticali che hai studiato in questa unità. Completa gli esercizi online, poi stampali e aggiungili al tuo portfolio.* Find some web-based computer exercises which practise the grammatical points introduced in this unit. Complete them online, then print them out and add them to your portfolio.

■ *Trova almeno dodici parole nuove, utili per descrivere un appartamento. Dov'è possibile, cerca anche gli opposti. Considera le seguenti categorie.*

Tipo di sistemazione

Ubicazione

Piano

Mobili

Posizioni

Find at least twelve new words useful to describe a flat. Where possible, find their opposite too. Consider the following categories:

Type of accommodation

Location

Floor plan

Furniture and furnishings

Positions

4

■ *Rileggi il testo 'Un tetto per tutti', e scrivi un testo simile sui modi in cui gli studenti inglesi trovano una sistemazione nel periodo dell'università.* Read the text *'Un tetto per tutti'* again, and write a similar text about the ways in which English students find accommodation during their university time.

Digestivo
■ 'Mamma' di Beniamino Gigli

Gigli was one of the world's most famous tenors, long before tenors became international icons. He was born into a very poor family in Recanati and although he worked from an early age, his phenomenal gift for music was soon discovered. Gigli was awarded a grant to study singing in the Accademia di Santa Cecilia and in 1914 he entered an opera competition which he won, to much public acclaim. This was the beginning of a fabulous career which took him all over the world. He sang in all the great opera houses including the Metropolitan in New York, La Scala in Milan and Covent Garden in London. He had a very wide repertoire which embraced both classical and popular works. He was a great interpreter of the romantic operas of Puccini (*La Bohème* in particular), but he also enjoyed singing popular Neapolitan songs such as 'Non ti scordar di me' and the one which we have reproduced here, 'Mamma'. This became an international hit during the second world war, when it came to symbolise the many soldiers who did not return home to their 'mamma'.

Gigli died in Rome on the 30 November, 1957. He is buried in his birthplace alongside his mother.

Leggi il testo della canzone a pagina 74 e rispondi alle seguenti domande.
Read the lyrics of the song on page 74 and then answer the following questions.

a) Who is Gigli's song dedicated to?

b) Why is the singer so happy?

c) What promise does the singer make in his song?

d) What does this person represent for the singer?

e) Do you know any British song dedicated to a member of the family?

Mamma, son tanto felice
perché ritorno da te…
La mia canzone ti dice
ch'è il più bel giorno per me!
Mamma, son tanto felice…
Viver lontano, perché?

Mamma…
solo per te la mia canzone vola…
Mamma…
Sarai con me, tu non sarai più sola!
Quanto ti voglio bene…
Queste parole d'amore
che ti sospira il mio cuore
forse non s'usano più…
Mamma…
Ma la canzone mia più bella sei tu!
Sei tu la vita
e per la vita non ti lascio mai più!

Sento la mano tua stanca:
cerca i miei riccioli d'or…
Sento… e la voce ti manca,
la ninna nanna d'allor…
Oggi la testa tua bianca,
io voglio stringere al cuor…

Mamma…
solo per te la mia canzone vola…
Mamma…
Sarai con me, tu non sarai più sola!
Quanto ti voglio bene…
Queste parole d'amore
che ti sospira il mio cuore
forse non s'usano più…
Mamma…
Ma la canzone mia più bella sei tu!
Sei tu la vita
e per la vita non ti lascio mai più!

Ripasso

> **You should be able to**
>
> ★ *Parlare della tua casa e descrivere la tua stanza*
>   Talk about your home and describe your room
>
> ★ *Parlare della tua famiglia*
>   Talk about your family
>
> ★ *Usare le preposizioni e gli aggettivi possessivi*
>   Use prepositions and possessive adjectives
>
> ★ *Usare gli aggettivi numerali ordinali*
>   Use the ordinal numbers
>
> ★ *Parlare degli alloggi degli studenti in Italia*
>   Talk about student accommodation in Italy

Svolgi i seguenti esercizi e ripassa il materiale su cui non ti senti sicuro prima di procedere all'Unità 4. Test yourself with the exercises below and revise any material you are not sure about before proceeding to Unit 4.

Correggi gli errori grammaticali nelle frasi seguenti. Il numero di errori è indicato tra parentesi. Correct the grammar mistakes in the sentences below. The number of mistakes is in brackets.

1   Loro abita in un appartamento al secondo piano. (1)

2   Nella mia casa c'è tre camere da letti, una cucina piccolo e un bagno. (3)

3   Nella mia camera da letto c'è un scaffale con molto libri. (2)

4   Mie sorelle studiano Economia e Commercio. Loro abitano in Milano. (2)

5   Che lavoro fa il tuo fratello? (1)

B

Con un compagno, completa la tua parte dell'attività ad alta voce. Poi scambiatevi i ruoli. With your partner, complete your side of this activity, out loud. Then, swap roles.

A Dove abiti?
B *Say that you live in a house in the suburbs.*
A Quante stanze ci sono?
B *Say that there are five bedrooms, one living room, a big kitchen, a dining room, a big hall and three bathrooms.*
A Quanti siete in famiglia?
B *Say that there are six of you: your mother, your father, your two sisters, your brother and yourself.*
A I tuoi fratelli sono più grandi?
B *Say that your brother is 28 and your sisters 14: they are twins.*
A E cosa fanno le tue sorelle?
B *Say that your sisters go to the Drama Academy (Accademia di arte drammatica).*
A E tuo fratello?
B *Say that your brother studies psychology.*

C

Ora rifai l'esercizio con le informazioni che ti riguardano. Poi, tu e il tuo compagno scambiatevi i ruoli. Now do the exercise again by substituting your own information. Again, swap roles with your partner.

D

Osserva le fotografie di queste case. Descrivile e scegli la tua casa ideale. Puoi fare questo esercizio oralmente e per iscritto. Look at the pictures of these houses, describe them and decide which is your ideal home. You can do this exercise both orally and in written form.

1

2

3

4

Vocabolario

Nomi	Nouns
annuncio	advert
appartamento	flat
bacheca	notice board
bagno	bathroom
balcone (m.)	balcony
camera	room
cameretta	study-bedroom
casa	house, home
cassettiera	chest of drawers
cognato/a	brother/sister-in-law
comodino	bedside table
compagno/a	partner
corridoio	corridor
credenza	sideboard
cucina	kitchen; cooker
cugino/a	cousin
divano	sofa
figlio/a	son/daughter
finestra	window
fratello	brother
frigorifero	fridge
gabinetto	lavatory
genitore (m.)	parent
giardino	garden
guardaroba (m.)	wardrobe
ingegnere (m.)	engineer
ingresso	entrance hall
lampada	lamp
lavanderia	laundry
lavandino	washbasin
libreria	bookcase; bookshop
madre (f.)	mother
marito	husband
medico	doctor
mercato	market
mobile (m.)	piece of furniture
moglie (f.)	wife
muro	wall
negozio	shop
nipote (m.e f.)	nephew/niece; grandson/granddaughter
nonno/a	grandfather/grandmother
padre (m.)	father
palazzo	block of flats
piano	floor
pianta	plant
porta	door
poliziotto	policeman
poltrona	armchair
portineria	porter's office
posto	place
problema (m.)	problem
radiosveglia	alarm-radio
ricerca	search
salotto	sitting room
scrivania	desk
sedia	chair
sistemazione (f.)	accommodation
soggiorno	living room
sorella	sister
stanza	room
studentessa	student
supermercato	supermarket
televisore (m.)	TV set
tappeto	rug
tavolo	table
tetto	roof
vestito	dress; suit
videoregistratore (m.)	video recorder
zio/a	uncle/aunt
zona	area

Aggettivi	Adjectives
alto/a	high
altro/a	other
arredato/a	furnished
basso/a	low
bello/a	beautiful
confortevole	comfortable
disponibile	available
fortunato/a	lucky
gemello/a	twin
grande	big, great
lontano/a	far away
luminoso/a	bright
moderno/a	modern
numeroso/a	numerous
piccolo/a	small
pieno/a	full
possibile	possible
semiarredato/a	half-furnished
spazioso/a	spacious
sposato/a	married
stesso/a	same
tanto/a	so much
tranquillo/a	quiet
ultimo/a	last
veloce	quick
vuoto/a	empty

Verbi	**Verbs**
abitare	to live
affittare	to rent
capire	to understand
cercare	to look for
cominciare	to begin, to start
descrivere	to describe
invitare	to invite
pagare	to pay
parlare	to speak, to talk
viaggiare	to travel
vivere	to live

Altre parole	**Other words**
abbastanza	quite
adesso	now
attraverso	through
dietro	behind
ecco	here
perciò	therefore
più	more
piuttosto	rather
solo	only
sopra	on, over, above
sotto	under
su	on, upon
via	away

Espressioni utili	**Useful phrases**
accanto a	next to
agenzia immobiliare	estate agency
a destra	on the right

al quinto piano	on the fifth floor
a sinistra	on the left
camera da letto	bedroom
che ne pensi?	what do you think about it?
com'è la tua casa?	what's your house like?
davanti a	opposite
di fronte a	in front of
da quanto tempo...?	how long...?
da solo/a	on one's own, alone
in centro	in the town centre
in periferia	in the suburbs
in tempo	on time
lontano da	far from
nel centro di	in the middle of
prima di tutto	first of all
quante stanze ci sono?	how many rooms are there?
residenza universitaria	students' hall
sala/stanza da pranzo	dining room
sala di lettura	reading hall
vicino a	near

Aggettivi numerali ordinali	**Ordinal numbers**
primo/a	first
secondo/a	second
terzo/a	third
quarto/a	fourth
quinto/a	fifth
sesto/a	sixth
settimo/a	seventh
ottavo/a	eighth
nono/a	ninth
decimo/a	tenth

Un fine settimana
a Firenze

Indice dell'unità

unità 4 Un fine settimana a Firenze

In this unit you will

★ *Programmare un viaggio in treno*
Plan a journey by train

★ *Chiedere e dare informazioni sugli orari*
Ask for and give information about timetables

★ *Acquistare biglietti ferroviari*
Buy railway tickets

★ *Prenotare una camera in un albergo*
Book a room in a hotel

★ *Apprendere qualcosa sulla Galleria degli Uffizi*
Learn about the Uffizi Gallery

Ripasso

Cosa riesci a ricordare? What can you remember?

Nell'Unità 3 hai imparato a descrivere case e stanze e ad indicare la posizione dei mobili. Ora, a turno con un compagno, descrivi la posizione dei mobili nella tua stanza. Durante la descrizione, il tuo compagno deve disegnare la pianta.

In Unit 3 you learnt how to describe houses and rooms and to indicate the position of the furniture. Now, with a partner, take it in turns to describe the position of the furniture in your room. As you do so, your partner should draw the plan.

Antipasto

 1

A *Osserva le seguenti fotografie e scegli il nome appropriato dal riquadro.* Look at the following photographs and match them to the names in the box below.

1

2

3

4

5

6

7

8

9

Il Giardino di Boboli	**Il Battistero**	**Il Ponte Vecchio**
Il Campanile di Giotto	**Il Duomo**	**Piazza della Signoria**
Palazzo Pitti	**Piazzale Michelangelo**	**La Fontana del Nettuno**

B *Ora prova a dire i nomi ad alta voce.* Now try saying these out loud.

2 *Con un compagno, prova ad abbinare le fotografie alle seguenti affermazioni.* With your partner, see if you can link the photographs to the statements below.

a) È una creazione artistica che unisce architettura, scultura e natura.

b) Ha tre porte in bronzo.

c) Ha due caratteristiche file di botteghe ai lati.

d) È un bellissimo esempio dell'architettura gotica fiorentina.

e) Si chiama anche Cattedrale di Santa Maria del Fiore.

f) È il centro della vita politica e civica della città fin dal Medioevo.

g) Diventa sede della famiglia reale dei Savoia nel 1855.

h) È un luogo da cui si ammira lo stupendo panorama di Firenze.

i) Ha una serie di statue in bronzo che raffigurano divinità marine.

v o c a b o l a r i o

botteghe: *shops*
lati: *sides*
fin da: *since*
diventa: *it becomes*
si ammira: *can be admired*
divinità: *divinity, god*

Primo piatto

Il ponte dei Santi

> ### ★ Nota culturale
>
> The word **ponte** usually means bridge (**Il Ponte Vecchio**), but it also means a long weekend. **Il ponte** is a holiday of three or more consecutive days when a working day falls between two non-working days. The expression **fare il ponte** means 'to have a long weekend' or 'to have a short break'.

 1

Ascolta la conversazione e decidi… Listen to the conversation and decide…

a) Cosa pensano di fare Michela e Richard?

b) Quando?

 **2**

Ascolta di nuovo la conversazione e abbina le risposte giuste alle domande nella tabella. Leggile attentamente prima di ascoltare. Listen to the conversation again and match the questions and answers in the following grid. Read them through first before you listen.

Prima metà – First half

Quanti giorni?	No, penso di no.
Resti a Perugia per questo ponte?	Quattro.
Tu fai qualcosa di bello?	Veramente, no.
Tu conosci Firenze?	Mah, veramente penso di andare a Firenze.

Seconda metà – Second half

Perché non vieni con me?	Beh, sì. Lunedì riapre l'università.
Quando partiamo?	27 ottobre.
Torniamo poi domenica sera?	Sì, vengo volentieri, grazie.
Quanti ne abbiamo oggi?	Mercoledì pomeriggio.

  3

Adesso, con un compagno, leggi la conversazione ad alta voce.
Now, with a partner, read the conversation out loud.

Per il ponte dei Santi, Michela propone a Richard di andare a visitare Firenze.
For the '*ponte*' for All Saints' Day (1 November), Michela suggests that she and Richard should visit Florence.

Michela	Richard, sai che per i Santi c'è un lungo ponte?
Richard	Davvero? Quanti giorni?
Michela	Quattro, da giovedì uno a domenica quattro novembre.
Richard	Bello! Resti a Perugia per questo ponte?
Michela	Mah, veramente penso di andare a Firenze. E tu fai qualcosa di bello?
Richard	No, penso di no.
Michela	Tu conosci Firenze?
Richard	Veramente, no.
Michela	Perché non vieni con me?
Richard	Sì, vengo volentieri, grazie. È una splendida occasione per visitare Firenze. Quando partiamo?
Michela	Mercoledì pomeriggio, va bene?
Richard	Sì, benissimo. E torniamo, poi, domenica sera?
Michela	Beh, sì. Lunedì riapre l'università. Adesso, però, pensiamo alle prenotazioni.
Richard	Ma c'è tempo, no? Quanti ne abbiamo oggi?
Michela	27 ottobre. Non c'è poi tanto tempo.

vocabolario

Santi: *All Saints' Day*
qualcosa: *something*
pomeriggio: *afternoon*
riapre: *it opens again*
prenotazioni: *reservations*
quanti ne abbiamo oggi?
  what is the date today?

  4 *A turno, fatevi le seguenti domande.*
Take it in turns to ask the following questions.

a) Di quanti giorni è il ponte dei Santi?

b) Dove pensa di andare Michela per il ponte?

c) Richard conosce Firenze?

d) Perché Richard accetta di andare a Firenze con Michela?

e) Quando partono?

f) Quando ritornano a Perugia?

g) Quanti giorni ci sono prima della partenza?

 5 **A** *Nella conversazione hai incontrato due verbi che significano* 'to know'. *Quali sono?* In the conversation you came across two verbs meaning 'to know'. Can you find them?

 B *Ora ritorna alla conversazione e completa la tabella con la seconda persona singolare del verbo 'sapere'. Per il verbo regolare 'conoscere', completa la tabella con le persone mancanti.* Now go back to the conversation and try to complete the grid with the second person singular of the verb *sapere*. For the regular verb *conoscere*, complete the grid with the missing forms.

	Conoscere *(to know)*	sapere *(to know)*
(io)		so
(tu)	conosci	
(lui/lei)		sa
(noi)		sappiamo
(voi)		sapete
(loro)		sanno

Riesci a spiegare l'uso dei verbi 'conoscere' e 'sapere'?
Can you work out the use of the verbs *conoscere* and *sapere*?

■ **Conosco** Rossano gli scrittori moderni Roma La Sicilia ■ **Conosco/so** il francese la storia italiana l'indirizzo e-mail di Mauro	■ **So** usare il computer dov'è il Dipartimento d'Italiano perché Giovanna è contenta quando partono i miei genitori chi è lo scultore del David come si chiama il nuovo insegnante a che ora comincia la festa quanto spende Nadia in vestiti

A *Prova a completare le frasi seguenti con la prima persona dei verbi 'conoscere' e/o 'sapere'.* Try to complete the following sentences with the first person of the verbs *conoscere* and/or *sapere*.

a) (Io) non _____ dove abita Eleonora.

b) (Io) _____ il russo.

c) (Io) _____ quando riapre l'università.

d) (Io) _____ perché Carlo va in vacanza.

e) (Io) _____ Enrico.

f) (Io) _____ le lingue.

g) (Io) _____ dov'è la Facoltà di Architettura.

h) (Io) _____ a che ora comincia il film.

B *Ora completa le frasi seguenti con le persone mancanti dei verbi 'conoscere' e/o 'sapere'.* Now complete the following sentences with the missing forms of the verbs *conoscere* and/or *sapere*.

a) (Loro) _____ chi è il nuovo Primo Ministro.

b) (Tu) _____ cosa comprare per il compleanno di Marco?

c) (Voi) _____ l'itinerario del viaggio?

d) (Lui) _____ come funziona questo registratore.

e) (Loro) non _____ la ragazza di Danilo.

f) (Io) non _____ ancora quanti giorni ci sono prima degli esami.

g) (Noi) _____ suonare il piano.

h) (Voi) _____ Torino?

i) Signora, (Lei) _____ le sinfonie di Beethoven?

  8

A *Chiedi a un compagno, in italiano, le seguenti informazioni.* Ask your partner, in Italian, the following questions.

a) Do you know Italy?

b) Do you know what you are doing tonight?

c) Do you know how to play tennis?

d) Do you know any Italian painters?

e) Do you know when you are going on holiday?

f) Do you know where the Engineering Faculty is?

B *Ora, tu e il tuo compagno, usate 'conoscere' e 'sapere' e inventate delle frasi su voi stessi. Dite quali lingue, artisti e nazioni conoscete, se sapete suonare uno strumento musicale, guidare un minibus e altre cose che conoscete o sapete fare.* With a partner, invent some sentences about yourselves, using *conoscere* and *sapere*. Say what languages, artists and countries you know, whether you know how to play a musical instrument, drive a minibus, or anything else you know or know how to do.

 9

A *Ritorna alla conversazione tra Michela e Richard (Attività 3). Riesci a trovare il verbo che Michela usa per invitare Richard ad andare con lei a Firenze? Poi, completa la tabella.* Go back to the conversation between Michela and Richard (Activity 3). Can you find the verb Michela uses to invite Richard to go to Florence with her? Then complete the grid.

venire *(to come)*	
(io)	
(tu)	
(lui/lei)	viene
(noi)	veniamo
(voi)	venite
(loro)	vengono

B *Adesso chiedi al tuo compagno di venire con te a una festa, al bar, allo stadio, alla mensa, all'unione studentesca, in biblioteca, alla Galleria degli Uffizi e in altri posti di tua scelta. Poi, insieme, invitate altre coppie.* Now ask your partner to come with you to a party, to the bar, the stadium, the refectory, the student union, the library, the Uffizi Gallery and any other place of your choice. Then, together, invite some other couples.

Esempio: – Vieni al bar con me?
  – Venite allo stadio con noi?

10

A *Richard è a casa di Michela per organizzare il loro viaggio in treno. Ascolta la conversazione e annota le risposte alle seguenti domande.* Richard is at Michela's house to plan their journey by train. Listen to the conversation and note down the answers to the following questions.

a) Come vanno a Firenze Michela e Richard?

b) Come prenotano i biglietti?

c) Dove ritirano i biglietti?

B *Adesso, mentre ascolti il dialogo di nuovo, spunta le parole che senti.* Now, while you listen to the dialogue again, tick the words you hear.

❏ binario	❏ decollo	❏ supplemento
❏ biglietti	❏ interregionale	❏ uscita
❏ posto	❏ coincidenza	❏ carrozza
❏ prenotiamo	❏ rapido	❏ stazione
❏ partenze	❏ andata e ritorno	❏ atterraggio
❏ orario	❏ volo	❏ distributore
❏ treno	❏ classe	

C *Ascolta la conversazione di nuovo e completa le parole interrogative con le domande appropriate.* Listen to the conversation again and complete the question words with the appropriate questions.

Dove	costa il biglietto?
Quando	treni ci sono?
Che	andiamo a comprare i biglietti?
A che ora	controlliamo le partenze?
Quanto	parte il rapido?

D *Ora riascolta il dialogo e abbina alle domande le risposte corrette.* Now listen to the dialogue again and match the answers to the questions.

Dove andiamo a comprare i biglietti?	C'è un treno alle 15:30 che arriva a Firenze alle 18:23.
Quando controlliamo le partenze?	Alle 16:46.
Che treni ci sono?	Il biglietto di prima classe costa 25 euro e 10 e di seconda 15 euro e 80.
A che ora parte il rapido?	Da nessuna parte.
Quanto costa il biglietto?	Adesso.

E *Adesso leggi il dialogo e rispondi alle seguenti domande.* Now read the dialogue and write answers to the following questions.

Richard	Dove andiamo a comprare i biglietti?
Michela	Da nessuna parte. Prenotiamo su Internet.
Richard	Bene. Quando controlliamo le partenze?
Michela	Adesso.
Richard	Che treni ci sono?
Michela	Sì, ecco. C'è un treno alle 15:30 che arriva a Firenze alle 18:23.
Richard	Quasi tre ore? Ci mette molto!
Michela	Lo so. È un interregionale… Ah, ecco, c'è un rapido …
Richard	A che ora parte il rapido?
Michela	Alle 16:46.
Richard	E arriva?
Michela	Alle 18:16.
Richard	Prenotiamo questo? Quanto costa il biglietto?
Michela	Solo andata?
Richard	No, andata e ritorno.

> **v o c a b o l a r i o**
>
> da nessuna parte: *nowhere*
> prenotiamo: *shall we book*
> controlliamo: *we check*
> partenze: *departures*
> ci mette molto:
>   *it takes a long time*
> lo so: *I know (it)*
> di meno: *less*
> non importa:
>   *it doesn't matter*
> fumatori: *smokers*
> mandano: *they send*
> ritiriamo: *we'll collect*

Michela	Il biglietto di prima classe costa 25 euro e 10 e di seconda 15 euro e 80. E poi ci sono 16 euro di supplemento rapido.
Richard	È un po' caro.
Michela	Con l'interregionale paghiamo di meno.
Richard	Non importa. Ti va di prenotare il rapido?
Michela	Andata e ritorno, seconda classe?
Richard	Sì, ovviamente. C'è la carrozza fumatori?
Michela	Eh, no. Non più.
Richard	Mandano i biglietti a casa?
Michela	No, ritiriamo i biglietti alla stazione, al distributore self service.

a) A che ora parte l'interregionale? _____

b) E a che ora arriva a Firenze? _____

c) Quale treno decidono di prenotare Michela e Richard? _____

d) Che tipo di biglietto prenotano? _____

e) Quale supplemento è necessario pagare per il rapido? _____

★ **Nota culturale**

In Italy people travel by train a lot. Trains are fairly cheap and efficient. There are several types of trains offering different kinds of service. The local train (*il treno locale*) is the slowest and stops at every station. The direct (*il diretto*) is also quite slow; the express (*l'espresso*) is another slow train, but stops at fewer stations than the direct. Other types of trains are the rapid (*il rapido*), including the Intercity and others. These are very fast trains for which a supplement (*il supplemento rapido*) is payable. The fastest train is '*il Pendolino*'. It's very expensive and reservation is necessary.

On long-distance trains, restaurant cars (*vagoni ristorante*) can be found, together with sleeping cars (*vagoni letto*) and couchettes (*cuccette*).

Tickets must be 'validated' at a machine before boarding the train. Passengers who don't do this are fined by the ticket inspector.

11

A *Ascolta la conversazione tra Alessia e l'impiegato delle Ferrovie e spunta la casella appropriata.* Listen to the conversation between Alessia and the ticket clerk and tick the appropriate box.

a) Destinazione: ❏ Bari   ❏ Firenze   ❏ Brindisi

b) Partenza: ❏ Roma   ❏ Milano   ❏ Perugia

B *Adesso ascolta più volte la conversazione e scrivi le informazioni mancanti.* Now listen to the conversation several times and fill in the missing information.

a) Destinazione: _____

b) Partenza: _____

c) Orario di partenza: _____

d) Orario di arrivo: _____

e) Tipo di biglietto: _____

f) Costo del biglietto: _____

g) Costo della cuccetta: _____

h) Binario (*platform*): _____

 12 *Con un compagno, completa il dialogo tra Alessia e il bigliettaio con le parole mancanti.* With a partner, complete the dialogue between Alessia and the ticket clerk with the missing words.

Alessia	Buongiorno. Scusi, a _____ ora parte il treno per Bari?
Bigliettaio	Quando viaggia?
Alessia	Venerdì.
Bigliettaio	Guardi, c'è un espresso che _____ da Milano alle 20:50.
Alessia	A che ora _____ a Bari?
Bigliettaio	Alle 6:25.
Alessia	Quanto _____ il biglietto?
Bigliettaio	Solo andata?
Alessia	Sì, seconda _____
Bigliettaio	40 euro e 70. Desidera prenotare un _____ o una cuccetta?
Alessia	Quanto costa la _____?
Bigliettaio	8 euro.
Alessia	Prenoto la cuccetta, grazie. Da quale _____ parte?
Bigliettaio	Dal nove.

  13 *Osserva il seguente biglietto ferroviario. Con il tuo compagno, costruisci un dialogo sulla base delle informazioni riportate sul biglietto. Chiedi l'orario di partenza e di arrivo, il tipo di biglietto che desideri comprare, la classe in cui preferisci viaggiare, il prezzo del biglietto.* Look at the following railway ticket. Together with your partner, build a dialogue on the basis of the information indicated on the ticket. Ask about the departure and arrival time, the type of ticket you wish to buy, the class of ticket you want, the price of the ticket.

14

Ritorna alle conversazioni tra Michela e Richard (Attività 3 e 10E) e sottolinea le parole interrogative che riesci a trovare. Go back to the conversation between Michela and Richard (Activity 3 and 10) and pick out the question words you find.

Interrogative words

Che/Quale which		*Da quale binario parte?* From which platform does it leave?
Che cosa **Che** ⎫ what **Cosa**		*Che cosa* *Che* ⎬ *fai per il ponte?* *Cosa* What are you doing for the long weekend?
Chi	who/whom	*Chi viene a Firenze con noi?* Who is coming to Florence with us?
Come	how/what . . . like	*Com'è il tempo?* What is the weather like?
Dove	where	*Dove vai in vacanza?* Where are you going on holiday?
Quando	when	*Quando partiamo?* When are we leaving?
Quanto	how much	*Quanto costa il biglietto?* How much does the ticket cost?
Perché	why/because	*Perché non prenotiamo ora?* Why don't we book now?

15

Queste sono sei domande su un futuro ponte. Mancano le parole interrogative. Completa le domande e poi praticale con un compagno. Here are six questions about a future weekend. The question words are missing. Complete each question and then practise them with your partner.

a) Di _____ giorni è il ponte dell'Immacolata?

b) _____ facciamo per il ponte?

c) _____ andiamo?

d) _____ non andiamo a Venezia?

e) _____ partiamo?

f) _____ treno prendiamo?

16

A *Nell'Unità 2 hai imparato le parole italiane per* summer *e* winter. *Adesso completa la tabella per tutte le stagioni.* In Unit 2 you learnt the Italian words for 'summer' and 'winter'. Now complete the grid for all the seasons.

Italiano	*Inglese*
primavera	
	summer
autunno	
	winter

B *Ora fornisci la traduzione inglese dei mesi.*
Now give the English equivalents of the months.

- aprile
- novembre
- febbraio
- agosto
- maggio
- dicembre
- ottobre
- giugno
- gennaio
- settembre
- marzo
- luglio

17

A *Ascolta il dialogo tra Alessia e suo figlio Sergio e completa le frasi con le date.* Listen to the dialogue between Alessia and her son Sergio and complete the sentences with the dates.

a) Oggi è _____

b) Natale è _____

c) Il compleanno di Sergio è _____

B *Metti le seguenti parole nell'ordine giusto. Poi chiedi a sei compagni la data del loro compleanno.* Put the following words in the right order. Then ask six classmates the date of their birthday.

'è / quando / il / compleanno / tuo?'

Secondo piatto

Una prenotazione alberghiera

 1

Guarda le fotografie degli alberghi e scegli, per ognuno, la categoria giusta.
Look at the photos of the hotels and choose the right category for each
hotel.

★★★ Hotel Corona

★★★ Hotel Rapallo

★★ Hotel Centro

★★ Hotel delle Nazioni

Classificazione degli alberghi:

Albergo di lusso
Albergo di 1ª categoria
Albergo di 2ª categoria
Albergo di 3ª categoria
Albergo di 4ª categoria

  2

A *Ascolta il dialogo. Di cosa parlano Michela e
Richard?* Listen to the dialogue. What are
Michela and Richard discussing?

B *Michela e Richard cercano di scegliere da un
dépliant un albergo in cui prenotare una
camera. Con un compagno, leggi la
conversazione ad alta voce.* Michela and Richard
are trying to choose a hotel where they can
book a room. They have a brochure. With a
partner, read the conversation out loud.

Richard	Cosa pensi dell'Hotel Corona? È nel centro storico, è bello!
Michela	Bello? Secondo me, l'Hotel Rapallo è più bello del Corona. E poi è meglio scegliere un albergo a due stelle.
Richard	Perché?
Michela	Perché è meno caro di un albergo a tre.
Richard	Sì, sono d'accordo. Vediamo… Ecco, l'Hotel Centro è in una buona posizione… in un palazzo rinascimentale….

vocabolario

secondo me:
  according to me
è meglio: *it's better*
sono d'accordo: *I agree*
vediamo: *let's see*
rinascimentale:
  of the Renaissance
anche se: *even though*
semplice: *simple*
comodità: *comfort(s)*
può darsi: *may be*
ma proprio per questo:
  *but it's precisely for this
  reason*
quest'altro: *this other one*
vista: *view*
non cambiare idea:
  don't change your mind

Michela	Sì, è vero, ma l'Hotel delle Nazioni è più moderno, anche se è più semplice.
Richard	Sicuramente è più semplice, ma non più moderno, e poi offre meno comodità.
Michela	Può darsi, ma proprio per questo è meno costoso. E poi le camere sono tanto funzionali quanto quelle dell'Hotel Centro.
Richard	E va bene! Telefoni tu per prenotare? Oh, cosa pensi di quest'altro con vista sull'Arno?
Michela	Ti prego, non cambiare idea, adesso.

 3

A *Ascolta di nuovo il dialogo e completa le affermazioni con la frase appropriata della colonna di destra.* Listen to the dialogue again and complete the statements with the appropriate phrase from the right-hand column.

È nel centro	di un albergo a tre.
L'Hotel Rapallo è	più moderno.
È meglio scegliere	in una buona posizione.
È meno caro	quanto quelle dell'Hotel Centro.
Ecco, l'Hotel Centro è	ma non più moderno.
L'Hotel delle Nazioni è	storico.
È più semplice	più bello del Corona.
Le camere sono tanto funzionali	un albergo a due stelle.

B *Adesso ascolta di nuovo il dialogo e controlla.*
Now listen again and check.

 4

Ora, con un compagno, completa gli spazi con le parole mancanti.
Now, with your partner, complete the gaps with the missing words.

a) Secondo me, l'Hotel Rapallo è più bello _____ Corona.

b) Perché è _____ caro di un albergo a tre.

c) Sì, è vero, ma l'Hotel delle Nazioni è _____ moderno.

d) Sicuramente è più semplice, ma non _____ moderno.

e) Può darsi, ma proprio per questo è _____ costoso.

f) E poi le camere sono tanto funzionali _____ quelle dell'Hotel Centro.

5 Con un compagno, osserva gli esempi seguenti. Riesci ad elaborare una regola relativa alla formazione dei comparativi? With a partner, look at the following examples. Can you work out a rule for the way comparatives are formed?

– L'Albergo Aurora è più caro dell'Albergo Serena.
– Le camere dell'Albergo Tiziano sono meno comode di quelle dell'Albergo Venezia.
– L'Albergo Nettuno è (tanto) moderno quanto l'Albergo Paradiso
– L'Albergo Nettuno è (così) moderno come l'Albergo Paradiso.

Comparatives

■ **More ... than**   *Più ... di (del, dello, della ecc.)*

Where in English you add **-er** to an adjective or you place **more** before the adjective, in Italian you use *più* + adjective.
Di is the word for **than**.

> *Il treno rapido è più veloce del treno espresso.*
> The rapid train is faster than the express.

■ **Less ... than**   *Meno ... di (del, dello, della ecc.)*

Meno is the Italian word for **less**.

> *Un albergo a due stelle è meno caro di un albergo a tre.*
> A two-star hotel is less expensive than a three-star hotel.

■ **As ... as**   *Tanto ... quanto*   *Così ... come*

The forms *tanto ... quanto* or *così ... come* are used for the English **as ... as**. *Tanto* and *così* can be omitted.

> *L'Alfa Romeo è (tanto) veloce quanto la Mercedes.*
> *L'Alfa Romeo è (così) veloce come la Mercedes.*
> Alfa Romeo is as fast as Mercedes.

6 *Con un compagno, leggi le seguenti descrizioni di alberghi e fai dei paragoni.* With your partner, read the descriptions of the hotels below and make as many comparisons as possible.

Posizione: di fronte al mare a 20m dalla spiaggia.
Servizi: sale ristorante, bar, sale congressi, sale soggiorno e TV, aria condizionata, tabacchi, custodia valori, ascensore, giardino, parcheggio.

Sport e divertimenti: piscina, tennis, piano bar, solarium, sala giochi, corsi di windsurf, ginnastica aerobica, nuoto, ballo. Servizio biciclette gratuito.
Camere: sono tutte provviste di servizi privati, telefono diretto, TV via satellite, frigobar, aria condizionata, balcone, suite con idromassaggio.
Spiaggia: privata attrezzata.

Quote individuali in camere doppie con servizi privati:

Pensione Completa:	€175
Mezza Pensione:	€95

★★★★ **Hotel Riviera**

Posizione: nel cuore del Parco Nazionale d'Abruzzo a 100m dal centro del paese e a 1km dal lago.
Servizi: giardino privato, sala TV, salone ricevimenti, ampio parcheggio.
Sport e divertimenti: parco giochi per bambini.
Camere: sono tutte provviste di servizi privati, telefono diretto, TV a colori.

Quote individuali in camere doppie con servizi privati:

Pensione Completa:	€78
Mezza Pensione:	€48

★★ **Hotel degli Olmi**

7

A *Ascolta Michela mentre prenota una camera e spunta le caselle corrette.*
Listen to Michela booking a room and tick the correct boxes.

singola	❏	doppia	❏
bagno	❏	doccia	❏
primo piano	❏	secondo piano	❏
colazione 5 euro	❏	colazione 10 euro	❏

B *Adesso leggi la conversazione ad alta voce con un compagno.*
Now read the conversation out loud with a partner.

Impiegato	Pronto, Hotel Delle Nazioni.
Michela	Buonasera. Vorrei prenotare una camera, per favore.
Impiegato	Per quante notti?
Michela	Per quattro notti, dal 31 ottobre al 3 novembre.
Impiegato	Singola o doppia?
Michela	Doppia, per favore, a due letti.
Impiegato	Con bagno o con doccia?
Michela	Con doccia, per favore.
Impiegato	Bene … Sì, c'è una camera libera al secondo piano.
Michela	Quanto costa?
Impiegato	Costa 52 euro al giorno.
Michela	Il prezzo comprende anche la colazione?
Impiegato	No, signora, la colazione è a parte. Costa 5 euro.
Michela	Ancora una domanda: dov'è l'albergo?
Impiegato	È in una posizione centrale, proprio di fronte alla stazione.

v o c a b o l a r i o

pronto: *hello*
vorrei: *I'd like*
per favore: *please*
notti: *nights*
doccia: *shower*
colazione: *breakfast*
a parte: *separate*

8

Ascolta di nuovo il dialogo e decidi se le seguenti affermazioni sono vere o false. Listen to the dialogue again and decide whether the following statements are true or false.

		Vero	Falso
a)	Michela prenota la camera dal 31 ottobre al 3 novembre.	____	____
b)	Michela chiede una camera singola.	____	____
c)	La camera è con doccia.	____	____
d)	La camera è al secondo piano.	____	____
e)	La camera costa 52 euro per tutto il periodo.	____	____
f)	Il prezzo comprende la colazione.	____	____
g)	L'albergo è di fronte alla stazione.	____	____

9 *Con un compagno, telefona all'Hotel Centro e prenota una camera come ha fatto Michela. Poi, scambiatevi i ruoli.* With a partner, ring the Hotel Centro and book a room like Michela. Then, swap roles.

Impiegato	Pronto, Hotel Centro.
Tu	Vorrei _____.
Impiegato	Per quante notti?
Tu	Per _____ dal _____.
Impiegato	Singola o doppia?
Tu	_____.
Impiegato	Con bagno o con doccia?
Tu	Con _____.
Impiegato	Bene … Sì, c'è una camera libera al terzo piano.
Tu	Quanto _____?
Impiegato	Costa 54 euro al giorno.
Tu	Il prezzo _____ colazione?
Impiegato	No, signora, la colazione è a parte. Costa 6 euro.
Tu	Dov'è _____?
Impiegato	È in una posizione centrale, vicino alla Piazza del Duomo.

★ **Nota culturale**

In Italian, the words **albergo** and **hotel** are used as alternatives. The official classification is expressed in stars (**stelle**). Hotels from one to three stars are also called **pensioni** (boarding houses). When you book a hotel or a **pensione**, unlike in England, you have to provide an identity document.

Throughout the country, numerous **villaggi turistici** (holiday villages), camping sites, **rifugi** (huts), hostels and B&B accommodation can also be found.

Secondo piatto

Contorno

La Galleria degli Uffizi, Firenze

Leggi il testo e rispondi, in inglese, alle seguenti domande.
Read the text and answer the following questions in English.

vocabolario

pinacoteca: *picture gallery*
racchiude: *it contains*
arazzi: *tapestries*
Gabinetto dei Disegni e
    delle Stampe: *Room of
    Drawings and Prints*
vera e propria: *proper*
raccoglie: *it gathers*
opere: *works*
assiste al sorgere:
    it witnesses the rising
capolavori: *masterpieces*
riesce: *he is able*
superare: *to get over*
bizantineggiante/i:
    in the Byzantine style
sviluppo: *growth*
sconcertante: *disconcerting*
drammaticità:
    dramatic force

La **Galleria degli Uffizi** è la più grande e più famosa pinacoteca d'Italia, una delle più celebri del mondo e racchiude i maggiori tesori dell'arte italiana e straniera. Al piano terra ci sono busti ed arazzi rappresentanti personaggi della famiglia dei Medici e dei Lorena. Al primo piano c'è il Gabinetto dei Disegni e delle Stampe che contiene una ricchissima collezione di disegni dei maggiori artisti italiani e stranieri. Al secondo piano inizia la galleria vera e propria. Nelle sue 42 sale, la Galleria raccoglie opere dei maggiori artisti italiani e stranieri.

Firenze, fin dal 1200, assiste al sorgere dei capolavori di Cimabue, grande pittore toscano e, probabilmente, maestro di Giotto, che riesce a superare le tendenze bizantineggianti della pittura fiorentina. In seguito, nel 1400, emergono grandi figure di artisti quali Beato Angelico e Sandro Botticelli, pittore, quest'ultimo, di squisita delicatezza e di una sensibilità raffinata; nelle sue composizioni rivivono i miti classici della primavera, di Venere, di Zefiro e Flora, ispirati dalle stesse opere letterarie di Ovidio e Poliziano. Nello stesso periodo, tra gli scultori, emerge Donatello. L'arte rinascimentale raggiunge poi il pieno sviluppo con i suoi maggiori esponenti: Michelangelo, artista di una profonda e sconcertante drammaticità, e Leonardo.

La Galleria degli Uffizi contiene molte delle opere di questi grandi pittori e scultori.

a) What is the 'Galleria degli Uffizi'?

b) What does it contain?

c) What is there on the ground floor and the first floor?

d) Who was Botticelli and what were his characteristics?

e) What myths feature in his works?

f) Who are the major artists of the Renaissance?

Scegli dieci parole dal testo che pensi di poter usare in Italia. Annota le loro caratteristiche grammaticali e le parole che le accompagnano (collocazione). Condividile con il resto della classe.

Choose ten words in the text that you think you could use in Italy. Note their grammatical features and the accompanying words. Share these with the rest of the class.

Prova a chiedere ad un compagno le seguenti informazioni relative al testo 'La Galleria degli Uffizi'.

Ask your partner for the following information about the text.

a) Cos'è la 'Galleria degli Uffizi'?

b) Cosa contiene?

c) Cosa c'è al piano terra e al primo piano?

d) Chi è Botticelli e quali sono le sue caratteristiche?

e) Quali miti rivivono nelle sue opere?

f) Chi sono i maggiori esponenti dell'arte rinascimentale?

Dolci

Pronuncia e Ortografia

■ La vocale 'e': suono aperto o chiuso?

A *L'italiano distingue tra un suono chiuso e uno aperto della vocale 'e'.*
Ascolta e leggi le parole seguenti secondo la giusta pronuncia.
Italian distinguishes between an open and a closed e sound. Listen and
practise pronouncing the words below.

	/ɛ/aperta	/e/ chiusa
semplice		
albergo		
treno		
biglietto		
partenza		
parcheggio		

B *Ora prova a leggere le seguenti parole.*
Now try reading the following words.

- disegno
- pinacoteca
- questo

- primavera
- scegliere
- celebre

Il tuo portfolio

*Questi sono alcuni compiti, basati sul materiale di questa unità, che puoi
inserire nel tuo portfolio.* Here are some tasks, based on the material in this
unit, which you might want to complete for your portfolio.

1

- *Trova un amico di madrelingua italiana e, insieme, programmate un lungo
  fine settimana in una città italiana. Poi, registra questa attività.* Try to find
  a native speaker, or Italian-speaking friend and, together, plan a long
  weekend in an Italian city. Then, record this activity.

- *Ora prova a prenotare il viaggio in treno su Internet o alla biglietteria
  della stazione. Di nuovo, registra questa attività.* Now try to book your
  journey by train on the Internet or at the ticket office of the station.
  Again, record this activity.

- *Trova il sito web di Trenitalia e prova a prenotare un biglietto da Roma a
  Bari. Stampa alcune pagine.* Find the Italian Railway home page on the

web and try to book a ticket from Rome to Bari. Print out some screen shots.

■ *Ora scrivi una descrizione del tuo programma di viaggio*. And now write up a description of your itinerary.

2

■ *Usa un motore di ricerca italiano e trova un sito web che consiglia degli alberghi nella città scelta. Tu e il tuo amico paragonate due o tre alberghi e decidete quale scegliere. Poi, scrivi una descrizione dell'albergo che ti piace di più e mettila nel tuo portfolio*. Using an Italian search engine, find a site which recommends hotels in your chosen city. You and your friend compare two or three hotels and decide which to choose. Then, write a description of the one you like best and put it in your portfolio.

■ *Con un amico, registra un dialogo in cui prenoti una stanza nell'albergo scelto*. With a friend, record a dialogue in which you book a room in your chosen hotel.

3

■ *Trova, in rete, degli esercizi di grammatica relativi ai punti grammaticali che hai studiato in questa unità. Completa gli esercizi online, poi stampali e aggiungili al tuo portfolio*. Find some web-based computer exercises which practise the grammatical points introduced in this unit. Complete them online, then print them out and add them to your portfolio.

4

■ *Trova delle informazioni su un'altra galleria italiana e scrivi un breve sommario (150 parole)*. Find information about another Italian gallery and write a short summary (150 words).

Digestivo

■ Le stagioni

In order to illustrate the 'seasons' theme, we have chosen four works by the Italian artist Giovanni Carlo Bevilacqua. Bevilacqua was born in Venice in 1775. This was a period of great political ferment in which Bevilacqua himself became very much involved, especially in the time between the fall of the Republic of Venice and the patriotic revolts of 1848. With the rise of the wealthy bourgeois class, there was a growth in demand for the decorative painting of domestic interiors and Bevilacqua was one of the artists who responded to this demand. As you can see in the illustrations, Bevilacqua adhered to the classical themes of the day, with his depiction of Muses and Graces. Among his commissions were the new Royal Apartments and the Imperial Box at the Venetian theatre, *La Fenice*. He died in 1849.

Osserva i seguenti dipinti di Giovanni Carlo Bevilacqua. Quali stagioni rappresentano? In poche parole, fai una breve descrizione di ogni quadro. Chiedi all'insegnante il vocabolario di cui puoi aver bisogno. Look at the following paintings by Giovanni Carlo Bevilacqua. What seasons do they represent? In a few words, give a short description of each painting. Ask your teacher for more useful vocabulary.

1

2

3

4

Ripasso

You should be able to

★ *Programmare un viaggio in treno*
   Plan a journey by train

★ *Chiedere e dare informazioni sugli orari*
   Ask for and give information about timetables

★ *Acquistare biglietti ferroviari*
   Buy railway tickets

★ *Prenotare una camera in un albergo*
   Book a room in a hotel

★ *Usare il presente dei verbi 'conoscere', 'sapere' e 'venire'*
   Use the present tense of the verbs *conoscere*, *sapere* and *venire*

★ *Usare alcune espressioni interrogative*
   Use some question words

★ *Fare paragoni*
   Make comparisons

★ *Parlare della Galleria degli Uffizi*
   Talk about the Uffizi Gallery

Svolgi i seguenti esercizi e ripassa il materiale su cui non ti senti sicuro prima di procedere all'Unità 5. Test yourself with the exercises below and revise any material you are not sure about before proceeding to Unit 5.

A

Formula sette domande con le seguenti parole interrogative.
Ask seven questions with the following question words.

- Che _____
- Chi _____
- Come _____
- Dove _____

- Quando _____
- Quanto _____
- Perché _____

B

Leggi le frasi seguenti e decidi se i verbi 'conoscere' e 'sapere' sono usati correttamente. Read the following sentences and decide whether the verbs conoscere and sapere are used correctly.

1 Loro conoscono come risolvere i problemi.

2 Noi sappiamo bene Napoli.

3 Tu sai quando comincia lo spettacolo?

4 Io conosco perché Andrea vive ancora con i suoi genitori.

5 Voi conoscete l'arte rinascimentale?

6 Chi vive da solo conosce cucinare.

C

Queste sono alcune delle frasi incontrate in questa unità. Leggile e traducile in italiano. Here are some of the phrases which you have met in this unit. Read them and translate them into Italian.

1 Next week there is a long weekend.

2 I'm thinking of going to Naples.

3 What is the date today?

4 My birthday is the 4th December.

5 There is a train that arrives in Pisa at 15:30.

6 What time does the rapid leave?

7 A return ticket, second class, costs 85 euros.

8 The Four Seasons Hotel is in a good position. It's a modern and expensive four-star hotel.

9 I'd like to book a single room with shower, please.

10 The major artists of the Renaissance are Michelangelo and Leonardo.

D

Con un compagno, completa la tua parte dell'esercizio ad alta voce. Poi scambiatevi i ruoli. With your partner, play your part in this exercise out loud. Then, change roles.

A Buonasera, desidera?
B *Say that you would like a room.*
A Per quante notti?
B *Say for two nights.*
A Singola?
B *Say yes, with bath.*
A Sì, è la camera 328.
B *Ask on which floor it is.*
A È al secono piano, signore.
B *Ask for the price.*
A Costa 62 euro al giorno.
B *Ask if breakfast is included.*
A Certamente.
B *Ask if there is a telephone and TV in the room.*
A Certo, signore. C'è anche il frigobar e l'aria condizionata.

Vocabolario

Nomi	Nouns
albergo	hotel
architettura	architecture
arrivo	arrival
arte (f.)	art
artista (m. e f.)	artist
ascensore (m.)	lift
atterraggio	landing
bicicletta	bicycle
biglietto	ticket
binario	platform
capolavoro	masterpiece
carrozza	carriage
categoria	category
cattedrale (f.)	cathedral
classe (f.)	class
coincidenza	connection
comodità	comfort
compleanno	birthday
creazione (f.)	creation, composition
cuccetta	berth
cuore (m.)	heart
data	date
decollo	take-off
destinazione (f.)	destination
disegno	drawing
distributore (m.)	dispenser
fumatore (m.)	smoker
galleria	gallery
luogo	place
mondo	world
Natale (m.)	Christmas
natura	nature
occasione (f.)	opportunity
opera	work
orario	timetable
panorama (m.)	view
parcheggio	car park
partenza	departure
periodo	period
personaggio	figure
pinacoteca	picture gallery
pittore (m.)	painter
pittura	painting
posizione (f.)	location
posto	seat
prenotazione (f.)	reservation
prezzo	price
quadro	picture
regalo	present
sala	hall, room
scultore (m.)	sculptor
scultura	sculpture
spiaggia	beach
statua	statue
stazione (f.)	station
stella	star
supplemento	supplement
sviluppo	development
treno	train
uscita	gate
vista	view
volo	flight

Aggettivi	Adjectives
artistico/a	artistic
caro/a	dear, expensive
celebre	famous
centrale	central
classico/a	classical
costoso/a	expensive, costly
doppio/a	double
famoso/a	famous
funzionale	functional
gotico/a	Gothic
gratuito/a	free
maggiore	major
privato/a	private
profondo/a	deep
quello/a	that
rinascimentale	Renaissance
semplice	simple
singolo/a	single
storico/a	historical
stupendo/a	stupendous
vero/a	true

Verbi	Verbs
aspettare	to wait; to expect
cambiare	to change
comprare	to buy
comprendere	to include
conoscere	to know
controllare	to check
costare	to cost
mandare	to send
offrire	to offer
pensare	to think
prenotare	to book
raggiungere	to reach
riaprire	to open again
ricordare	to remember
risparmiare	to save
ritirare	to collect
riuscire	to be able
sapere	to know
superare	to get over
telefonare	to ring
venire	to come

Altre parole — *Other words*

che	*what, which*
chi	*who, whom*
davvero	*really*
grazie	*thank you*
meglio	*better*
meno	*less*
ovviamente	*obviously*
però	*but, however*
probabilmente	*probably*
pronto!	*hello!*
proprio	*precisely*
qualcosa	*something*
quale	*which*
volentieri	*with pleasure*

Espressioni utili — *Useful phrases*

a che ora parte?	*what time does it leave?*
a che ora arriva?	*what time does it arrive?*
al giorno	*per day*
andata	*single (ticket)*
andata e ritorno	*return (ticket)*
che cosa	*what*
ci mette	*it takes*
da che binario parte?	*from which platform does it leave?*
dov'è l'albergo?	*where is the hotel?*
fai qualcosa di bello?	*are you doing anything nice?*
fin da	*since*
in seguito	*afterwards*
mezza pensione	*half board*

non importa	*it doesn't matter*
pensione completa	*full board*
per favore	*please*
quand'è il tuo compleanno?	*when is your birthday?*
quanto costa?	*how much is it?*
quanti ne abbiamo oggi?	*what is the date today?*
secondo me	*according to me*
sono d'accordo	*I agree*
ti prego	*please*
TV a colori	*colour TV*
va bene?	*ok?*

I mesi dell'anno — *Months*

gennaio	*January*
febbraio	*February*
marzo	*March*
aprile	*April*
maggio	*May*
giugno	*June*
luglio	*July*
agosto	*August*
settembre	*September*
ottobre	*October*
novembre	*November*
dicembre	*December*

Le stagioni — *Seasons*

autunno	*autumn*
estate (f.)	*summer*
inverno	*winter*
primavera	*spring*

Un giorno in città

Indice dell'unità

unità 5 Un giorno in città

Ripasso

Cosa riesci a ricordare? What can you remember?

parla a due

Nell'Unità 4 hai imparato a chiedere l'orario di partenza e di arrivo dei treni. Ora ripassa le parole interrogative e, a turno con un compagno, prova a chiedere l'orario di apertura e di chiusura dei negozi nelle fotografie.
In Unit 4 you learnt how to ask about the departure and arrival time of trains. Now review the question words and, in turns with your partner, try to ask the opening and closing times of the shops in the photos.

| la boutique
orario
9:00–13:00
16:00–19:00 | il negozio di calzature
orario
9:00–13:30
16:30–19:30 | la pelletteria
orario
8:30–13:00
16:30–20:00 |

la libreria	il negozio di dischi	la profumeria
orario	orario	orario
9:00–13:00	9:00–12:30	9:00–13:00
17:00–20:00	17:00–20:30	15:30–19:30

Esempio: – A che ora apre la boutique? – E a che ora chiude?
– La boutique apre alle nove. – Chiude all'una.

Antipasto

da solo

Osserva gli articoli nelle figure e scegli, per ognuno, il negozio giusto.
Look at the articles in the pictures and choose for each one the right shop.

1

2

3

4

5

6

7

8

9

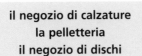

il negozio di calzature	la boutique	la gioielleria
la pelletteria	l'edicola	la libreria
il negozio di dischi	la profumeria	il negozio di abbigliamento

Primo piatto

Acquisti a Firenze

A *Mentre Richard e Michela sono a Firenze per il ponte, decidono di andare a fare acquisti. Richard va in un negozio di dischi. Ascolta la conversazione e spunta la casella appropriata.* While Richard and Michela are in Florence for their long weekend, they decide to go shopping. Richard goes to a music shop first. Listen to the conversation and tick the boxes as appropriate.

a) Richard   ❑   ascolta solo il CD di Ligabue.

                ❑   ascolta anche il CD di Cesare Cremonini.

b) Richard   ❑   compra due CD.

                ❑   compra il CD di Ligabue.

B *Adesso leggi la conversazione ad alta voce con un compagno.* Now read the conversation out loud with a partner.

Richard	Buongiorno.
Commessa	Buongiorno. Mi dica!
Richard	Avete l'ultimo CD di Ligabue?
Commessa	Sì, un momentino… Ecco a Lei.
Richard	Lo posso ascoltare?
Commessa	Certamente.
Richard	Ah, avete anche l'ultimo di Cesare Cremonini?
Commessa	Sì, abbiamo anche quello.
Richard	Magari li ascolto tutti e due. È possibile?
Commessa	Sì, ecco le cuffie. Quale preferisce ascoltare prima?
Richard	Forse Ligabue.
Commessa	Prego.

Qualche minuto dopo. A few minutes later.

vocabolario

mi dica: *may I help you?*
ecco a Lei: *here you are*
lo posso ascoltare?
  can I listen to it?
l'ultimo: *the latest*
magari: *perhaps*
tutti e due: *both*
cuffie: *headphones*
forse: *perhaps*
prego: *please*

Richard	Le canzoni di Cremonini sono molto belle!
Commessa	Sono d'accordo. Le adoro anch'io.
Richard	Però anche quelle di Ligabue sono belle. La sua musica è fantastica.
Commessa	Sì, certo. I giovani la trovano eccezionale. Allora, prende tutti e due i CD?
Richard	No, ne compro uno.
Commessa	Bene. Quale?
Richard	Prendo quello di Ligabue. Quanto costa?
Commessa	Diciassette euro.
Richard	È un po' caro.
Commessa	Eh, purtroppo questo è il prezzo imposto.
Richard	Va bene. Lo prendo lo stesso. Ecco venti euro.
Commessa	E tre euro di resto a Lei.

v o c a b o l a r i o

canzoni: *songs*
purtroppo: *unfortunately*
prezzo imposto:
   manufacturer's price
lo stesso: *all the same*
resto: *change*

C *Trova il corrispondente italiano delle espressioni seguenti.*
Find the Italian version of the following expressions.

a) Young people find it great.

b) Here are the headphones.

c) Have you got Ligabue's latest CD?

d) This is the manufacturer's price.

e) Which one do you prefer to listen to first?

f) I really like them too.

g) Can I listen to it?

h) I'll have it all the same.

i) Perhaps I'll listen to them both.

j) We have that too.

k) Is it possible?

l) I'll get one.

2 *Fai le seguenti domande ad un compagno.*
Ask your partner the following questions.

a) Cosa compra Richard?

b) Quali cantanti italiani conosce?

c) Cosa pensa delle canzoni di Cesare Cremonini?

d) Come trovano i giovani la musica di Ligabue?

3 *Ora tocca a te fare alcune domande. Fai a quattro o cinque compagni le domande seguenti e scrivi le risposte. Poi riferisci le informazioni al resto della classe.* Now it's your turn to ask some questions. Ask four or five people the following questions and write down their answers. Then share this information with the class.

a) Che genere di musica preferisci?

b) Quali cantanti conosci?

c) Cosa pensi delle loro canzoni?

4

A *Ritorna al dialogo e completa le seguenti battute con le parole mancanti.*
Go back to the dialogue and complete the following lines with the missing words.

Richard	Avete l'ultimo CD di Ligabue?
Commessa	Sì, un momentino… Ecco a Lei.
Richard	_____ posso ascoltare?

Richard	Ah, avete anche l'ultimo di Cesare Cremonini?
Commessa	Sì, abbiamo anche quello.
Richard	Magari _____ ascolto tutti e due. È possibile?

Richard	Le canzoni di Cremonini sono molto belle!
Commessa	Sono d'accordo. _____ adoro anch'io.
Richard	Però anche quelle di Ligabue sono belle. La sua musica è fantastica.
Commessa	Sì, certo. I giovani _____ trovano eccezionale.

B *Ora riesci a spiegare il significato delle parole che hai usato per completare le battute?* Can you now explain the meaning of the words you used to complete the conversation?

 5

A *Completa la tabella con i pronomi oggetto diretto.*
Complete the grid with the missing direct object pronouns.

Direct object pronouns	Pronomi oggetto diretto
me	mi
you (informal)	ti
you (formal)	La
him, it (m.)	
her, it (f.)	
us	ci
you	vi
them (m.)	
them (f.)	

B *Ora leggi le seguenti battute tratte dal dialogo. Qual è il significato di 'ne'? Quando viene usato?* Now read the following lines from the dialogue. What's the meaning of *ne*? When is it used?

Commessa	Allora, prende tutti e due i CD?
Richard	No, ne compro uno.

The pronoun *ne*

■ ***Ne*** means 'of it' and 'of them'. It replaces a noun preceded by a number or an expression of quantity.

Quanti giornali compri?	How many newspapers are you buying?
Ne compro due.	I'm buying two (of them).
Quanti CD hai?	How many CDs have you got?
Ne ho molti.	I've got a lot (of them).

   6

A *Mentre Richard compra il suo CD, Michela è in una boutique accanto al negozio di dischi. Cosa compra?* While Richard is buying his CD, Michela is in the boutique next door. What does she buy?

B *Riascolta il dialogo e spunta le parole che senti.*
Listen to the dialogue again and tick the words you hear.

- maglietta
- bikini
- vetrina
- colore
- bianco

- giallo
- rosso
- verde
- nero
- azzurro

- taglia
- numero
- stretto
- prezzo
- capo firmato
- lungo

C *Riesci a capire il significato?* Can you work out what they mean?

7 *Completa le frasi della colonna di sinistra con l'espressione giusta della colonna di destra.* Form complete sentences by matching the words on the left with those on the right.

Le piacciono	giallo, in rosso.
Sono troppo	firmato.
Che colore	taglia porta?
Ci sono in	è stupendo.
Questo verde	quelli in vetrina?
Mi dà anche	il prezzo?
Che	Le piace?
Mi dice	questo.
È caro, ma	scuri.
È un capo	mi piace tanto!
Prendo	quello giallo di Armani?

  8 **A** *Leggi il dialogo ad alta voce con un compagno.* Read the dialogue out loud with a partner.

Commessa	Desidera?
Michela	Vorrei un bikini, per favore. Ha qualcosa di bello?
Commessa	Le piacciono quelli in vetrina?
Michela	Veramente, non molto. Sono troppo scuri.
Commessa	Che colore Le piace?
Michela	Non so. Un colore vivace, forse.
Commessa	Ecco, questi sono di Armani. Ci sono in giallo, in rosso…
Michela	Non so … non sono sicura.
Commessa	Le faccio vedere quelli di Valentino. Ecco … Le piacciono?
Michela	Sì, sono belli. Mi piacciono molto. Questo verde è stupendo…
Commessa	È bellissimo anche quello azzurro, non trova?
Michela	Sì, certo. Non so quale scegliere.
Commessa	Perché non li prova?
Michela	Buona idea. Mi dà anche quello giallo di Armani?
Commessa	Certo. Che taglia porta?
Michela	La 40.
Commessa	Ecco a Lei.

Qualche minuto dopo. A few minutes later.

vocabolario

le piacciono …?
do you like …?
vetrina: *window*
troppo: *too*
scuro/a: *dark*
vivace: *bright*
sicuro/a: *sure*
le faccio vedere:
I'll show you
non trova?
don't you think so?
taglia: *size*
come vanno?
how do they fit?
mi sta meglio:
it fits me better

Commessa	Allora, come vanno?
Michela	Questo di Valentino mi sta meglio. Mi dice il prezzo?
Commessa	180 euro.
Michela	È caro, ma mi piace tanto!
Commessa	Eh, è un capo firmato! Le faccio vedere qualcos'altro?
Michela	No, no, grazie. Prendo questo.
Commessa	Bene.

B *Riesci a trovare il verbo usato per esprimere i gusti? Riesci a spiegare come funziona?* Can you find the verb used to express likes and dislikes? Can you explain how it works?

The verb *piacere*

■ When you want to say what you like or dislike, you use the verb **piacere**. Literally, it means 'to be pleasing to'. Here, the English object becomes a subject and the English subject becomes an indirect object.

Questo bikini mi piace molto.	I like this bikini a lot.
Ti piace il mio bikini nuovo?	Do you like my new bikini?
Signore, Le piacciono questi sandali?	Do you like these sandals, sir?
Fabio ama i colori vivaci. Gli piacciono molto gli abiti di Missoni.	Fabio loves bright colours. He likes Missoni's clothes a lot.
Gianna non compra mai CD italiani. Non le piacciono per niente.	Gianna never buys Italian CDs. She doesn't like them at all.

   9

A *Chiedi al tuo compagno se gli piacciono le cose seguenti.*
Ask your partner whether he likes the following things.

Esempio: – Ti piace …? – Sì, mi piace.
– Ti piacciono …? – No, non mi piacciono molto.

■ Gli abiti di Dolce e Gabbana
■ Il colore rosso
■ I modelli eleganti
■ Le minigonne

■ Fare acquisti
■ Comprare capi firmati
■ La moda giovane
■ Gli stilisti italiani

B *Ora riferisci alla classe i gusti del tuo compagno.*
Now tell the class about your partner's likes and dislikes.

Esempio: – Gli piace … – Le piace …
– Gli piacciono … – Le piacciono …

C *Adesso scrivi un breve paragrafo, in italiano, sui gusti del tuo compagno.*
Now write a short paragraph, in Italian, about your partner's likes and
dislikes.

Completa la tabella con i pronomi oggetto indiretto mancanti.
Complete the grid with the missing indirect object pronouns.

Inglese	Italiano
to me	
to you (informal)	
to you (formal)	
to him	
to her	
	ci
	vi
	gli (loro)

Michela sta per completare i suoi acquisti. Va in un negozio di calzature.
Ascolta la conversazione e decidi se le seguenti affermazioni sono vere o
false. Michela is about to complete her shopping. She goes to a shoe shop.
Listen to the conversation and decide whether the following statements are
true or false.

		Vero	Falso
a)	Michela chiede un paio di sandali.	____	____
b)	A Michela piace il colore nero.	____	____
c)	La commessa le cerca qualcosa di più vivace.	____	____
d)	Michela calza il numero 38.	____	____
e)	Michela prova prima i sandali con il tacco alto.	____	____
f)	I sandali con il tacco basso vanno bene con una gonna.	____	____
g)	Michela compra i sandali in saldo.	____	____
h)	I sandali costano 40 euro.	____	____

12

Adesso leggi il dialogo con un compagno ad alta voce. Now read the dialogue out loud with a partner.

Commessa	Desidera?
Michela	Vorrei un paio di sandali con i tacchi bassi.
Commessa	Sì. Che colore?
Michela	Non so. Che colore usa quest'anno?
Commessa	Mah, quest'anno va molto il nero, il marrone …
Michela	No, no, li vorrei in un colore più vivace.
Commessa	Va bene. Do un'occhiata e Le cerco qualcosa di più vivace. Che numero calza?
Michela	Il 36.
Commessa	Ecco, Le do questi due modelli. Le piacciono?
Michela	Sì, abbastanza … Mah, questi non sono molto comodi. Il tacco è troppo alto.
Commessa	Perché non prova questi altri con il tacco basso?
Michela	Vediamo … Sì, sono molto comodi. E vanno bene con i jeans?
Commessa	Questi vanno bene un po' con tutto: con i jeans, una gonna o con dei pantaloni.
Michela	Mi dice il prezzo?
Commessa	Non costano molto, sono in saldo. Solo 38 euro.
Michela	Bene. Ecco 40 euro.
Commessa	Le do subito il resto … e lo scontrino. Ecco a Lei.

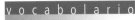

v o c a b o l a r i o

i tacchi bassi: *low-heels*
usa: *is fashionable*
va molto il nero: *black is very fashionable*
do un'occhiata: *I'll have a look*
che numero calza? *what size do you take?*
in saldo: *on sale*
scontrino: *cash slip*

  13

Riascolta il dialogo e scrivi le risposte alle domande in italiano.
Listen to the dialogue again, and write the answers to the questions in Italian.

a) Che colore usa quest'anno?

b) Che colore piace a Michela?

c) Che numero calza?

d) I due modelli piacciono a Michela?

e) Quali sandali preferisce?

f) I sandali vanno bene solo con i jeans?

g) Quanto costano?

14

Tocca a te fare acquisti. Compra un capo di vestiario – maglione, scarpe o qualcosa di tua scelta. Il tuo compagno farà la parte del commesso. Poi scambiatevi i ruoli. It's your turn to do some shopping. Buy an item of clothing – jumper, shoes or something of your choice. Your partner will play the role of the shop assistant. Then swap roles.

★ **Nota culturale**

Italians like to dress well and the tendency to wear the latest fashion is very strong not only in women but also in men and young people. Young people often wear sports clothes, but most Italian girls don't go out in trainers and t-shirts; designer clothes are important for youngsters. There are many fashion shops throughout Italy where you can find clothes by world-famous designers such as Armani, Versace, Dolce e Gabbana, Moschino, Valentino and many others.

Milan is the fashion capital of Italy. There are three famous streets for designer clothes: Via Montenapoleone, Via Gesù and Via Della Spiga. The most important designers, however, present their fashions in shows held not only in Milan but also in Florence and Rome.

 15

Nei dialoghi precedenti, oltre al verbo 'piacere', hai incontrato due nuovi verbi irregolari al presente. Riesci a trovarli? In the previous dialogues, besides the verb *piacere*, you came across two new irregular verbs in the present tense. Can you find them?

 **16**

Completa la tabella con le persone mancanti dei verbi 'dare' e 'dire'. Complete the grid with the missing forms of the verbs *dare* and *dire*.

	dare *(to give)*	dire *(to tell, to say)*
(io)		dico
(tu)	dai	dici
(lui/lei)	dà	
(noi)	diamo	diciamo
(voi)	date	dite
(loro)	danno	dicono

 **17**

Queste sono alcune domande e frasi tratte dai dialoghi precedenti. Riesci a renderle informali? These are some questions and sentences drawn from the previous dialogues. Can you make them informal?

a) Le piacciono quelli in vetrina?

b) Che colore Le piace?

c) Le faccio vedere quelli di Valentino.

d) Mi dà anche quello giallo di Armani?

e) Mi dice il prezzo?

f) Le cerco qualcosa di più vivace.

g) Le do questi due modelli.

h) Le do subito il resto.

Secondo piatto

Al Palazzo degli Uffizi

Dopo gli acquisti, Richard e Michela hanno ancora tempo per fare qualcos'altro. Decidono di visitare la Galleria degli Uffizi. After their shopping, Richard and Michela have still time to do something else. They decide to visit the Uffizi Gallery.

Abbina i nomi nel riquadro alle fotografie.
Match the nouns in the box to the photos.

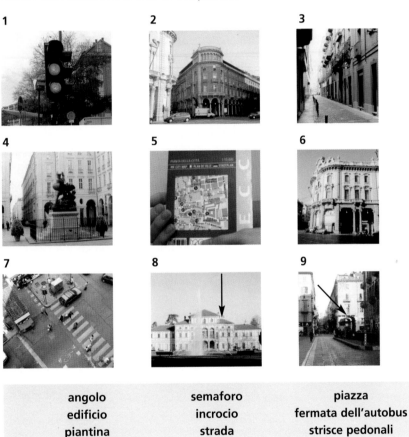

angolo	semaforo	piazza
edificio	incrocio	fermata dell'autobus
piantina	strada	strisce pedonali

2

Guarda le seguenti indicazioni stradali e abbinale ai segnali appropriati.
Look at these instructions and match them to the appropriate signs.

Giri a sinistra	Vada dritto	Giri a destra
a	b	c

3

Michela chiede indicazioni per le sale della galleria. Ascolta i dialoghi e spunta le sale che Michela desidera visitare. Michela asks for directions for rooms in the gallery. Listen to the dialogues and tick the rooms that Michela wishes to visit.

- Sala di Giotto
- Sala di Caravaggio
- Sala del Correggio
- Sala di Michelangelo
- Sala di Raffaello

- Sala di Tiziano
- Sala di Botticelli
- Sala di Leonardo
- Sala del Tintoretto
- Sala dell'Ermafrodito

4

A *Ascolta i dialoghi e abbina le frasi italiane alle corrispondenti frasi inglesi.* Listen to the dialogues and match the Italian with the English expressions.

Italiano	Inglese
Vada al secondo piano.	*Turn right.*
Attraversi il vestibolo d'ingresso.	*Go straight.*
Giri a sinistra.	*Carry straight on.*
Vada dritto.	*Turn right again.*
Giri a destra.	*Cross the entrance hall.*
Giri di nuovo a destra.	*Take the first corridor on the left.*
Continui dritto.	*Go to the second floor.*
Torni indietro.	*Turn left.*
Prenda il primo corridoio a sinistra.	*Go back.*

B *Adesso ascolta di nuovo i dialoghi e riempi gli spazi con i verbi mancanti.*
Now listen to the dialogues again and fill in the gaps with the missing verbs.

Michela	Scusi, dov'è la sala di Giotto?
Impiegato	_____ al secondo piano. _____ il vestibolo d'ingresso e _____ a sinistra sul primo corridoio. La sala di Giotto è la seconda sulla sinistra.
Michela	Mi scusi, dove sono i dipinti di Caravaggio?
Impiegato	_____ dritto per il primo corridoio e, in fondo, _____ a destra. _____ di nuovo a destra sul terzo corridoio e _____ dritto fino alla sala 43.
Michela	Per andare alle sale di Michelangelo e di Raffaello, per favore?
Impiegato	_____ indietro sul terzo corridoio e _____ dritto. In fondo, a destra, trova la sala 25 con le opere di Michelangelo. I dipinti di Raffaello sono nella sala 26, dietro la sala di Michelangelo.
Michela	Scusi, sa dove sono le sale di Botticelli e di Leonardo?
Impiegato	_____ a destra e subito a sinistra. Poi _____ il primo corridoio a sinistra e _____ dritto per un po'. Dopo la Tribuna e la sala dell'Ermafrodito, trova la sala 15 con le opere di Leonardo. Appena entra nella sala 15, a sinistra, c'è la sala di Botticelli.

 5

Dai ad un compagno le indicazioni per le sale indicate sotto.
Give your partner directions for the rooms indicated below.

a) Sala 7: Sala del primo Rinascimento

b) Sala 17: Sala dell'Ermafrodito

c) Sala 23: Sala del Correggio

d) Sala 32: Sala del Tintoretto

e) Sala 28: Sala di Tiziano

f) Sala 45: Sala del Settecento

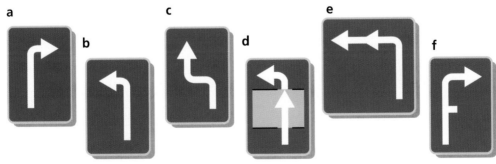

6

Spostiamoci adesso in un'altra città. Ascolta i dialoghi e abbina le indicazioni 1–4 alle destinazioni A–D. Let's move to another city. Listen to the dialogues and match the directions 1–4 to the destinations A–D.

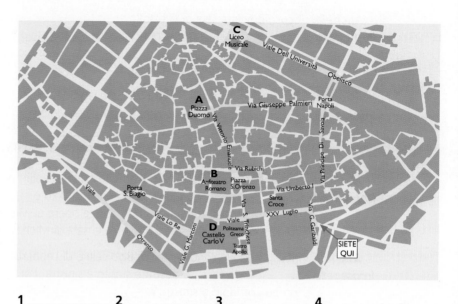

1 _____ 2 _____ 3 _____ 4 _____

7

Riascolta le indicazioni stradali e riempi gli spazi con le parole mancanti. Now listen to the directions again and fill in the gaps with the missing phrases.

1 _____ a destra in Via Garibaldi e subito a sinistra in Via XXV Luglio. _____ dritto _____ _____ _____, _____ l'incrocio di Via Trinchese e il Castello è sulla sinistra, _____ _____ il Politeama Greco.

2 Giri a destra e subito a sinistra. Vada dritto e _____ _____ _____ a destra. _____ _____ _____ Via Trinchese, _____ a sinistra e l'Anfiteatro è _____ _____ alla Piazza, sulla destra.

3 Giri a destra e _____ dritto. Poi _____ la seconda strada a sinistra. Vada dritto e prenda _____ _____ _____ _____ Dopo pochi metri, giri a sinistra su Via Rubichi e poi a destra in Via Vittorio Emanuele. _____ dritto _____ _____ _____ e trova il Duomo sulla sinistra, proprio _____ _____ _____ Via Palmieri.

4 _____ a destra e vada dritto. _____ poi la _____ _____ _____ e la prima a sinistra. _____ dritto per Via Principe di Savoia _____ _____ Porta Napoli. _____ la piazza e _____ a sinistra in Viale dell'Università. Il liceo musicale è il terzo edificio _____ _____.

8 *Utilizza la piantina e dai indicazioni al tuo compagno per i luoghi indicati sotto.* Use the map and give directions to your partner to the places indicated below.

Esempio: – Scusi, per andare al Teatro Apollo?
– Giri a destra e subito a sinistra. Continui dritto e prenda la seconda strada a sinistra. Il Teatro Apollo è il secondo edificio sulla destra.

- Il Teatro Apollo
- L'Obelisco
- La Basilica di Santa Croce
- Porta San Biagio
- Viale Otranto

9

A *Ritorna ora al dialogo tra Michela e l'impiegato (Attività 4) e all'Attività 7 e riempi gli spazi con le persone mancanti dei verbi.* Now go back to the dialogue between Michela and the clerk (Activity 4) and to Activity 7 and fill in the gaps with the missing forms of the verbs.

	girare	prendere	partire	andare
(tu)	gira	prendi	parti	vai
(Lei)			parta	
(noi)	giriamo	prendiamo	partiamo	andiamo
(voi)	girate	prendete	partite	andate
(Loro)	girino	prendano	partano	vadano

The imperative

- In this unit you have been giving instructions using the formal imperative or command form.

Attraversi! Cross!   *Giri!* Turn!   *Torni!* Go back!
Continui! Carry on!   *Prenda!* Take!

Vada! (irregular verb) Go!

B *Con il tuo compagno, riesci a formare l'imperativo del verbo 'finire'?* With your partner, can you work out the imperative of the verb *finire*?

Contorno

Il Triangolo d'Oro della moda italiana

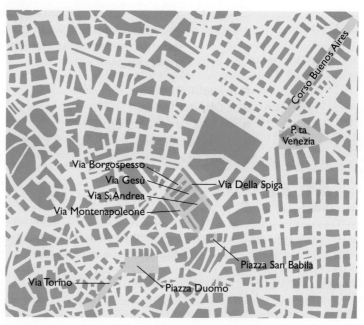

 1

Leggi il testo e rispondi, in inglese, alle seguenti domande.
Read the text and answer the following questions in English.

Nel **Triangolo d'Oro** di Via Montenapoleone, Via S. Andrea, Via Gesù, Via Borgospesso e Via Della Spiga, i migliori stilisti offrono le loro straordinarie creazioni. In un ambiente della moda italiana più raffinata, si trovano vestiti di preziose stoffe, profumi, scarpe, borse e tantissimi altri articoli della produzione stilistica italiana in tutti i suoi vari aspetti.

Via Montenapoleone è una delle prime quindici vie più costose e prestigiose del mondo, come Fifth Avenue a New York, l'Avenue des Champs Élysées di Parigi, la Causeway Bay di Hong Kong, Oxford Street a Londra e la Pitt Street Mall di Sidney. Tra le firme più prestigiose di Via Montenapoleone troviamo Salvatore Ferragamo, Valentino, Versace, Missoni, Ungaro e molte altre.

Le creazioni di Missoni e Valentino si trovano anche in Via Sant'Andrea, insieme a quelle di Gianfranco Ferré, Dolce & Gabbana, Chanel, Moschino, Armani, Trussardi, Fendi e di molti altri.

Dolce & Gabbana e Gianfranco Ferré, inoltre, offrono le loro creazioni in Via Della Spiga dove, insieme ad altri, troviamo anche i modelli di Krizia.

A Milano, poi, si compra la moda giovane nella zona di Via Torino e Corso Buenos Aires. Nei numerosi negozi troviamo la moda giovanile a prezzi più convenienti rispetto al centro storico di Milano.

Stilisti e designers continuano ad aprire show rooms nelle zone più trendy di Milano, quali la zona Naviglio e la parte retrostante di Porta Venezia, un po' lontano dal troppo costoso centro.

a) What is the 'Triangolo d'Oro'?

b) What kind of products can you find in the 'Triangolo d'Oro'?

c) What other streets is Via Montenapoleone compared to and why?

d) Where can you find Valentino's creations?

e) What is the main area for youth fashion?

f) In what way are the shops in this area different from those in the 'Triangolo d'Oro'?

 2

Cerca, nel riquadro, il sinonimo delle parole seguenti.
Find, in the box below, synonyms for the following words.

a) straordinario: _____   **e)** prestigioso: _____

b) raffinato: _____   **f)** numeroso: _____

c) prezioso: _____   **g)** conveniente: _____

d) costoso: _____

caro	splendido	economico	innumerevole
elegante		celebre	pregiato

 **3**

Chiedi al tuo compagno se conosce gli stilisti menzionati nel testo e quali preferisce. Ask your partner whether he knows the designers mentioned in the text and which he prefers.

 **4**

Il tuo compagno desidera comprare alcuni capi di Valentino, Versace, Missoni, Dolce & Gabbana e Armani. Sei a Piazza Duomo. Guarda la piantina di Milano a pagina 124 e dai le indicazioni. Your partner wants to buy some clothes by Valentino, Versace, Missoni, Dolce & Gabbana e Armani. You are in Piazza Duomo. Look at the Milan map on page 124 and give the directions.

Esempio: – Dov'è la boutique di Valentino?
          – Vada dritto fino a Piazza San Babila e giri a sinistra in Via Montenapoleone.

Dolci

Pronuncia e Ortografia

■ La vocale 'o': suono aperto o chiuso?

A *L'italiano distingue tra un suono chiuso e uno aperto della vocale 'o'.*
Ascolta e leggi le parole seguenti secondo la giusta pronuncia.
Italian distinguishes between an open and a closed o sound. Listen and
practise pronouncing the words below.

	/ɔ/ aperta	/o/ chiusa
gonna		
negozio		
canzone		
moda		
giovane		
colore		

B *Ora prova a leggere le seguenti parole.*
Now try reading the following words.

- ■ rosso
- ■ borsa
- ■ comodo

- ■ costoso
- ■ nuovo
- ■ qualcosa

Il tuo portfolio

*Questi sono alcuni compiti, basati sul materiale di questa unità, che puoi
inserire nel tuo portfolio.* Here are some tasks, based on the material you
have studied in this unit, which you might wish to complete for your
portfolio.

1

■ *Inventa dei dialoghi in cui fai degli acquisti: vestiti, scarpe, CD e praticali
ad alta voce con un compagno. Poi registra i dialoghi.* Devise some role-
plays about shopping for clothes, shoes or CDs and practise them out
loud with a partner. Then record your performance.

2

■ *Trova la piantina del campus della tua università. Da un punto centrale,
scrivi, per degli studenti italiani in visita, delle semplici indicazioni per
importanti edifici quali:*

   – la piscina   *– l'aula magna*
   – l'unione studentesca   *– l'ufficio alloggi per studenti*
   – il centro sportivo   *– gli uffici amministrativi*

Find a map of your university campus. From a central point, write some
simple directions to important buildings for visiting Italian students. You
may wish to consider the:

   – swimming pool   – lecture theatres
   – student union   – accommodation office
   – sports hall   – administration block

3

■ *Trova, in rete, degli esercizi di grammatica relativi ai punti grammaticali
che hai studiato in questa unità. Completa gli esercizi online, poi stampali
e aggiungili al tuo portfolio.* Find some web-based computer exercises
which practise the grammatical points introduced in this unit. Complete
them online, then print them out and add them to your portfolio.

4

■ *Rileggi il testo 'Il Triangolo d'Oro della moda italiana' e scrivi un testo
simile sulla tua città.* Read the text '*Il Triangolo d'Oro della moda italiana*'
again and write a similar piece about your city.

5

■ *Dopo aver letto la parte relativa al Digestivo, cerca, su Internet, delle
informazioni sul film ispirato alla canzone 'Porta un bacione a Firenze'.
Poi scrivi un riassunto della storia.* Once you have read the *Digestivo*
section, look up on the web and find as much as you can about the film
that was inspired by the song '*Porta un bacione a Firenze*'. Then write a
summary of the story.

Digestivo

■ 'Porta un bacione a Firenze' di Odoardo Spadaro

Odoardo Spadaro is one of Italy's most famous vaudeville and cabaret stars. He was born in Florence in 1893, to a well-to-do family and was originally destined for a successful legal career. But he abandoned his law studies in order to join a theatre company where he began to develop his taste for variety acts. His first success as a singer-composer was in 1919 with 'Ninna nanna delle dodici mamme' which he followed up with more satirical songs such as 'Il pianista nordamericano'.

In 1927 he moved to Paris where he worked alongside stars such as Mistinguette and Jean Gabin at the Moulin Rouge. He is famous for having introduced the Bluebell girls (the vaudeville dancers at the Moulin Rouge) to Italy. As a singer, he had a wide variety of subjects, ranging from the ironic to the sentimental such as the one we have here 'Porta un bacione a Firenze'.

In the postwar period, Spadaro moved into the worlds of cinema and theatre where he specialised in musicals and operettas.

He died in Florence in 1965: at his funeral, the car park attendants burst into song. This is the song they chose ...

Leggi il testo della canzone. Read the lyrics of the song.

La porti un bacione a Firenze,	*Give a big kiss to Florence,*
che l'è la mia città	*She's my city*
che in cuore ho sempre qui.	*I always have her in my heart.*
La porti un bacione a Firenze,	*Give a big kiss to Florence,*
lavoro sol per rivederla un dì.	*I work just so I can see her again one day.*
Son figlia d'emigrante,	*I'm the daughter of an emigrant,*
per questo son distante,	*That's why I am so far away,*
lavoro perché un giorno a casa	*I work just so one day I can go*
tornerò.	*home again.*
La porti un bacione a Firenze:	*Give a big kiss to Florence,*
se la rivedo e' glielo renderò.	*If I see her again, I'll return it ...*

Odoardo Spadaro scrive la canzone 'Porta un bacione a Firenze' nel 1939. L'attività di Spadaro si divide tra l'Italia e l'Europa e diventa famoso a Londra e in Germania negli anni Trenta. Il *bacione* è una canzone ispirata dalla nostalgia di un emigrante, anche se di successo: Spadaro va spesso all'estero e, specialmente negli anni del Fascismo, passa poco tempo in Italia. È in questo modo che diventa uno dei primi artisti autenticamente internazionali del varietà italiano.

Ripasso

You should be able to

★ *Acquistare CD e capi di vestiario*
Buy CDs and items of clothing

★ *Esprimere gusti e preferenze*
Express likes, dislikes and preferences

★ *Parlare di colori*
Talk about some colours

★ *Chiedere e dire la taglia*
Ask for and give your size (clothes and shoes)

★ *Chiedere e dare indicazioni stradali*
Ask for and give simple directions

★ *Usare i pronomi oggetto e la particella pronominale 'ne'*
Use object pronouns and the particle *ne*

★ *Usare la terza persona singolare e plurale del verbo 'piacere'*
Use the third person singular and plural of the verb *piacere*

★ *Usare il presente dei verbi irregolari 'dare' e 'dire'*
Use the present of the irregular verbs *dare* and *dire*

★ *Usare l'imperativo dei verbi regolari e del verbo irregolare 'andare'*
Use the imperative of regular verbs and of the irregular verb *andare*

★ *Parlare della moda e gli stilisti italiani*
Talk about Italian fashion and designers

Svolgi i seguenti esercizi e ripassa il materiale su cui non ti senti sicuro prima di procedere all'Unità 6. Test yourself with the exercises below and revise any material you are not sure about before proceeding to Unit 6.

Rileggi le conversazioni in questa unità e fai la lista degli aggettivi che trovi. Poi, dove possibile, trova i contrari nel dizionario. Reread the conversations in the unit and make a list of the adjectives you find. Wherever possible, find their opposite in the dictionary.

B

Prova a completare le frasi seguenti scegliendo il pronome oggetto diretto appropriato tra le alternative date tra parentesi. Complete the following sentences with the appropriate direct object pronoun from those given in brackets.

1   Aldo e Nadia arrivano stasera da Roma. _____ vado a prendere io alla stazione (le – li).

2   Cosa pensi di questo vestito? Io _____ trovo orribile (lo – mi).

3   Conosci le canzoni di Claudio Baglioni? Sì, _____ conosco e mi piacciono molto (li – le).

4   Questi pantaloni sono troppo cari. Non _____ prendo (li – ci).

5   In questa città ci sono molti monumenti. Oggi _____ visito tutti (li – le).

6   Non vado mai all'opera, ma ogni tanto _____ guardo alla TV (lo – la).

C

Completa le frasi seguenti con i pronomi oggetto indiretto.
Complete the following sentences with the indirect object pronouns.

1   Signora, _____ piace andare alle sfilate di moda?

2   Se vedi i signori Paolini, _____ dici di telefonarmi?

3   Scusi, _____ sa dire dov'è il Duomo?

4   Questo regalo è per Dario. So che _____ piace.

5   Ragazzi, che genere di musica _____ piace?

    Diversi generi, ma _____ piace soprattutto la musica rock.

6   Guarda Michela com'è elegante! Quella tinta _____ sta benissimo.

7   Carla, _____ faccio vedere un altro modello?

D

Prepara questo role-play con un compagno. Poi leggilo ad alta voce.
Prepare this role-play with a partner. Then practise reading it out loud.

A   Buongiorno. Desidera?
B   *Say that you would like two t-shirts.*
A   Sì, certo. Che colore?
B   *Say you would like one blue t-shirt and one yellow t-shirt.*
A   Che taglia porta?
B   *Say 42.*
A   Bene. Senta, nella sua taglia c'è in bianco e in rosso.
B   *Say you don't like red.*
A   C'è in giallo nella 44.
B   *Say that it's too big and that you'll have the white and the red t-shirts. Ask the price.*
A   23 euro l'una. Altro?
B   *Say that you would like some black trousers.*
A   Ecco, questi costano 70 euro.
B   *Say that they are too expensive.*
A   Guardi, abbiamo questi in blu che costano 45 euro.
B   *Say OK. Here you are, 100 euros.*
A   E nove euro di resto a Lei.

Vocabolario

Nomi	Nouns	Verbi	Verbs
abiti (m. pl.)	clothes	acquistare	to buy
angolo	corner	aprire	to open
borsa	bag	attraversare	to cross
capo	article, item	calzare	to wear (shoes)
collana	necklace	chiedere	to ask
colore (m.)	colour	chiudere	to close
cuffia	headphones	continuare	to carry on
dipinto	painting	dare	to give
edicola	bookstall	dire	to say, to tell
edificio	building	entrare	to get in
fermata	stop (bus)	girare	to turn
gioielleria	jeweller's shop	piacere	to like
giovane (m. e f.)	youth	portare	to wear (clothes)
gonna	skirt	provare	to try
incrocio	crossroad		
maglietta	T-shirt	**Altre parole**	**Other words**
modello	model	appena	as soon as
monumento	monument	bene	all right
paio	pair	dritto	straight
pantaloni (m. pl.)	trousers	forse	perhaps
pelletteria	leather goods shop	indietro	back
piantina	map	magari	perhaps
piazza	square	prego	please
profumeria	perfumery	purtroppo	unfortunately
profumo	perfume	troppo	too
resto	change		
sandalo	sandal	**Espressioni utili**	**Useful phrases**
semaforo	traffic lights	che colore usa?	what colour is fashionable?
scontrino	cash slip	che numero calza?	what size do you take? (shoes)
stilista (m. e f.)	designer		
strada	road	che taglia porta?	what size do you take? (clothes)
tacco	heel		
taglia	size	come vanno?	how do they fit
vetrina	window	desidera?	may I help you?
		ecco a Lei	here you are
Aggettivi	**Adjectives**	è possibile?	is it possible?
alto/a	tall	fino a	as far as
azzurro/a	blue	Le faccio vedere	I'll show you
bianco/a	white	lo stesso	all the same
comodo/a	comfortable	mi dica!	may I help you?
eccezionale	extraordinary	mi sta meglio	it fits me better
elegante	smart	moda giovane	youth fashion
fantastico/a	fantastic	negozio di abbigliamento	clothes shop
giallo/a	yellow	negozio di calzature	shoe shop
giovanile	youthful	non trova?	don't you think so?
lungo/a	long	per niente	not at all
marrone	brown	qualcosa di bello	something nice
nero/a	black	sfilata di moda	fashion show
raffinato/a	refined	tutti e due	both
rosso/a	red		
scuro/a	dark		
sicuro/a	sure		
stretto/a	tight		
verde	green		
vivace	bright		

La mia autobiografia

Indice dell'unità

La mia autobiografia

In questa unità imparerai a

★ *Parlare di azioni passate*

★ *Chiedere e dare informazioni su un viaggio passato*

★ *Parlare di eventi passati*

★ *Chiedere e dare informazioni sul passato*

★ *Parlare della vita e della carriera di un famoso personaggio italiano*

Ripasso

Cosa riesci a ricordare?

Nei capitoli precedenti hai imparato a chiedere e a dare alcune informazioni personali. Ora tu e il tuo compagno traducete le seguenti domande e poi, a turno, fornite le risposte appropriate.

1 What's your name?

2 Where are you from?

3 How old are you?

4 When is your birthday?

5 Do you have a job?

6 What do you study at the University?

7 Do you like sport?

8 What sports do you practise?

9 What do you do in your spare time?

10 What kind of books do you read?

Antipasto

Le seguenti figure mostrano quello che Michela e Richard hanno fatto a Firenze. Osservale e scegli l'espressione appropriata dal riquadro.

abbiamo preso l'autobus	abbiamo fatto le valigie
abbiamo passato la serata in discoteca	abbiamo fatto acquisti
abbiamo preso il treno	abbiamo pranzato
abbiamo visitato il Duomo	abbiamo visitato la Galleria degli Uffizi
	abbiamo fatto un giro

Primo piatto

Come hai passato il fine settimana?

A *È lunedì mattina. Michela è di nuovo a Perugia e, a colazione, parla del suo fine settimana a Firenze. Ascolta la conversazione e decidi se le seguenti affermazioni sono vere o false.*

		Vero	**Falso**
a)	Michela e Richard hanno visitato il Battistero.	____	____
b)	Hanno pranzato in un ristorante di lusso.	____	____
c)	Giovedì pomeriggio hanno dormito un po'.	____	____
d)	Domenica mattina hanno lasciato le valigie al deposito bagagli.	____	____
e)	Hanno preso il treno alle cinque.	____	____
f)	La sera hanno cenato in albergo.	____	____
g)	Sabato hanno passato la serata in birreria.	____	____

B *Adesso leggi la conversazione ad alta voce con un compagno.*

La madre Allora, Michela, come hai passato questo fine settimana a Firenze?

Michela Benissimo, grazie. Richard è un compagno di viaggio fantastico.

La madre Bene! E cosa avete fatto di bello?

Michela Oh, un sacco di cose.

La madre Per esempio?

Michela Il primo giorno abbiamo visitato il Duomo e il Battistero e, a mezzogiorno, abbiamo pranzato in una trattoria. Nel pomeriggio abbiamo dormito un po'. Poi, venerdì, abbiamo fatto acquisti. Richard ha comprato l'ultimo CD di Ligabue ed io ho comprato un bikini e un paio di sandali.

La madre Che altro avete fatto?

Michela Venerdì pomeriggio abbiamo visitato la Galleria degli Uffizi. Poi, sabato, abbiamo preso l'autobus per Piazza di Santa Croce e abbiamo visitato la Basilica e dopo, nel pomeriggio, abbiamo fatto una breve visita alla Casa di Michelangelo.

La madre E non avete visitato nient'altro?

Michela Oh, sì, certo. Ieri mattina abbiamo fatto i bagagli e abbiamo lasciato l'albergo alle 10:00. Poi abbiamo lasciato le valigie al deposito bagagli e abbiamo visitato la Galleria dell'Accademia. Dopo pranzo abbiamo fatto un giro per le strade di Firenze e poi abbiamo preso il treno alle 5:00.

La madre Non mi hai detto, però, cosa avete fatto la sera.

Michela La sera abbiamo cenato in vari ristoranti del centro.

vocabolario

cosa avete fatto di bello?
  what did you do?
un sacco di cose:
  a lot of things
bagagli: *luggage*
valigie: *suitcases*
deposito bagagli:
  left-luggage office
un giro: *a stroll*

La madre	Avete mangiato bene?
Michela	Sì, molto.
La madre	E dopo cena, cosa avete fatto?
Michela	Sabato abbiamo passato la serata in discoteca.

 2 *Con il tuo compagno, trova, nel dialogo, il corrispondente italiano delle espressioni seguenti.*

a) We did our shopping.

b) We visited the Cathedral.

c) We left our suitcases.

d) We slept a bit.

e) We took a stroll.

f) We dined.

g) We spent the night in a disco.

h) We took the bus.

i) We packed.

  3 *Fai le seguenti domande ad un compagno.*

a) Cosa hanno fatto Michela e Richard giovedì pomeriggio?

b) Cosa hanno fatto venerdì mattina?

c) Cosa hanno fatto venerdì pomeriggio?

d) Cosa hanno visitato sabato?

e) Dove hanno cenato la sera?

  4 *Tu e il tuo compagno guardate le vignette e, a turno, raccontate cosa hanno fatto domenica.*

a b c

d e f

5 *Leggi le seguenti attività. Riesci a capire il significato? Adesso ascolta Luca mentre racconta ad Eleonora cosa ha fatto durante il fine settimana e spunta le attività che menziona.*

- Ho dato una festa.
- Ho suonato il piano.
- Ho invitato i miei amici.
- Abbiamo mangiato e bevuto molto.
- Ho preparato la cena.
- Ho fatto una torta.
- Gianni ha portato la chitarra.
- Abbiamo giocato a carte.
- Abbiamo ballato tutta la notte.
- Ho dormito fino alle due.

6

A *Chiedi a sei compagni cosa hanno fatto durante il fine settimana.*

Esempio: – Cosa hai fatto durante il fine settimana?
– Ho fatto la spesa.
– Ho riordinato la mia stanza.
– Ho visitato la mia famiglia.
– Ho studiato.
– Ho giocato a rugby.

B *Ora riferisci al resto della classe come i tuoi compagni hanno passato il fine settimana.*

Esempio: Robert ha fatto la spesa.
Mark ha riordinato la sua stanza.
John ha visitato la sua famiglia.
Roger ha studiato.
Tom ha giocato a rugby.

7 *Scrivi un breve paragrafo e parla di come tu hai passato il fine settimana.*

Esempio: Venerdì sera ho mangiato al ristorante.
Sabato mattina ho telefonato ai miei amici.
Sabato pomeriggio ho fatto un giro in centro.

8 *Ritorna al dialogo e all'Attività 5 e sottolinea le forme dei verbi che non riconosci. Da quale infinito derivano? Riesci a spiegare come si forma il participio passato dei verbi regolari?*

The present perfect with *avere*

■ The present perfect (***passato prossimo***) of many verbs is formed with the present tense of the auxiliary ***avere*** followed by the past participle of the main verb. The past participle is formed by adding the appropriate ending to the infinitive stem.

-ATO   for regular verbs whose infinitive ends in   -ARE
-UTO   for regular verbs whose infinitive ends in   -ERE
-ITO   for regular verbs whose infinitive ends in   -IRE

Comprare:	*Ho comprato un computer.*	I bought a computer.
Avere:	*Ho avuto molti problemi.*	I had many problems.
Dormire:	*Ho dormito profondamente.*	I slept deeply.

■ Some past participles are irregular:

Bere	*Ho bevuto una birra.*	I drank a beer.
Fare:	*Ho fatto molti errori.*	I made many mistakes.
Prendere:	*Ho preso il treno alle 5.00.*	I took the train at 5.00.

 9

Completa la tabella con le persone mancanti dell'ausiliare 'avere'.

		-are		-ere		-ire
(io)	ho	comprato	ho	avuto	ho	agito
(tu)		cenato		creduto		capito
(lui/lei)		lasciato		dovuto		costruito
(noi)		mangiato		potuto		dormito
(voi)		passato		saputo		finito
(loro)		visitato		veduto		sentito

  10

All'università Richard incontra il suo amico Ezio. Ascolta la conversazione e spunta le espressioni che senti.

■ Mi sono svegliato.
■ Mi sono alzato.
■ Sono arrivato.
■ Sono partito.
■ Siete partiti.
■ Siete arrivati.
■ Sono andato.
■ Sono rimasto.

11 *Le frasi seguenti sono tratte dal dialogo precedente. Completale con le parole mancanti.*

a) Sono arrivato tardi da _____.

b) _____ è venuta con me.

c) Siamo tornati a _____ ieri sera.

d) Siete andati in _____?

e) Abbiamo prenotato il _____ su Internet.

f) Siete stati in _____?

12 *Ascolta di nuovo la conversazione e completa le frasi della colonna di sinistra con l'espressione giusta della colonna di destra.*

Ieri sera mi sono	è venuta con me.
Stamattina mi sono	in albergo?
Sono arrivato tardi	a Perugia ieri sera.
Ci sei andato	da Firenze.
Michela	addormentato tardi.
Quando	molto bene.
Siamo tornati	da solo?
Siete stati	a Perugia.
Ci siamo trovati	siete partiti?
Io sono rimasto	alzato presto.

13 *Con un compagno, leggi il dialogo tra Richard ed Ezio. Quale altro ausiliare viene usato per formare il passato prossimo? E con quali categorie di verbi?*

Ezio Ciao, Richard. Hai una faccia! Ma cos'hai?

Richard Niente. Ieri sera mi sono addormentato tardi e stamattina mi sono alzato presto.

Ezio Come mai?

Richard Perché sono arrivato tardi da Firenze.

Ezio Ah, sei stato a Firenze! E ci sei andato da solo?

Richard No, no. Michela è venuta con me.

Ezio Quando siete partiti?

Richard Mercoledì pomeriggio e siamo tornati a Perugia ieri sera.

Ezio Vi siete divertiti?

Richard Sì, moltissimo. Firenze, poi, è veramente stupenda! Tu ci sei già stato?

v o c a b o l a r i o

hai una faccia!
  You look tired.
niente: *nothing*
ci: *there*
moltissimo: *very much*
un giorno o l'altro:
  one day or another
da qualche parte;
  somewhere/anywhere

Ezio	No, ma un giorno o l'altro ci vado anch'io. Siete andati in macchina?
Richard	No. Abbiamo prenotato il treno su Internet e abbiamo ritirato i biglietti alla stazione.
Ezio	Siete stati in albergo?
Richard	Sì, abbiamo prenotato una doppia in un albergo e ci siamo trovati molto bene. E tu sei andato da qualche parte?
Ezio	No, io sono rimasto a Perugia.
Richard	Come mai?
Ezio	Perché ho un esame da preparare.

14 *Prova a completare la tabella.*

	arrivare
(io)	arrivato/a
(tu)	arrivato/a
(lui/lei)	arrivato/a
(noi)	arrivati/e
(voi)	arrivati/e
(loro)	arrivati/e

The present perfect with *essere*

■ The present perfect of some verbs, including verbs which imply movement, reflexive verbs and the verbs ***stare***, ***restare*** and ***rimanere***, is formed with the present tense of the auxiliary ***essere*** followed by the past participle of the main verb.

■ When the auxiliary ***essere*** needs to be used, the past participle must agree in gender and number with the subject.

Partire:	*Fabrizio è partit**o** per Roma.*	Fabrizio left for Rome.
	*Marta è partit**a** per Milano.*	Marta left for Milan.
	*Alfredo e Leo sono partit**i** per Parigi.*	Alfredo and Leo left for Paris.
	*Ilaria e Vanessa sono partit**e** per Londra.*	Ilaria and Vanessa left for London.
	*Richard e Michela sono partit**i** per Firenze.*	Richard and Michela left for Florence.

■ Note: With reflexive verbs, the reflexive pronouns have to be placed before the auxiliary.

Alzarsi:	*Stamattina **mi** sono alzato/a presto.*	This morning I got up early.
Divertirsi:	***Vi** siete divertiti?*	Did you enjoy yourselves?

15 Segue la descrizione del viaggio di Mara. Prova ad inserire l'ausiliare mancante.

(Io) _____ passato qualche giorno a Roma. _____ andata con il mio ragazzo. (Noi) _____ partiti quattro giorni fa e _____ tornati ieri. _____ stati benissimo, ma ci _____ stancati un po' perché _____ camminato molto. Prima _____ andati a Piazza Venezia e al Foro Romano. Poi, prima di andare al Colosseo, _____ passati da San Pietro in Vincoli dove _____ visto il Mosè di Michelangelo. _____ visitato i monumenti più importanti, non solo la Basilica di San Pietro, ma anche Castel S. Angelo e la Fontana di Trevi. _____ anche andati al rione di Trastevere e _____ mangiato in molti ristoranti della zona.

Poi, ieri mattina, ci _____ alzati presto e _____ fatto le valigie. Alle undici _____ andati alla stazione e a mezzogiorno _____ preso il treno. _____ arrivati a casa ieri sera tardi.

16 Tu e il tuo compagno parlate di un viaggio che avete fatto e usate i verbi seguenti.

- Sono andato/a – Siamo andati/e
- Sono partito/a – Siamo partiti/e
- Sono arrivato/a – Siamo arrivati/e
- Sono rimasto/a – Siamo rimasti/e
- Sono tornato/a – Siamo tornati/e

Secondo piatto

La mia storia

  1

A *Michela e Richard hanno deciso di conoscersi meglio. Una sera escono insieme e vanno in birreria. Ascolta la conversazione e rispondi alle domande.*

a) Dov'è nata Michela?

b) Di dove sono i suoi genitori?

c) Quando si è trasferita a Verona sua madre?

d) Che scuola ha frequentato Michela a Verona?

e) Quando sono venuti a Perugia?

f) Michela si è sempre trovata bene a Perugia?

B *Adesso leggi la conversazione ad alta voce con un compagno.*

Richard	Hai sempre vissuto a Perugia?
Michela	No, io sono nata a Verona e ho vissuto lì fino all'età di 14 anni.
Richard	I tuoi genitori sono di Verona?
Michela	Mio padre è di Verona, ma mia madre è di Perugia.
Richard	Ah, allora tua madre si è trasferita a Verona quando si è sposata con tuo padre!
Michela	Esattamente.
Richard	E tu hai frequentato la scuola a Verona?
Michela	Sì, la scuola elementare e media.
Richard	E quando siete venuti a Perugia?
Michela	Dopo che i miei nonni paterni sono morti.
Richard	Hanno deciso i tuoi genitori di venire qui?
Michela	Sì, mia madre, soprattutto.
Richard	E tuo padre ha lasciato il lavoro?
Michela	No, no. Ha chiesto di essere trasferito a Perugia.
Richard	E tu ti trovi bene qui?
Michela	Adesso sì. Certo, all'inizio è stato difficile. Poi mi sono iscritta al liceo scientifico e qui ho conosciuto Claudio, Chiara, Anna … Siamo diventati amici e …
Richard	E ti sei sentita meno sola.
Michela	Certo. E tu, Richard, cosa mi racconti di te?

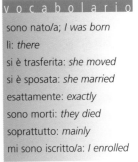

v o c a b o l a r i o

sono nato/a: *I was born*

lì: *there*

si è trasferita: *she moved*

si è sposata: *she married*

esattamente: *exactly*

sono morti: *they died*

soprattutto: *mainly*

mi sono iscritto/a: *I enrolled*

A *Il dialogo contiene una serie di frasi al passato prossimo. Ascolta di nuovo la conversazione e spunta le frasi inglesi appena senti le equivalenti italiane.*

a) I was born in Verona.

b) Your mother moved to Verona when she married your father.

c) Did you go to school in Verona?

d) When did you come to Perugia?

e) After my paternal grandparents died.

f) Did your parents decide to come here?

g) In the beginning it was difficult.

h) We became friends.

i) You felt less lonely.

B *Adesso prova ad annotare l'equivalente italiano. Se necessario, controlla la conversazione.*

Fai le seguenti domande ad un compagno.

- Dove sei nato/a?
- Dove hai vissuto?
- Dove hai frequentato la scuola?
- Che scuola hai frequentato?
- Quando ti sei trasferito/a in questa città?

A *Il dialogo contiene nove participi passati irregolari. Riesci a identificarli? Da quale infinito derivano?*

B *Ora completa la tabella con il participio passato dei verbi elencati.*

Infinito	Participio passato
vivere	
nascere	
venire	
morire	
decidere	
chiedere	
essere	
iscrivere	
conoscere	

5 *Usa i verbi nella tabella e forma delle frasi su te stesso, i tuoi amici o la tua famiglia.*

   6

A *Ascolta Richard mentre parla di sé a Michela. La storia di Richard contiene una serie di espressioni che indicano quando le azioni passate sono avvenute. Mentre ascolti, spunta le espressioni che senti.*

- Cinque anni fa
- Due settimane fa
- Due anni fa
- L'estate scorsa
- Un'ora fa

- Appena
- Quattro mesi fa
- Sempre
- Ieri pomeriggio
- Mai

- Il mese scorso
- Ieri
- Tre giorni fa
- Già
- Ancora

B *Un po' più difficile. Ascolta di nuovo la registrazione e spunta le frasi inglesi appena senti le equivalenti italiane.*

a) Five years ago my family and I moved to Oxford.

b) Two years ago I enrolled on a nuclear physics course.

c) Last summer I worked as a DJ.

d) I came to Italy four months ago.

e) I've always studied a lot.

f) I've never been very good.

g) Last month I enrolled on a guitar course.

h) Yesterday my teacher told me that I've already learnt a lot.

i) I've not seen all the most important Italian cities yet.

C *Adesso prova ad annotare l'equivalente italiano. Poi riascolta e controlla.*

   7

Tu e il tuo compagno fatevi le seguenti domande. Per le espressioni di tempo, controllate l'Attività 6A.

a) Dov'è nato Richard?

b) Quando si è trasferito a Oxford?

c) Quando si è iscritto al corso di fisica nucleare?

d) Quando ha lavorato come DJ?

e) Quando è venuto in Italia?

f) Quando si è iscritto al corso di chitarra?

Adverbs of time

- In tenses with two parts (compound), a few time adverbs (**già, mai, sempre, ancora, appena**) are normally placed between the auxiliary and the past participle.

Ho già dato tre esami.	I've already taken three exams.
Non sono mai andato/a all'estero.	I've never been abroad.
Ho sempre studiato molto.	I've always studied a lot.
Non mi sono ancora iscritto/a al corso d'italiano.	I've not enrolled for the Italian course yet.
Ho appena venduto il mio vecchio computer.	I've just sold my old computer.

- Many other expressions indicating when past actions occurred are placed either at the beginning or at the end of the sentence.

L'anno scorso ho passato le vacanze a Venezia.	Last year I spent my holidays in Venice.
Ieri sera sono andato/a in discoteca.	Last night I went to the disco.
Ho incontrato il mio ragazzo due anni fa.	I met my boyfriend two years ago.

  8

Racconta a un compagno quello che hai fatto in questi ultimi giorni. Fai riferimento all'Attività 6A e usa almeno quattro o cinque avverbi di tempo.

Esempio: La settimana scorsa sono andato/a in biblioteca.
Ieri ho comprato un abito firmato.

  9

Con un compagno, completa il seguente esercizio.

vocabolario

esame: *exam*
gita scolastica: *school trip*
gara di ballo:
    dancing competition

a) Quando hai cominciato a studiare l'italiano?

b) Quando sei andato/a dal medico l'ultima volta?

c) Quando hai passato le vacanze in Italia?

d) Quando hai dato l'ultimo esame?

e) Quando ti sei iscritto/a all'università?

f) Quando hai fatto una gita scolastica?

g) Quando hai scritto un e-mail a un tuo amico?

h) Quando hai usato il tuo telefonino per telefonare a un amico?

i) Quando hai mandato un sms a un amico?

j) Quando hai comprato un regalo per tua madre?

k) Quando sei andato/a al cinema l'ultima volta?

l) Quando hai partecipato a una gara di ballo?

10

Racconta ad un compagno gli eventi più importanti della tua vita. Il tuo compagno prenderà appunti. Utilizza alcune idee dalla lista seguente e aggiungi altre esperienze che non vi compaiono.

- Sono nato/a ....
- Ho frequentato la scuola ....
- Ho studiato ....
- Mi sono iscritto/a all'università ....
- Ho lavorato ....
- Ho praticato vari sport ....

 11

Mentre il tuo compagno ti racconta le esperienze della sua vita, annota i fatti principali. Poi riferisci queste esperienze ad un altro studente. Il tuo compagno ti correggerà se sbagli e, se necessario, aggiungerà ulteriori dettagli.

Esempio: – Graziano ha passato un anno in Francia.
           – Sì, e ho imparato il francese molto bene.

 **12**

Ora scrivi un breve sommario della tua vita e di quella di un tuo compagno di classe.

 13

Prepara una breve presentazione per la classe sugli eventi principali della tua vita.

 **14**

Per finire, ascolta di nuovo la registrazione dell'Attività 6A e annota il participio passato dei verbi elencati nella tabella.

Infinito	Participio passato
rimanere	
leggere	
dire	
vedere	

Contorno

Gianni Versace: una leggenda

1 **A** *Leggi la biografia di Gianni Versace ad alta voce.*

Gianni Versace è nato il 2 dicembre 1946 a Reggio Calabria. Ha lavorato nella sartoria della madre perciò ha avuto i primi contatti con il mondo della moda fin da ragazzino. Nel 1972 si è trasferito a Milano per cercare fortuna. Qui si è fatto notare subito nel mondo della moda per le sue straordinarie abilità creative, quando ha disegnato una collezione per la ditta di confezioni Florentine Flowers. Ha cominciato subito dopo a collaborare con Callaghan e Genny e da allora il suo successo è stato immenso tanto che, nel 1978, Versace ha fondato la sua azienda.

Gianni Versace è stato un personaggio d'avanguardia nella moda internazionale e protagonista della nascita del prêt-à-porter italiano. È riuscito a collegare la moda elegante a quella sportiva e quella maschile alla femminile. Ha creato molti costumi teatrali, soprattutto per i balletti di Maurice Béjart e ha prodotto anche accessori e profumi, capi di abbigliamento intimo e per bambini.

Gianni Versace ha creato un vero e proprio impero commerciale in breve tempo e ha conquistato i mercati occidentali ed orientali. Le più belle modelle del mondo, quali Naomi Campbell, Claudia Schiffer e molte altre, hanno indossato le sue creazioni. Partito dal Sud in cerca di fortuna, Gianni Versace è davvero riuscito a costruire una fortuna internazionale.

È morto il 15 luglio 1997, assassinato davanti alla sua villa di South Beach, a Miami, da uno sconosciuto che ha così trasformato Gianni Versace in una leggenda.

vocabolario

sartoria: *dressmaker's shop*
ragazzino: *little boy*
si è fatto notare: *he drew attention to himself*
ditta di confezioni: *clothing firm*
azienda: *firm*
nascita: *birth*
prêt-à-porter: *ready to wear*
maschile: *male*
ha prodotto: *he produced*
abbigliamento intimo: *underwear*
ha conquistato: *he won*
impero: *empire*
hanno indossato: *they modelled*
sconosciuto: *stranger*

B *Trova il corrispondente italiano delle espressioni seguenti.*

a) He was born on 2/12/1946.

b) In 1972 he moved to Milan.

c) In 1978 he founded his own firm.

d) He produced accessories and perfumes.

e) He created a real commercial empire.

f) He died on 15/7/1997.

2 *Fai le seguenti domande ad un compagno.*

a) Dov'è nato Gianni Versace?

b) Dove ha lavorato prima di trasferirsi a Milano?

c) Cosa ha fatto per la ditta di confezioni Florentine Flowers?

d) Quali altri prodotti ha creato?

e) Chi ha indossato le sue creazioni?

f) Dov'è morto?

3 *Completa il testo con le preposizioni mancanti.*

Gianni Versace è nato il 2 dicembre 1946 _____ Reggio Calabria. Ha lavorato _____ sartoria della madre perciò ha avuto i primi contatti _____ il mondo _____ moda fin da ragazzino. _____ 1972 si è trasferito a Milano _____ cercare fortuna. Qui si è fatto notare subito _____ mondo della moda per le sue straordinarie abilità creative, quando ha disegnato una collezione _____ la ditta di confezioni Florentine Flowers. Ha cominciato subito dopo a collaborare _____ Callaghan e Genny e da allora il suo successo è stato immenso tanto che, _____ 1978, Versace ha fondato la sua azienda.
Gianni Versace è stato un personaggio d'avanguardia nella moda internazionale e protagonista _____ nascita del prêt-à-porter italiano.
È morto il 15 luglio 1997, assassinato davanti _____ sua villa di South Beach, a Miami, da uno sconosciuto che ha così trasformato Gianni Versace _____ una leggenda.

4 *Con un compagno e senza guardare il testo, scrivi almeno cinque frasi su Gianni Versace.*

5 *Prepara una breve presentazione sulla vita e la carriera di un famoso imprenditore, per esempio, Bill Gates, Laura Ashley, Anita Roddick o un altro di tua scelta.*

★ **Nota culturale**

The first Versace boutique was opened in 1978 in Milan's Via Della Spiga. The new fashion company, Gianni Versace S.p.A., was the financial brainchild of Gianni's elder brother Santo. Since that time the Versace fashion business has become world famous and has received numerous coveted fashion awards.
Gianni also worked closely with his younger sister, Donatella, who was a graduate in languages from the University of Florence. In fact from the very beginning of his career, Gianni consulted his sister about important decisions, and he called her 'his inspiring Muse'. As a designer, Donatella began by creating a range of accessories, but later moved on to design children's clothes under the Versace label and later to establish the Versus range. In 1997, Gianni was shot and killed by a man who had been his lover. Donatella took over his businesses after his death and has continued with the family trademark: bright colours and designs, combining innovation with tradition.

Dolci

Pronuncia e Ortografia

■ Le vocali accentate

A *Ascolta le parole e scrivi l'accento sulla vocale giusta. Poi prova a leggere le parole ad alta voce.*

venerdi	cosi	percio
citta	eta	civilta
universita	piu	pero
gia	abilita	si
	nazionalita	difficolta

B *Riesci a elaborare una regola relativa all'accento nelle parole precedenti? Quante di queste parole terminano in -ty in inglese?*
Scrivi una lista di parole che conosci e che terminano con la vocale accentata.

■ In Unit 3 you learnt that in many Italian words, the stress falls on the last but one syllable. You also learnt that there are words where the accent falls on the third from last syllable.

■ In this exercise you have seen some Italian words in which the stress falls on the last vowel. Where this is the case, the accent needs to be indicated in writing.

Il tuo portfolio

Questi sono alcuni compiti, basati sul materiale di questa unità, che puoi inserire nel tuo portfolio.

1

■ Trova un amico di madrelingua italiana e, a turno, registrate dei dialoghi in cui tu ed il tuo amico parlate di una vacanza che avete fatto.

■ Ora scrivi un resoconto della vacanza del tuo amico nella forma di un paragrafo coerente.

2

■ Registra te stesso mentre parli della tua vita.

■ Trova un amico di madrelingua italiana e intervistalo sulla sua vita. Prepara le domande in anticipo e chiedigli di parlare lentamente. Di nuovo, registra questa attività.

■ Ora scrivi un riassunto della tua biografia nella forma di un paragrafo coerente. Usa le espressioni di tempo che hai studiato in questa unità.

3

- Rileggi il testo 'Gianni Versace: una leggenda', e fai un riassunto orale di quanto ricordi. Poi registra te stesso.

- Ora scrivi un testo simile su un famoso personaggio di tua scelta.

4

- Trova, in rete, degli esercizi di grammatica relativi ai punti grammaticali che hai studiato in questa unità. Completa gli esercizi online, poi stampali e aggiungili al tuo portfolio.

5

- Scegli quindici tra le parole più importanti di questa unità e inventa un cruciverba. Puoi dare le definizioni in inglese.

- Trova, nel libro, degli esempi di parole che terminano con l'accento sull'ultima sillaba.

Digestivo

■ I monumenti d'Italia

Guarda le fotografie. Conosci questi monumenti? In quali località si trovano?

Ci sono monumenti in Gran Bretagna che hai visitato? Quali?

Esempio: Due anni fa ho visitato Stonehenge, in Wiltshire, con la mia famiglia. Noi …

Ripasso

Ora sei in grado di

★ *Parlare di azioni passate*

★ *Chiedere e dare informazioni su un viaggio passato*

★ *Parlare di eventi passati*

★ *Chiedere e dare informazioni sul passato*

★ *Usare il passato prossimo*

★ *Usare il participio passato dei verbi regolari e di alcuni verbi irregolari*

★ *Usare le espressioni di tempo passato*

★ *Parlare della vita e della carriera di un famoso personaggio italiano*

Svolgi i seguenti esercizi e ripassa il materiale su cui non ti senti sicuro prima di procedere all'Unità 7.

A *Completa il testo seguente con il passato prossimo dei verbi tra parentesi.*

Nicola **Trussardi** (nascere) _____ a Bergamo nel 1942. (Frequentare) _____ il liceo scientifico di Bergamo, poi (laurearsi) _____ in Economia e Commercio all'Università Cattolica di Milano. Da giovane, Nicola (fare) _____ molti mestieri; poi, negli anni '60, dopo la morte del nonno, Nicola (cominciare) _____ a lavorare nella guanteria di famiglia. Nel 1973, Trussardi, accanto ai guanti, (creare) _____ una completa linea di accessori e, grazie a borse, valigie e piccola pelletteria, il suo nome (fare) _____ il giro del mondo. Poco tempo dopo, Nicola (presentare) _____ la prima collezione prêt-à-porter. Il marchio Trussardi (affermarsi) _____ negli anni '80 quando (diventare) _____ famosissimo nel campo della moda mondiale. La notte tra il 12 e il 13 aprile 1999 lo stilista (avere) _____ un grave incidente e (morire) _____ in ospedale pochi giorni dopo per le gravi ferite riportate.

B *Correggi gli errori grammaticali nelle frasi seguenti. Il numero di errori è indicato tra parentesi.*

1 Viviana ha sempre fatta l'attrice, ma un giorno ha deciso di cambiare professione. (1)

2 Ernesto si è sposato ieri con Floriana. Stamattina loro hanno fatte le valigie e sono partito in viaggio di nozze. (2)

3 Sono stato un anno all'estero e ho visitati molti luoghi interessanti. (1)

4 Luciano e Andreina hanno andati in Sicilia e abbiamo comprata una casa a Taormina. (3)

5 Giordano ha studiato molto, ma non ha riuscito a passare l'esame. (1)

C

Guarda i disegni e descrivi quello che Mariolina ha fatto ieri.

1

2

3

4

5

6

7

8

D

A turno con un compagno, completa il seguente esercizio ad alta voce.
Dopo, rifai l'esercizio parlando di te o una persona che conosci.

A Dove sei nato/a?
B *Say you were born in York.*
A Quando?
B *Say on 9 August 1985.*
A Che scuola hai frequentato?
B *Say you went to an art school (scuola d'arte).*
A Quando ti sei iscritto/a all'università?
B *Say you enrolled last year.*
A Quando hai cominciato a studiare l'italiano?
B *Say you started last September.*

A Ti piace?
B *Say yes, very, but it's a bit difficult.*
A Sei mai stato/a in Italia?
B *Say yes, you went there last year.*
A Dove esattamente?
B *Say in Rome.*
A Ti è piaciuta?
B *Say yes, very.*
A Cosa hai visitato?
B *Say you visited the Vatican, the Trevi fountain, the Colosseum…*

Vocabolario

Nomi	**Nouns**		
abilità	*ability*	gara	*competition*
accessorio	*accessory*	giro	*stroll*
acquisto	*purchase*	gita	*trip*
azienda	*firm*	guanto	*glove*
bagaglio	*luggage*	informatica	*computer science*
balletto	*ballet*	inizio	*beginning*
chitarra	*guitar*	marchio	*brand*
contatto	*contact*	materia	*subject*
costume (m.)	*costume*	mestiere (m.)	*job*
ditta	*firm*	moda	*fashion*
esame (m.)	*exam*	nave (f.)	*ship*
età	*age*	notte (f.)	*night*
festa	*party*	pranzo	*lunch*
fortuna	*luck, fortune*	ragazzo	*boy; boyfriend*
forza	*strength*	rione (m.)	*district*
		ristorante (m.)	*restaurant*

sartoria	dressmaker's shop
sconosciuto	stranger
scuola	school
serata	evening
successo	success
telefonino	mobile phone
torta	cake
valigia	suitcase
viaggio	journey
visita	visit
volta	time

Aggettivi — **Adjectives**

breve	short
creativo/a	creative
femminile	female
importante	important
maschile	male
paterno/a	paternal
quale	such as
scorso/a	last
solo/a	lonely
sportivo/a	casual
stonato/a	tone-deaf
straordinario/a	extraordinary
vario/a	several

Verbi — **Verbs**

affermarsi	to become popular
assassinare	to murder
bere	to drink
camminare	to walk
cantare	to sing
collaborare	to cooperate
collegare	to link
coltivare	to cultivate
compiere	to be, to turn
conquistare	to win
costruire	to build
creare	to create
cucinare	to cook
decidere	to decide
disegnare	to design
diventare	to become
fondare	to establish
guadagnare	to earn
imparare	to learn
improvvisare	to improvise
iscriversi	to enrol
lasciare	to leave
laurearsi	to graduate
migliorare	to improve
morire	to die
nascere	to be born
partecipare	to take part in
passare	to pass
portare	to bring, to take

preparare	to prepare
presentare	to present
produrre	to produce
raccontare	to tell
rimanere	to remain
riordinare	to tidy up
scherzare	to joke
sentirsi	to feel
sposarsi	to get married
stancarsi	to get tired
stare	to stay
suonare	to play
trasferirsi	to move
trovarsi	to feel, to be
usare	to use

Altre parole — **Other words**

appena	just
bene	well
ci	there
così	so
dopo	afterwards
esattamente	exactly
fa	ago
ieri	yesterday
lì	there
naturalmente	obviously
niente	nothing
soprattutto	above all
stamattina	this morning
veramente	really

Espressioni utili — **Useful phrases**

a bordo	on board
che altro	what else
compagno di viaggio	fellow traveller
cos'hai?	what's wrong with you?
cosa hai fatto di bello?	what did you do?
da allora	since then
da qualche parte	somewhere, anywhere
deposito bagagli	left-luggage office
ditta di confezioni	clothing firm
dopo che	after
fare la spesa	to do the shopping
farsi notare	to draw attention to oneself
gara di ballo	dancing competition
gita scolastica	school trip
hai una faccia!	you look tired
in cerca di	looking for, in search of
non solo	not only
scuola elementare	primary school
scuola media	secondary school
tanto che	so much so that
un giorno o l'altro	one day or another
un sacco di	a lot of

Andiamo a divertirci

Indice dell'unità

Andiamo a divertirci

In questa unità imparerai a

★ *Formulare, accettare e rifiutare un invito*

★ *Concordare il luogo e l'ora di un appuntamento*

★ *Descrivere un' esperienza passata ed esprimere gusti al passato*

★ *Ordinare un pasto al ristorante*

★ *Apprendere qualcosa sull'opera italiana*

Ripasso

Cosa riesci a ricordare?

 A

Nell'Unità 4 hai imparato uno dei verbi usati per invitare qualcuno. Ricordi qual è?

  B

*Adesso usalo per invitare alcuni compagni a venire con te in uno dei luoghi raffigurati nell'**Antipasto**.*

Antipasto

A *Osserva le seguenti figure e scegli le parole appropriate dal riquadro.*

1

2

3

4

5

6

7

8

il concerto di musica rock	**il bar**	**il teatro**
il cinema	**l'opera**	**il concerto di musica classica**
la festa	**la discoteca**	**lo stadio**
	la pizzeria	**il ristorante**

B *Adesso, con un compagno, prova ad abbinare le figure alle seguenti affermazioni.*

a) La settimana scorsa Lara è andata a vedere la *Tosca*.

b) Corrado ha bevuto troppo ed ora non si sente bene.

c) Stasera io e il mio ragazzo andiamo a vedere un film.

d) Ieri la Juventus ha perso contro il Milan.

e) Non ho ancora comprato i biglietti per il concerto di Ligabue.

f) Domani vado a vedere una commedia di Eduardo De Filippo.

g) Abbiamo ballato tutta la notte.

h) Giuliano ha mangiato bene e ha pagato poco.

Primo piatto

Che facciamo stasera?

 1

È sabato pomeriggio. Michela telefona alla sua amica Chiara per organizzare la serata. Ascolta la conversazione e rispondi alla seguente domanda.

■ Dove decidono di andare stasera Michela e Chiara?

 2

A *Con due compagni, leggi la conversazione. Dopo scambiatevi i ruoli.*

Prima metà

Michela	Ciao, Chiara. Cosa fai stasera?
Chiara	Vado al cinema con Claudio. Vuoi venire con noi?
Michela	Veramente io e Richard vogliamo andare in discoteca. Perché non ci andiamo tutti insieme?
Chiara	No, Michela, non è possibile. Le discoteche aprono troppo tardi.
Michela	Sì, è vero, ma tu non hai problemi d'orario, no?
Chiara	No, non io, certo, ma Claudio, domani, deve partire per Milano abbastanza presto e non può fare tardi stasera.
Michela	Capisco.
Chiara	Senti, se vuoi, possiamo andare in discoteca sabato prossimo.
Michela	Un momento, chiedo a Richard ...

v o c a b o l a r i o

insieme: *together*
orario: *time*
senti: *listen*
guarda: *well*
spettacolo: *showing*
inizia: *starts*
qualcuno: *someone*
in ritardo: *late*
dai: *come on*
non ti preoccupare:
   don't worry
al solito bar:
   at the usual bar

Seconda metà

Michela	Richard, andiamo al cinema stasera?
Richard	Sì, certo, è una buona idea.
Michela	Va bene, Chiara. Allora veniamo al cinema con voi. A che ora ci vediamo?
Chiara	Guarda, lo spettacolo inizia alle 8:20 ...
Michela	Allora ci troviamo alle 8, così abbiamo un po' di tempo per fare i biglietti.
Chiara	Possiamo prenotare i biglietti su Internet, no? Così se qualcuno arriva in ritardo ...
Michela	Va bene, li prenoto io, ma, per favore, tu e Claudio dovete essere puntuali.
Chiara	Ma noi siamo sempre puntuali.
Michela	Sempre?!!!
Chiara	Dai, non ti preoccupare. Ci vediamo alle 8 al solito bar, va bene?
Michela	No, forse è meglio davanti al cinema.
Chiara	Va bene, davanti al cinema, allora.
Michela	Perfetto. Ciao, a stasera.
Chiara	A dopo. Ciao.

★ **Nota culturale**

Michela says: '*Tu e Claudio dovete essere puntuali*' (you and Claudio must be punctual). It's a cliché that Italians always arrive late for meetings. Although this isn't really the case for business meetings, work schedules or transport, it is probably fair to say that southern Europeans have a more relaxed attitude to time, especially with friends and during the summer months!

B *Rispondi alle seguenti domande.*

a) Dove vogliono andare Michela e Richard?

b) Perché Chiara non vuole andare con loro?

c) Cosa propone Chiara a Michela?

d) A che ora e dove decidono di incontrarsi?

e) Come comprano i biglietti?

 **3**

Ascolta di nuovo la conversazione e abbina le risposte giuste alle domande. Leggile attentamente prima di ascoltare e prova a fare l'esercizio senza guardare il testo.

Prima metà

Cosa fai stasera?	No, Michela, non è possibile. Le discoteche aprono troppo tardi.
Vuoi venire con noi?	No, non io, certo, ma Claudio, domani, deve partire per Milano abbastanza presto e non può fare tardi stasera.
Perché non ci andiamo tutti insieme?	Vado al cinema con Claudio.
Tu non hai problemi d'orario, no?	Veramente io e Richard vogliamo andare in discoteca.

Seconda metà

Richard, andiamo al cinema stasera?	Va bene, li prenoto io, ma, per favore, tu e Claudio dovete essere puntuali.
A che ora ci vediamo?	Sì, certo, è una buona idea.
Possiamo prenotare i biglietti su Internet, no?	No, forse è meglio davanti al cinema.
Ci vediamo alle 8 al solito bar, va bene?	Guarda, lo spettacolo inizia alle 8:20 …

4

Nel dialogo ci sono diverse espressioni per formulare un invito, accettare e rifiutare. Ascolta di nuovo la conversazione e spunta le espressioni che senti.

- ■ Vuoi venire con me?
- ■ Vuoi venire con noi?
- ■ Va bene, d'accordo.
- ■ Perché non ci andiamo tutti insieme?
- ■ Non è possibile.
- ■ Che bell'idea!
- ■ Possiamo andare in discoteca sabato prossimo.
- ■ Mi dispiace, ma ho un impegno.
- ■ A che ora ci vediamo?
- ■ Ci vediamo alle 8 al solito bar.

 5

Con un compagno, abbina le frasi italiane alle corrispondenti frasi inglesi.

Andiamo al cinema stasera?	*What time shall we see each other?*
Sì, certo, è una buona idea.	*It's better outside the cinema.*
A che ora ci vediamo?	*You and Claudio must be punctual.*
Lo spettacolo inizia alle 8:20.	*We'll meet at eight.*
Ci troviamo alle 8.	*Shall we go to the cinema tonight?*
Tu e Claudio dovete essere puntuali.	*We'll meet at eight at the usual bar.*
Ci vediamo alle 8 al solito bar.	*The showing starts at twenty past eight.*
È meglio davanti al cinema.	*Yes, certainly, it's a good idea.*

   6

Guarda le figure a pagina 157 e invita un compagno a venire con te. Il tuo compagno accetterà alcuni inviti, ma ne rifiuterà altri.

Esempio: – Ciao! Domani vado allo stadio. Vuoi venire con me?

– No. non posso. Domani ho un esame.
– Che peccato!
– Un'altra volta, magari.

– Che bell'idea! A che ora ci vediamo?
– Alle due, davanti allo stadio, va bene?
– Benissimo.

7 *I genitori di Michela hanno tre biglietti gratis per La Scala. Ascolta il dialogo e rispondi alla seguente domanda.*

■ Chi va all'opera, sabato?

   8 **A** *Leggi il dialogo con un compagno. Dopo scambiatevi i ruoli.*

Richard	Pronto!
Michela	Ciao, Richard. Sono Michela. Dove sei?
Richard	Sono sull'autobus, torno a casa!
Michela	Non sento niente.
Richard	Aspetta, sono quasi alla fermata.
Michela	Pronto, Richard, sei ancora lì?
Richard	Sì, ecco. Sono in strada adesso. Va meglio?
Michela	Sì, adesso ti sento.
Richard	Cosa c'è?
Michela	Senti, i miei genitori hanno tre biglietti gratis per La Scala.
Richard	Splendido! Che opera andate a vedere?
Michela	No, no, io non ci voglio andare, non mi piace l'opera.
Richard	Michela, devi fare in fretta, la batteria è quasi scarica.
Michela	Vuoi andare tu a Milano con loro?
Richard	Oh, sì, volentieri. È un'occasione da non perdere. Quando?
Michela	Sabato prossimo. Lo spettacolo inizia alle sette. Voi dovete partire da Perugia verso mezzogiorno.
Richard	Bene. Allora vengo da te un po' prima delle dodici.
Michela	No. Se vuoi, vengono a prenderti i miei alle dodici in punto.
Richard	Benissimo. Li aspetto per le … Accidenti! Si è scaricata la batteria!

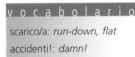

v o c a b o l a r i o

scarico/a: *run-down, flat*
accidenti!: *damn!*

 B *Rispondi alle seguenti domande.*

a) Dove si trova Richard?

b) Perché Richard dice a Michela di fare in fretta?

c) A che ora devono partire da Perugia Richard e i genitori di Michela?

d) Perché Richard e Michela non riescono a concludere la conversazione?

A *Nei dialoghi precedenti hai incontrato tre verbi molto importanti. Insieme con un compagno, rileggi i dialoghi e poi completa la tabella.*

	dovere (*to have to*)	potere (*to be able*)	volere (*to want*)
(io)	devo	posso	
(tu)		puoi	
(lui/lei)			vuole
(noi)	dobbiamo		
(voi)		potete	volete
(loro)	devono	possono	vogliono

B *Prova a completare le frasi seguenti con il presente del verbo 'volere'.*

a) (Io) _____ prendere un buon voto all'esame d'italiano.

b) Signore, (Lei) _____ qualcosa da bere?

c) Ragazzi, (voi) _____ venire al mare con noi?

d) (Loro) _____ andare a vivere all'estero.

e) (Tu) cosa _____ fare stasera?

f) (Noi) _____ affittare un appartamento in Liguria.

g) Chiara _____ imparare a suonare la chitarra.

C *Fai la stessa cosa con il verbo 'potere'.*

a) (Tu) _____ chiudere la porta, per favore?

b) (Noi) non _____ spendere molto.

c) (Io) _____ parlarti un momento?

d) Signora, (Lei) mi _____ dare un'informazione?

e) Roberto è ammalato. Non _____ uscire stasera.

f) (Loro) _____ frequentare un'università prestigiosa.

g) (Voi) _____ prendere solo una settimana di ferie.

D *Ora guarda le fotografie e di' ad un compagno cosa devi fare.*

Esempio: Devo telefonare al mio amico.

a

b

c

d

e

f

10

Osserva i disegni e invita alcuni studenti a venire con te nei luoghi indicati dai disegni nella prima riga. I tuoi compagni non possono accettare il tuo invito perché hanno gli impegni indicati dai disegni nella seconda riga.

Esempio: – Vuoi venire in piscina con me?
– Mi dispiace, non posso. Devo andare a fare la spesa.

  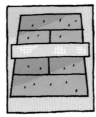   

fare la spesa   **andare alla stazione**   **andare dal dentista**   **lavorare**   **studiare**   **andare a letto**

A *È domenica. Richard è a cena da Michela. Sono a tavola. Di cosa parlano? Ascolta la conversazione e decidi se le seguenti affermazioni sono vere o false.*

	Vero	Falso
a) Richard ha trovato *La Traviata* noiosa.	____	____
b) A Michela piace l'opera.	____	____
c) Per capire i versi, Richard ha usato il libretto.	____	____
d) A Richard non sono piaciuti i personaggi.	____	____
e) Richard non vuole più andare ai concerti rock.	____	____

B *Mentre riascolti il dialogo, spunta le parole che senti.*

- adagio
- esperienza
- commovente
- tenore
- noiosa
- scherzi

- lirica
- concerto
- generi
- soprano
- andante
- musica

- allegretto
- baritono
- arie
- allegro
- libretto
- presto

- opera
- storia
- strumenti
- personaggi
- sentimenti
- andantino

C *Nella lista precedente ci sono diversi termini che indicano il tempo musicale. Tu e il tuo compagno, provate a trovarli. Cosa significano? Provate a metterli in ordine di velocità. Conoscete altri termini musicali?*

D *Ascolta la conversazione di nuovo e completa le frasi con l'espressione giusta della colonna di destra.*

Mi è piaciuta	i personaggi.
Ti è piaciuta più	le diverse forme musicali.
Mi è piaciuto	del concerto di Ligabue?
Mi sono piaciute	da morire.
Mi sono piaciuti	anche quello.

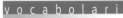

12 **A** *Leggi il dialogo con un compagno e poi scambiatevi i ruoli.*

Michela	Com'è andata, ieri?
Richard	Benissimo. È stata un'esperienza magnifica. *La Traviata*, poi, è così commovente!
Michela	Commovente? Forse vuoi dire noiosa.
Richard	Scherzi? Mi è piaciuta da morire.
Michela	Davvero? Ti è piaciuta più del concerto di Ligabue?
Richard	No, mi è piaciuto anche quello; sono due generi diversi.
Michela	E hai capito tutti i versi, Richard?
Richard	No, certo, ma sono riuscito a seguire grazie al libretto.
Michela	Cosa ti è piaciuto, in particolare?
Richard	Oltre alla storia, mi sono piaciute le diverse forme musicali e poi mi sono piaciuti i personaggi ed i sentimenti che riescono ad esprimere.
Michela	Oh, Richard, come sei romantico! Dopo quest'esperienza, pensi di continuare a venire con me ai concerti rock?
Richard	Ma certamente. Perché no?

> **v o c a b o l a r i o**
>
> commovente: *moving*
> noioso/a: *boring*
> scherzi? *Are you kidding?*
> mi è piaciuta da morire:
>   *I simply loved it*
> versi: *lines*
> seguire: *to follow*
> oltre alla storia:
>   *besides the story*

B *Annota le risposte alle seguenti domande.*

a) Cosa pensa Richard della *Traviata*?

b) A Richard è piaciuta di più *La Traviata* o il concerto di Ligabue?

c) Cos'è piaciuto in particolare della *Traviata* a Richard?

  13

Chiedi ad un compagno le seguenti informazioni.

a) Quale genere di musica preferisci?

b) Chi è il tuo cantante preferito?

c) Qual è l'ultimo concerto che hai visto?

d) Cosa ti è piaciuto del concerto?

 **14**

Nel dialogo (Attività 12) e nelle attività precedenti, hai incontrato il verbo 'piacere' al passato prossimo. Riesci a spiegare come funziona questo verbo al passato?

The present perfect of the verb *piacere*

■ When you want to say what you liked or disliked you use the verb **piacere** in the present perfect (**passato prossimo**). In compound tenses, that is tenses formed by two verbs, the verb **piacere** is conjugated with the auxiliary **essere**. The past participle of **piacere** (**piaciuto**) must agree with the subject (what is liked).

*Mi è piaciut**o** il film.*	I liked the film.
*Ti è piaciut**a** l'opera?*	Did you like the opera?
*Le sono piaciut**i** gli attori.*	She liked the actors.
*Gli sono piaciut**e** le città italiane.*	He liked Italian cities.

 15

A *Prova a completare la seguente attività con il verbo 'piacere' al passato prossimo e i pronomi indiretti.*

a) Ieri ho visitato il Duomo di Milano e _____ moltissimo.

b) Emanuela ha visto i film di Luchino Visconti e non _____ per niente.

c) Avete visto la sfilata di moda di Donatella Versace? _____ ?

d) Fabrizio è andato ad un concerto di musica pop. _____ molto le canzoni.

e) I signori Rizzato sono stati a Torino. _____ tanto il museo Egizio.

f) Abbiamo visitato Verona. _____ molto.

g) Luciano, hai ascoltato il CD di Vasco Rossi? _____ ?

B *Ora, con un compagno, inventa delle frasi e usa il verbo 'piacere' al passato prossimo.*

Secondo piatto

Andiamo a cena fuori

  1

A *Leggi le informazioni sui ristoranti seguenti.*

Ristorante Amadeus

Aperto dalle 19.30 alle 02.00
Chiuso il lunedì
Carte di credito
Venerdì Jazz-rock
Sala TV
Specialità: Cervo

Ristorante Corte Ludovico

Aperto dalle 12.00 alle 15.00 e dalle 19.00 alle 24.00
Chiuso il martedì
Il giovedì intrattenimento musicale
Varietà di specialità gastronomiche

Ristorante La Perla

Aperto dalle 12.00 alle 15.00 e dalle 19.00 all'1.00
Sala privé
Terrazza con 80 posti
Specialità: Frutti di mare

B *Ora decidi in quale ristorante andare se ...*

vocabolario

vario: *various*
cervo: *venison*
all'aperto: *outdoors*
ostriche: *oysters*

a) Vuoi provare vari piatti ed ascoltare un po' di musica.

b) Vuoi mangiare del cervo.

c) Vuoi mangiare all'aperto.

d) Vuoi mangiare delle ostriche in un posto tranquillo.

e) Vuoi pagare con la carta di credito.

f) Non puoi andarci il martedì.

  2

Richard invita a cena fuori Michela e i suoi genitori per ringraziarli della serata passata alla Scala. Ascolta la conversazione e decidi in quale ristorante, tra quelli descritti sopra, sono andati a cenare.

  3

A *Ascolta il dialogo di nuovo e spunta i piatti menzionati.*

- ❑ Bresaola al carpaccio
- ❑ Zuppa di pesce
- ❑ Gnocchi ai quattro formaggi
- ❑ Gnocchi di mare
- ❑ Grigliata mista
- ❑ Scaloppine al marsala
- ❑ Gamberoni alla griglia
- ❑ Cotoletta alla milanese
- ❑ Filetto di struzzo
- ❑ Patatine fritte

B *Ascolta di nuovo la conversazione e decidi se le seguenti affermazioni sono vere o false.*

	Vero	**Falso**
a) Richard è un cliente abituale del ristorante.	——	——
b) Michela ha fame.	——	——
c) Richard ha mangiato spesso la zuppa di pesce.	——	——
d) Richard ha mangiato gli gnocchi di mare da Michela.	——	——
e) A Richard piacciono molto le scaloppine al marsala.	——	——
f) Il padre di Michela vuole mangiare il filetto di struzzo.	——	——

4 *Con un compagno, completa gli spazi con i pronomi oggetto diretto (l' – it, li, le – them) e il participio passato del verbo 'mangiare'. Poi, con altri due compagni, leggete la conversazione ad alta voce.*

La madre	Che ristorante carino! È un posto molto elegante. Come _____ hai scoperto?
Richard	Veramente mi ha consigliato un amico di prenotare qui.
Michela	Io ho un certo appetito. Diamo un'occhiata al menu?
Il padre	Sì, certo. Cosa prendiamo?
Michela	Io prendo la zuppa di pesce.
Richard	Non l'ho mai _____. Com'è?
La madre	È molto buona. È fatta con verdure miste e vari tipi di pesce.
Richard	E questi gnocchi di mare come sono?
Michela	Non ti ricordi? _____ hai _____ da noi la settimana scorsa.
Richard	Ah, sì, hai ragione. Mi sono piaciuti molto.
Michela	Vediamo cosa c'è di secondo.
La madre	Hanno le scaloppine al marsala. Ti piacciono, Richard?
Richard	Veramente non _____ ho mai _____ .
Il padre	Io prendo il filetto di struzzo.
La madre	Di nuovo? Ma _____ hai _____ l'ultima volta che abbiamo cenato fuori.
Il padre	Lo so, ma mi piace.
Michela	Allora, siete pronti per ordinare?

> **vocabolario**
>
> carino: *pretty*
> scoperto: *found*
> consigliato: *recommended*
> un certo appetito: *a keen appetite*
> occhiata: *look*
> verdure: *vegetables*
> non ti ricordi? *don't you remember?*
> scaloppine: *escalopes*
> struzzo: *ostrich*

5

Con un compagno, riesci a capire la regola grammaticale relativa agli esempi dell'attività precedente?

Direct object pronouns with the present perfect of verbs

■ In the last two exercises, you looked at the third person direct object pronouns (**lo**, **la**, **li**, **le**) in combination with the present perfect of verbs.

You already know that, when a verb is conjugated with **avere**, the past participle is invariable. But this is not the case when a third person direct object pronoun precedes the verb. When this happens, the past participle agrees with the pronoun in gender and number.

Hai visto l'ultimo film di Bertolucci?
*Sì, **l**'ho (lo ho) vist**o** proprio ieri sera.*

Hai sentito l'ultima canzone di Baglioni? È bellissima!
*No, non **l**'ho (la ho) ancora sentit**a**.*

Signora, ha dei panini al prosciutto?
*No, mi dispiace. **Li** ho finit**i**. Ho solo dei panini al formaggio.*

*Quest'anno vado a trovare le mie amiche veneziane. **Le** ho conosciut**e** l'anno scorso in vacanza.*

■ In the above examples you will see that **lo** and **la** are elided before the verb **avere**. This doesn't happen with the plural forms **li** and **le**.

  6

Tu e il tuo compagno, a turno, completate le risposte alle seguenti domande e usate i pronomi al posto delle parole sottolineate.

a) Dove hai mangiato l'insalata di mare?

_____ ho _____ al Ristorante Bellavista.

b) Dove hai comprato gli stivali?

_____ ho _____ a Milano.

c) Quanto hai pagato il tuo vestito?

_____ ho _____ un sacco di soldi.

d) A chi hai mandato le rose?

_____ ho _____ alla mia ragazza.

e) Per quanto tempo hai studiato l'italiano?

_____ ho _____ per molti anni.

f) Hai fotocopiato gli appunti di chimica?

Sì, _____ ho _____ poco fa.

7

Richard e i suoi amici sono, ora, pronti per ordinare. Ascolta la conversazione e completa la tabella.

	La madre	Il padre	Michela	Richard
Zuppa di pesce				
Penne con gamberetti e zafferano				
Linguine ai frutti di mare				
Filetto di struzzo				
Scaloppine al marsala				
Gamberoni				
Insalata mista				
Spinaci				
Patatine fritte				

  8

A gruppi di quattro o cinque, praticate la conversazione.

Cameriere	Cosa prendono per primo?
Michela	Io prendo la zuppa di pesce.
Il padre	Per me e la signora le penne con gamberetti e zafferano.
Cameriere	Penne per due, allora. E per il signore?
Richard	Io prendo le linguine ai frutti di mare.
Cameriere	Bene. Come secondo?
Il padre	Per me, filetto di struzzo.
Cameriere	E per la signora?
La madre	Io vorrei le scaloppine al marsala.
Michela	Io prendo i gamberoni.
Richard	Gamberoni anche per me.
Cameriere	E come contorno?
La madre	Un'insalata mista per me.
Il padre	Io vorrei degli spinaci.
Michela	Per me, patatine fritte.
Richard	Anch'io prendo le patatine.
Cameriere	Bene. Volete ordinare il dolce o la frutta?
La madre	Magari per il dessert vediamo dopo.
Cameriere	Certamente. E da bere cosa vi porto?
Il padre	Del vino bianco, per favore.
Michela	E una bottiglia di acqua minerale.
Cameriere	Frizzante o naturale?
Michela	Naturale, grazie.
Cameriere	Benissimo.

v o c a b o l a r i o

gamberetti: *prawns*
zafferano: *saffron*
frutti di mare: *seafood*
gamberoni: *king prawns*
spinaci: *spinach*
patatine fritte: *chips*
frizzante: *sparkling*
naturale: *still*

9 *Provate a scrivere il menu del vostro cibo preferito e poi create un dialogo simile al precedente, usando il menu per le vostre scelte.*

10

A *Ascolta Alessandro mentre ordina la sua cena. Ascolta la prima parte e abbina le risposte alle domande.*

Cosa mi può consigliare, come antipasto?	Abbiamo le linguine con gamberoni e pesce spada, il risotto ai ricci, le pappardelle ai funghi porcini, gli gnocchi ai quattro formaggi ...
E di primo, cos'avete?	Sì, per favore. Naturale.
E per secondo, cosa prende?	Sì, grazie. Del rosé.
Da bere, Le porto del vino?	Le consiglio un assaggino di antipasti vari.
Portiamo anche dell'acqua?	Per il secondo vediamo dopo.

B *Ascolta la seconda parte e completa le frasi con l'alternativa giusta.*

a) Per secondo, Alessandro prende

   ❏ la carne   ❏ un'orata   ❏ del pesce spada

b) Alessandro vuole i crostini ai ricci. Ne ordina

   ❏ una porzione   ❏ mezza porzione   ❏ due porzioni

c) Per dessert, prende

   ❏ il tiramisù   ❏ la panna cotta   ❏ il sorbetto al limone

d) Alla fine, prende

   ❏ un amaro   ❏ un caffè   ❏ un limoncello

> **★ Nota culturale**
>
> In the dialogue in Activity 10, Alessandro orders half a portion of **crostini ai ricci**. This is not uncommon and half portions are often asked for for children, since many restaurants in Italy don't have a children's menu. You will have also noticed that the waiter offers a **digestivo** or coffee to Alessandro. In many places waiters are happy to offer a free drink at the end of the meal to their regular customers.
>
> A **coperto** is indicated on the bill; this is a cover charge. Tips are not compulsory, but are customary. There is no fixed percentage: the amount is at the customer's discretion.

Contorno

L'opera italiana

  1 *Leggi il testo e rispondi, in inglese, alle seguenti domande.*

Violetta è una donna giovane e bella, molto conosciuta negli ambienti mondani parigini. Durante una festa, conosce Alfredo: i due si innamorano e decidono di vivere insieme, in una casa di campagna, lontani dalla confusione e dalla vita brillante della città. Il padre di Alfredo, Giorgio, chiede a Violetta di interrompere la sua relazione con il figlio poiché il loro rapporto è motivo di disonore per tutta la famiglia. Violetta, con grande dolore, abbandona Alfredo e torna a Parigi dove riprende a frequentare numerose feste. Anche Alfredo va a Parigi; lì incontra nuovamente Violetta e la insulta pubblicamente. Nel finale dell'opera, Violetta, malata di tubercolosi e senza speranza, invoca il ritorno e il perdono di Alfredo. Intanto il padre rivela al figlio il sacrificio di Violetta e Alfredo corre subito da lei. I due ricordano i giorni felici trascorsi insieme e progettano di lasciare Parigi per tornare alla serena vita in campagna. Ma la fine è vicina e Violetta muore tra le braccia di Alfredo.

v o c a b o l a r i o

conosciuto/a: *well-known*
mondano: *social*
parigino: *Parisian*
brillante: *lively*
poiché: *because*
motivo: *cause*
disonore: *shame*
dolore: *pain*
riprende: *she begins again*
invoca: *she invokes*
corre: *he runs*
trascorso: *spent*
braccia: *arms*

a) Do you know the title of this opera?

b) What is Violetta like?

c) When does she meet Alfredo?

d) Why do they decide to live in the country?

e) Why does Violetta leave Alfredo?

f) How does Alfredo get to know about Violetta's sacrifice?

g) Why can't Violetta and Alfredo return to the country?

2

Prova a chiedere ad un compagno le seguenti informazioni. Poi, insieme, fate un breve riassunto orale della storia.

a) Conosci il titolo di quest'opera? Qual è?

b) Com'è Violetta?

c) Quando conosce Alfredo?

d) Perché decidono di vivere in campagna?

e) Perché Violetta lascia Alfredo?

f) Come viene a sapere Alfredo del sacrificio di Violetta?

g) Perché Violetta e Alfredo non possono tornare a vivere in campagna?

 3

Trova l'infinito dei verbi seguenti e le preposizioni ad essi collegate. Poi fornisci la traduzione in inglese.

		Infinito	Inglese
a)	Decidono:	_____	_____
b)	Chiede:	_____	_____
c)	Torna:	_____	_____
d)	Riprende:	_____	_____
e)	Va:	_____	_____
f)	Rivela:	_____	_____
g)	Corre:	_____	_____
h)	Progettano:	_____	_____

4

Trova gli opposti degli aggettivi seguenti.

- giovane
- bello
- lontano
- grande
- felice
- sereno

Dolci

Pronuncia e Ortografia

■ I dittonghi

A *Ascolta le parole e ripeti.*

B *Riascolta le parole e completa la tabella con le parole mancanti.*

	esperienza	
Giorgio		puntuale
	voi	
	Claudio	niente
insieme		ricezione
	dietro	

C *Adesso, mentre riascolti, sottolinea la vocale accentata delle parole nella tabella precedente.*

■ When an accented vowel is preceded or followed by a non accented vowel (normally **i** and **u**), the two vowels form a diphthong (that is, they are pronounced as one syllable).

Luo-go
Die-tro
Ie-ri

Il tuo portfolio

Questi sono alcuni compiti, basati sul materiale di questa unità, che puoi inserire nel tuo portfolio.

1

■ Trova un amico di madrelingua italiana e, insieme, programmate una serata fuori: al cinema, ad un concerto ecc. Registra questa attività.

■ Ora, tu e un altro amico, parlate della serata che avete passato fuori. Di nuovo, registra questa attività.

■ Ora scrivi una descrizione della tua serata e di quella del tuo amico.

2

- Con un amico, scrivi un dialogo in cui ordini un pasto al ristorante.

- Adesso, in gruppi di tre, costruite un dialogo sulla base del conto e del menu seguenti.

Menu

Antipasti
Salmone affumicato • €7.50
Cocktail di gamberi • €6.20
Insalata di mare • €5.20

Primi Piatti
Risotto ai ricci • €6.50
Pappardelle ai porcini • €5.50
Penne gamberi e salmone • €5.50
Gnocchi ai quattro formaggi • €5.00

Secondi Piatti
Gamberoni • €8.00
Filetto di struzzo • €7.80
Grigliata mista • €7.50
Pepata di cozze • €4.50

Contorni
Spinaci • €3.00
Patatine fritte • €3.00
Insalata mista • €3.00

Dessert
Macedonia con gelato • €3.00
Panna cotta • €3.00
Frutta di stagione • €2.50

3

- Trova, in rete, degli esercizi di grammatica relativi ai punti grammaticali che hai studiato in questa unità. Completa gli esercizi online, poi stampali e aggiungili al tuo portfolio.

4

- Rileggi 'L'opera italiana' a pagina 172 e fai un riassunto orale di quanto ricordi. Poi registra questa attività.

- Cerca delle informazioni su un'altra opera italiana (Tosca, Rigoletto ecc.) e, con parole tue, scrivi un breve sommario della storia.

- Ora trova delle informazioni su Giuseppe Verdi (la vita, le opere, il periodo).

Digestivo

■ Libiam ne' lieti calici

La Traviata is a three-act opera based on a novel by Alessandro Dumas (son) and published in 1848 with the title of *La dame aux camélias*. In this novel, Dumas tells the story of a woman who really existed, Alphonsine Duplessis, with whom Dumas was in love. Alphonsine continuously betrayed her young lover because he couldn't offer her a life of luxury and, inevitably, they split up. Alphonsine went back to her lively life in Paris. She died of tuberculosis at the age of 23 while Dumas was abroad.

Verdi read the novel and in February 1852 saw the play in Paris. The composer asked Francesco Maria Piave to write the libretto. He changed the names of the protagonists for musical and rhythmical reasons. On the 6 March

1853, *La Traviata* was first performed at La Fenice, a theatre in Venice, but was not well received. The year after it was staged again at the San Benedetto theatre in Venice and it has been a success ever since.

'Libiam ne' lieti calici', taken from Act I, Scene II, is an aria built on the rhythm of a waltz, a typical melody of the 19th century. The themes are also typical of a waltz: wine, women and love. It's a hymn to youth and cheerfulness, to which Violetta graciously responds.

Testo dell'aria

Libiam ne' lieti calici
Che la bellezza infiora,
E la fuggevol ora

S'innebrii a voluttà.
Libiam ne' dolci fremiti
Che suscita l'amore,
Poiché quell'occhio al core
Onnipotente va.
Libiamo; amor fra i calici
Più caldi baci avrà.

Parafrasi

Versiamo il vino nei calici
Che la bellezza rende lieti,
E auguriamoci che il momento fugace
Gioisca intensamente.
Brindiamo alle dolci sensazioni
Che provoca l'amore,
Poiché il suo sguardo onnipotente
Va fino al cuore.
Versiamo; e l'amore, con il vino,
Più caldo sarà.

Trova, nella parafrasi dell'aria, l'equivalente dei termini seguenti.

- goblets
- cheerful
- intensely
- sensations
- eye
- beauty
- fleeting
- sweet
- love
- heart

Ripasso

Ora sei in grado di

★ *Formulare, accettare e rifiutare un invito*

★ *Concordare il luogo e l'ora di un appuntamento*

★ *Parlare di un'esperienza passata ed esprimere gusti al passato*

★ *Ordinare un pasto al ristorante*

★ *Usare il presente dei verbi 'dovere', 'potere', e 'volere'*

★ *Usare il passato prossimo del verbo 'piacere'*

★ *Usare i pronomi lo, la, li, le con il passato prossimo dei verbi*

★ *Parlare dell'opera italiana*

Svolgi i seguenti esercizi e ripassa il materiale su cui non ti senti sicuro prima di procedere all'Unità 8.

A *Scrivi un breve paragrafo dove parli delle cose che vuoi fare, che devi fare e che puoi o non puoi fare la prossima settimana.*

B *Pensa ad un film che hai visto di recente e scrivi un paragrafo dove parli delle cose che ti sono piaciute o che non ti sono piaciute. Considera:*

- La storia
- Le immagini/i luoghi
- La fotografia
- I personaggi/gli attori
- La colonna sonora (*soundtrack*)

C *Queste sono alcune frasi di questa unità. Leggile e traducile in italiano.*

1 Would you like to come with us?

2 He has to leave for Milan.

3 He can't be late.

4 Shall we go to the cinema tonight?

5 What time shall we meet?

6 We can book the tickets on the Internet.

7 I can't hear a thing.

8 You must be punctual.

9 Which opera are you going to see?

10 You have to be quick.

11 The battery has run down.

12 I liked the characters.

Vocabolario

Nomi	Nouns		
		conto	*bill*
acqua	*water*	dentista (m. e f.)	*dentist*
amaro	*bitters*	dolce (m.)	*dessert, sweet*
appetito	*appetite*	esperienza	*experience*
batteria	*battery*	filetto	*fillet*
bottiglia	*bottle*	formaggio	*cheese*
caffè (m.)	*coffee*	frutta	*fruit*
carne (f.)	*meat*	fungo	*mushroom*
commedia	*play*	gamberetto	*prawn*
concerto	*concert*	gamberone (m.)	*king prawn*

gradimento	liking	**Verbi**	**Verbs**
grigliata	mixed grill	consigliare	to recommend
gusto	taste	dovere	must, to have to
insalata	salad	esprimere	to express
museo	museum	iniziare	to start
occhiata	look	innamorarsi	to fall in love
orata	sea bream	ordinare	to order
ostrica	oyster	perdere	to lose
personaggio	character	potere	to be able to, can
pesce (m.)	fish	preoccuparsi	to worry
piatto	dish	scaricarsi	to go flat (battery)
porzione (f.)	portion	scoprire	to find
riccio	sea urchin	seguire	to follow
salmone (m.)	salmon	sentire	to hear
scaloppina	escalope	trovarsi	to meet
sentimento	feeling	vedersi	to meet
sguardo	look	volere	to want
sinfonia	symphony		
sorbetto	sorbet	**Altre parole**	**Other words**
specialità	speciality	benissimo	very well
spettacolo	show, showing	certamente	certainly
spinaci (m. pl.)	spinach	contro	against
stadio	stadium	davanti	opposite
storia	story	fuori	out
strumento	instrument	insieme	together
struzzo	ostrich	poco	little
verdura	vegetables	qualcuno	someone
vino	wine	verso	at about
zafferano	saffron		
zucchero	sugar	**Espressioni utili**	**Useful phrases**
zuppa	soup	accidenti!	damn!
		a dopo	see you later
Aggettivi	**Adjectives**	a stasera	see you tonight
abituale	regular	avere fame	to be hungry
affumicato/a	smoked	avere ragione	to be right
carino/a	pretty	campo da tennis	tennis court
commovente	moving	che peccato!	what a shame!
felice	happy	dai	come on
frizzante	sparkling	di nuovo	again
giovane	young	è vero	it's true
magnifico/a	magnificent	guarda	well
minerale	mineral	in punto	on the dot
misto/a	mixed	in ritardo	late
naturale	still (water)	fare in fretta	to be quick
noioso/a	boring	fare tardi	to be late
ottimo/a	very good	frutti di mare	seafood
pronto/a	ready	oltre a	besides
prossimo/a	next	patatine fritte	chips
puntuale	punctual	perché no?	why not?
romantico/a	romantic	pesce spada	swordfish
scarico/a	flat, run-down	pronto!	hello! (telephone)
solito/a	usual	qualcos'altro	something else
		scherzi?	are you kidding?
		senti	listen

Problemi!

In questa unità imparerai a

★ **Parlare di malattie**

★ **Spiegare sintomi**

★ **Comprare medicine**

★ **Parlare del dosaggio**

★ **Proibire**

★ **Denunciare un furto**

★ **Descrivere eventi passati**

★ **Fare una descrizione fisica delle persone**

Ripasso

Cosa riesci a ricordare?

Nell'Unità 5 hai imparato a dare indicazioni stradali e ad usare l'imperativo. Ora sostituisci con l'imperativo i verbi sottolineati nelle frasi seguenti.

a) Se non stai bene, <u>devi andare</u> dal medico.

b) Ragazzi, prima di guardare la TV, <u>dovete finire</u> i compiti.

c) Signora, <u>deve parlare</u> con il direttore.

d) <u>Dobbiamo uscire</u> subito, altrimenti perdiamo il treno.

e) <u>Devi andare</u> in segreteria e <u>devi chiedere</u> un modulo d'iscrizione.

f) <u>Dovete andare</u> dritto e poi <u>dovete prendere</u> la prima strada a sinistra.

g) <u>Devi partire</u> stasera con il treno delle 17:00.

h) Signore, <u>deve girare</u> a destra e poi <u>deve attraversare</u> la piazza.

i) <u>Dovete consegnare</u> il compito venerdì prossimo, entro le 12.

j) Se volete migliorare il vostro italiano, <u>dovete frequentare</u> le lezioni.

Antipasto

 1 *Abbina i nomi nel riquadro alle parti del corpo.*

1 _____
2 _____
3 _____
4 _____

5 _____
6 _____
7 _____
8 _____
9 _____
10 _____

| il naso |
| il piede |
| gli occhi |
| la mano |
| i capelli |
| la gamba |
| il dito |
| la testa |
| il braccio |
| il ginocchio |

 2 *Con l'aiuto del dizionario, cerca il plurale delle seguenti parti del corpo.*

a) Il piede: _____

b) L'orecchio: _____

c) Il braccio: _____

d) La gamba: _____

e) La mano: _____

f) Il dito: _____

g) Il ginocchio: _____

h) La spalla: _____

 3 *A turno con un compagno, indica una parte del tuo corpo. Il tuo compagno deve dire la parte del corpo indicata. Cerca di includere tutte le parole che hai appena imparato.*

Primo piatto

Un problema di salute

 1

Al ritorno dall'università, Pierre trova Richard in cucina mentre beve una tazza di tè. Ascolta la conversazione e scopri cos'è successo. Poi spunta la casella corretta.

a) Richard
  ❏ è appena tornato dall'università.
  ❏ non è andato all'università.

b) Richard
  ❏ ha la febbre.
  ❏ ha la tosse.

c) Richard
  ❏ non ha trovato medicine in casa.
  ❏ ha preso delle aspirine.

 2

Con un compagno, prima leggi il dialogo ad alta voce e poi trova il corrispondente italiano delle espressioni seguenti.

Pierre Ciao, Richard! Sei tornato presto oggi!
Richard Veramente non sono uscito affatto.
Pierre Dio mio, hai una faccia! Ma cosa ti è successo?
Richard Non mi sento molto bene.
Pierre Cos'hai?
Richard Ho un forte raffreddore, ho mal di gola e una brutta tosse.
Pierre Deve essere l'influenza. Hai la febbre?
Richard No, non credo.
Pierre Hai preso delle medicine?
Richard No, non abbiamo niente in casa e non mi sento di uscire.
Pierre Va bene, guarda, esco io a comprarle. Ma tu torna a letto adesso.

> **vocabolario**
>
> affatto: *at all*
> dio mio: *goodness*
> hai una faccia!:
> *you look bad*
> raffreddore: *cold*
> mal di gola: *sore throat*
> tosse: *cough*
> febbre: *temperature*
> non mi sento:
> *I don't feel like*

a) I have a bad cold.
b) You look bad.
c) I have a sore throat.
d) Have you taken any medicine?
e) I don't feel very well.
f) I'll go and buy them.
g) Do you have a temperature?
h) Go back to bed now.
i) It must be flu.
j) I don't feel like going out.

 3

Fai le seguenti domande ad un compagno che risponderà in italiano.

a) Perché Richard non è andato all'università?

b) Cos'ha Richard?

c) Perché non ha preso delle medicine?

d) Perché non è andato in farmacia?

4 Osserva i disegni e scegli l'espressione appropriata nel riquadro.

Ho mal di testa
Ho mal di denti
Ho mal di pancia
Ho mal di gola
Ho la meningite
Ho mal di stomaco
Ho mal di schiena
Ho l'asma
Ho l'allergia
Ho la febbre da fieno

a   b   c

d   e   f

  5 *Chiedi al tuo compagno cos'ha. Poi fai la stessa domanda ad almeno altri sei studenti e riporta i risultati. Ogni studente deve scegliere una delle espressioni precedenti.*

Esempio: – Cos'hai, John?
          – Ho mal di testa.
          – John ha mal di testa.

6 *Osserva le seguenti figure e spunta le medicine che pensi Pierre comprerà.*

pastiglie   **pomata**   **supposte**   **sciroppo**   **pasticche**

 7 *Mentre Richard torna a letto, Pierre va in farmacia. Ascolta la conversazione e controlla per vedere se avevi ragione.*

8

Ascolta di nuovo il dialogo e spunta le parole che senti. Poi riporta la traduzione inglese.

- pomata
- antibiotici
- aspirina
- compresse
- sciroppo

- supposte
- pastiglie
- vitamine
- capsule
- pasticche

9

Completa le frasi con l'espressione giusta della colonna di destra. Poi ascolta di nuovo e controlla.

Vorrei qualcosa	serve la ricetta.
Le do	lo deve prendere?
Per gli antibiotici	uno o due cucchiai.
C'è questo sciroppo	che ha attacchi di tosse.
Quando	per il raffreddore.
Può prenderlo ogni volta	per la tosse che è molto efficace.
Ne prende	pasticche da sciogliere in bocca.
Per il mal di gola abbiamo queste	queste pastiglie.

vocabolario

serve: *is needed*
ricetta: *prescription*
efficace: *effective*
attacchi di tosse:
   fits of coughing
cucchiai: *spoonfuls*
sciogliere: *to melt/to suck*

10

Traduci le frasi seguenti in inglese.

a) *Pastiglie:*   Le prenda tre volte al giorno, prima dei pasti.

b) *Compresse:*   Ne prenda una ogni otto ore, dopo i pasti.

c) *Supposte:*   Ne metta una la mattina e una la sera.

d) *Sciroppo:*   Ne prenda 1–2 cucchiai fino a 3–4 volte al giorno.

★ Nota culturale

In Italy you buy medicines at the chemist, but not at the supermarket. Pharmacists are knowledgeable and are able to give advice and to suggest medicines for a wide range of symptoms. If you feel ill, it's a good idea to go to the chemist first. Many medicines can be bought without a doctor's prescription, but you do need one for antibiotics.

11 Questi brevi dialoghi sono tratti dalle conversazioni precedenti. Prova a completarli con i pronomi mancanti.

Pierre	Hai preso delle medicine?
Richard	No, non abbiamo niente in casa e non _____ sento di uscire.
Pierre	Va bene, guarda, esco io a comprar_____ .

Pierre	Vorrei qualcosa per il raffreddore, per favore.
Farmacista	Sì. _____ do queste pastiglie, va bene?
Pierre	Senta, il mio amico ha anche mal di gola e la tosse. _____ può dare qualcosa?
Farmacista	Sì. C'è questo sciroppo per la tosse che è molto efficace.
Pierre	Bene. Quando _____ deve prendere?
Farmacista	Può prender_____ ogni volta che ha attacchi di tosse. _____ prende uno o due cucchiai. Poi, per il mal di gola, abbiamo queste pasticche da sciogliere in bocca. _____ può prendere ogni tre o quattro ore.

12 Riesci ad elaborare una regola relativa alla posizione dei pronomi?

Positions of pronouns

■ Reflexive, direct object and indirect object pronouns are normally placed before a conjugated verb.

*A che ora **ti** alzi quando vai all'università?*
*Questo vestito è bellissimo. **Lo** compro subito.*
***Ti** piace il cinema italiano?*
*Carlo **si** è slogato il polso.*
*Il videoregistratore non funziona. **L'**ha rotto Claudio.*

■ When a pronoun is the object of an infinitive, it follows the infinitive and is joined to it. The infinitive drops the final vowel.

*Sei un po' pallida. Prova a truccar**ti** un po'.*
*Tom ed io abbiamo litigato ed ora non ho il coraggio di veder**lo**.*
*Quando pensi di telefonar**gli**?*

■ If the infinitive is preceded by the verbs **dovere**, **potere**, **volere** and **sapere**, the pronouns may either be joined to the infinitive or placed before those verbs.

*Domani devo alzar**mi** prima del solito.*
*Domani **mi** devo alzare prima del solito.*

*Vorrei comprare questo televisore. Posso pagar**lo** a rate?*
*Vorrei comprare questo televisore. **Lo** posso pagare a rate?*

*Il professor Grimaldi vuole parlar**ti**.*
*Il professor Grimaldi **ti** vuole parlare.*

*Scusi, sa dir**mi** dov'è il centro sportivo?*
*Scusi, **mi** sa dire dov'è il centro sportivo?*

Primo piatto

Centottantacinque **185**

13 Chiedi al tuo compagno …

a) se ha comprato le medicine.

b) se ti può dare qualcosa per l'influenza.

c) quando devi prendere le pastiglie/lo sciroppo/gli antibiotici ecc.

d) se ha visitato l'Italia.

e) se ha visto l'ultimo film di Benigni.

f) quando deve dare l'esame d'italiano.

g) se può telefonarti domani.

h) se vuole passare a trovarti.

Il tuo compagno risponderà usando i pronomi.

Esempio: – Hai comprato le medicine?
– Sì, le ho comprate.

14 **A** *La salute di Richard è peggiorata. Pierre ha dovuto chiamare il medico. Ascolta il dialogo e decidi se le seguenti affermazioni sono vere o false.*

		Vero	**Falso**
a)	Richard ha la febbre da due giorni.	_____	_____
b)	Richard ha trentanove e mezzo di febbre.	_____	_____
c)	Richard ha l'influenza.	_____	_____
d)	Richard deve prendere gli antibiotici dopo i pasti.	_____	_____
e)	Richard chiede al medico se può bere alcolici.	_____	_____
f)	Il medico gli prescrive lo sciroppo per la tosse.	_____	_____
g)	Il medico gli dice che può fumare ogni tanto.	_____	_____

B *Adesso leggi il dialogo con un compagno.*

Medico	Buongiorno, Richard. Come ti senti?
Richard	Buongiorno, dottore. Ho la febbre alta.
Medico	Da quando?
Richard	Da ieri sera.
Medico	All'improvviso?
Richard	Be', no. È iniziato tutto un paio di giorni fa con un raffreddore, il mal di gola e la tosse. Poi, ieri sera, ho cominciato ad avere i brividi e mi sono misurato la temperatura.
Medico	E quanta febbre hai?
Richard	Trentanove e mezzo.
Medico	Vediamo… Respira a lungo …. Ancora una volta… Bene. Ora tossisci…. Di nuovo… Ed ora, apri la bocca… . È un'influenza con bronchite acuta. Ti prescrivo delle capsule. Sono antibiotici.

Richard	Quando li devo prendere?
Medico	Tre al giorno, dopo i pasti. Non bere alcolici mentre prendi gli antibiotici.
Richard	Va bene. Mi prescrive anche qualcosa di più forte per la tosse?
Medico	No, per la tosse puoi continuare a prendere quello sciroppo.
Richard	Bene. Grazie, dottore.
Medico	Prego. E, mi raccomando: non uscire, non prendere freddo e, soprattutto, non fumare.
Richard	Ma io non fumo!
Medico	Bene. Tanto meglio! Vengo a trovarti di nuovo tra un paio di giorni.

v o c a b o l a r i o

all'improvviso: *suddenly*

avere i brividi: *to shiver*

mi sono misurato la temperatura:
  I took my temperature

respira: *breathe!*

tossisci: *cough!*

mi raccomando: *please*

prendere freddo:
  to catch cold

fumare: *to smoke*

 15

Riascolta il dialogo dell'Attività 14 e rispondi, in italiano, alle seguenti domande.

a) Da quando ha la febbre Richard?

b) Quando sono cominciati i sintomi?

c) Quanta febbre ha?

d) Qual è la diagnosi del medico?

e) Cosa gli prescrive il medico?

f) Che cosa non deve fare Richard?

★ **Nota culturale**

All Italian citizens are entitled to free medical treatment. They receive a card with a personal number (**la tessera sanitaria**) from the National Health Service (**il Servizio Sanitario Nazionale**). They choose a doctor (**il medico di base**) from the list in the area where they live. Doctors may visit their patients on request, prescribe medicines and arrange specialist visits, diagnostic tests and admission to hospital. At weekends and in the evening, a locum service (**la guardia medica**) replaces the **medico di base**.

Italians pay a fixed amount per prescription (**il ticket**), plus a percentage of the cost of each medicine, usually 20–30%. Those on a low income or suffering from certain illnesses are exempt from paying prescription charges.

16 Immagina di non sentirti bene. Il tuo compagno farà la parte del medico. Poi scambiatevi i ruoli.

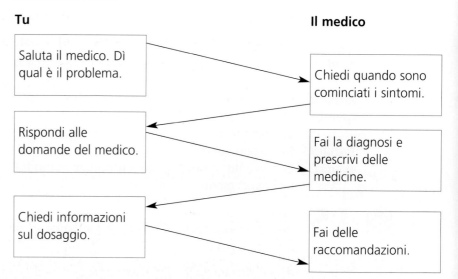

Tu	Il medico
Saluta il medico. Dì qual è il problema.	Chiedi quando sono cominciati i sintomi.
Rispondi alle domande del medico.	Fai la diagnosi e prescrivi delle medicine.
Chiedi informazioni sul dosaggio.	Fai delle raccomandazioni.

17 Nel dialogo dell'Attività 14, il medico ha proibito a Richard di fare alcune cose. Quale forma verbale ha usato?

The negative imperative

■ In the **tu** form, the negative imperative is formed by using **non** + the infinitive.

Non uscire!
Non bere alcolici!

■ In the plural and in the **Lei** form, you use **non** + the affirmative imperative.

Ragazzi, non prendete freddo.
Signora, non vada al museo oggi. È chiuso.

18

Tocca a te proibire al tuo compagno di fare delle cose. Cosa gli dici se lui . . .

a) usa i tuoi CD.

b) ascolta la musica ad alto volume.

c) prende la tua macchina senza chiedere il permesso.

d) guarda la TV mentre tu studi.

e) ti disturba.

f) quando prepara i pasti, sporca troppo la cucina.

Esempio: Non usare i miei CD.

19

Guarda i disegni e abbina i divieti nel riquadro alle figure.

a

b

c

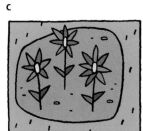

d

e

f

Non parlare al cellulare **Non fumare** **Non calpestare le aiuole**

Non guidare lo scooter senza il casco **Non usare il computer**

Non correre **Non bere**

Secondo piatto

Ci hanno rubato le borse!

Abbina i nomi nel riquadro alle figure.

a

b

c

d

e

f

carta di credito	soldi	telefonino
chiavi	passaporto	patente

Richard è, finalmente, guarito. Ora può andare a passare una giornata al mare con Michela. Ma non tutto finisce bene. A fine giornata, li ritroviamo al Commissariato di Polizia. Ascolta la prima parte della conversazione e decidi se le seguenti affermazioni sono vere o false.

		Vero	Falso
a)	Michela e Richard hanno dimenticato le borse sotto l'ombrellone.	_____	_____
b)	Richard è andato a fare il bagno.	_____	_____
c)	Richard è andato al bar.	_____	_____
d)	Un ragazzino è scappato con le borse.	_____	_____
e)	Il ragazzino è salito su una macchina.	_____	_____

3

Riascolta il dialogo dell'Attività 2 e spunta le frasi nella tabella appena le senti. Poi abbina le frasi italiane alle corrispondenti frasi inglesi.

Italiano	Inglese
Dobbiamo denunciare un furto.	The bags were under the umbrella.
Ci hanno rubato le borse.	I saw a boy running away with the bags.
Le borse erano sotto l'ombrellone.	Since I was thirsty, I went to the bar for a moment.
Faceva molto caldo.	I was sunbathing.
Io prendevo il sole.	We have to report a theft.
Michela faceva il bagno.	It was very hot.
Siccome avevo sete, sono andato un attimo al bar.	Michela was bathing.
Ho visto un ragazzino che scappava con le borse.	We had our bags stolen.

  4

A *Leggi il dialogo con due compagni ad alta voce.*

Michela	Buongiorno. Dobbiamo denunciare un furto.
Poliziotto	Prego … Allora, cos'è successo?
Michela	Ci hanno rubato le borse.
Poliziotto	Dove?
Michela	In spiaggia. Le borse erano sotto l'ombrellone.
Poliziotto	E voi dov'eravate?
Michela	Faceva molto caldo ed io sono andata a fare il bagno.
Poliziotto	E Lei, dov'era?
Richard	Io prendevo il sole, mentre Michela faceva il bagno. Non sono andato anch'io in acqua perché non volevo lasciare le borse incustodite.
Poliziotto	E le borse erano ancora lì?
Richard	Sì, ma poi, siccome avevo sete, sono andato un attimo al bar a comprare una bibita e, mentre uscivo dal bar, ho visto un ragazzino che scappava con le borse e subito dopo saliva di corsa su uno scooter dove l'aspettava un altro ragazzo.
Poliziotto	Ha tardato molto al bar?
Richard	Appena due o tre minuti.

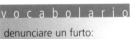

v o c a b o l a r i o

denunciare un furto:
  to report a theft
rubato: *stolen*
ombrellone: *beach umbrella*
fare il bagno: *to bathe*
incustodito: *unattended*
siccome: *since*
avevo sete: *I was thirsty*
attimo: *moment*
bibita: *soft drink*
di corsa: *at a run*

B *Chiedi ad un compagno le seguenti informazioni.*

a) Perché Michela e Richard sono al Commissariato di Polizia?

b) Dov'erano le borse?

c) Cosa faceva Richard?

d) Cosa faceva Michela?

e) Chi ha visto Richard mentre usciva dal bar?

f) Cosa faceva il ragazzino?

  5

Ascolta il resto della conversazione tra Michela, Richard e il poliziotto e riempi il dialogo con i verbi mancanti. Ascolta una battuta alla volta.

Poliziotto	_____ in uno stabilimento balneare?
Richard	No, _____ una spiaggia libera.
Poliziotto	E com' _____ questo ragazzino?
Richard	Io non sono riuscito a vederlo bene, ma una signora in spiaggia mi ha detto che _____ abbastanza alto e magro. _____ i capelli lunghi e neri e la pelle abbastanza scura. _____ anche un tatuaggio sul braccio destro.
Poliziotto	Quanti anni _____ più o meno?
Richard	Quindici o sedici anni.
Poliziotto	Di che colore _____ le borse?
Michela	La mia _____ blu e la sua rossa.
Poliziotto	Cosa c'_____ dentro?
Richard	C'_____ dei soldi, il telefonino, il passaporto, le chiavi, la carta di credito…
Michela	Nella mia c'_____ anche la tessera sanitaria, il blocchetto degli assegni, la carta di debito e la patente.
Poliziotto	Bene. Firmate qui.

  6

Ritorna alle conversazioni (Attività 4 e 5) e sottolinea le forme dei verbi che non riconosci. Da quale infinito derivano? Cosa riesci a dire su questa nuova forma verbale?

 7

A *Riempi gli spazi con le persone mancanti dei verbi nella tabella.*

	aspettare	avere	uscire	essere
(io)	aspettavo			ero
(tu)	aspettavi	avevi	uscivi	eri
(lui/lei)			usciva	
(noi)	aspettavamo	avevamo	uscivamo	eravamo
(voi)	aspettavate	avevate	uscivate	
(loro)	aspettavano	avevano	uscivano	

B *Insieme con un compagno, cerca, nella prima parte del dialogo (Attività 4), l'imperfetto del verbo 'fare'. Trovi delle differenze tra 'fare' e 'aspettare'? Riesci, adesso, a formare l'imperfetto di 'fare'? Completa la tabella.*

fare

(io)	
(tu)	
(lui/lei)	
(noi)	
(voi)	
(loro)	

The imperfect

The imperfect describes:

■ Time, age, weather, physical and mental states in the past and conditions around a past action.

> *Quanti anni aveva?*
> *Faceva molto caldo.*
> *Aveva i capelli lunghi e neri.*
> *Avevo sete.*
> *Non sono andato in acqua perché non volevo lasciare le borse incustodite.*

■ A repeated action in the past.

> *Da bambino Enrico guardava sempre i cartoni animati* (cartoons).

■ An action in progress in the past, while another action was happening or was completed.

> *Io prendevo il sole, mentre Michela faceva il bagno.*
> *Mentre uscivo dal bar, ho visto un ragazzino.*

★ Nota culturale

Lidos (private beaches) are owned by the State and operate under franchise. The operator provides facilities such as umbrellas, deckchairs, toilets, a bar, a lifeguard etc., and keeps the beach and facilities clean. Lidos are available to everyone, but there is a charge for their use. Charges vary greatly from one resort to another, but typically €15 per day would get you the use of an umbrella and two deckchairs plus access to the other facilities. The use of lidos has increased in recent years and they can now be found everywhere in Italy. Public beaches, also owned by the State, are available to everyone free of charge, but offer no facilities.

8

Leggi il vocabolario nella tabella seguente e cerca di capire il significato.

ragazzo, uomo, donna	alto/a, basso/a, magro/a, grasso/a, robusto/a
naso	grande, piccolo, largo
occhi	grandi, piccoli, neri, grigi, castani, verdi, blu
capelli	lunghi, corti, ricci, lisci, neri, grigi, castani, biondi, rossi
viso	quadrato, rotondo, ovale

 **9**

Immagina di essere stato testimone di un furto. Descrivi il ladro (qualcuno nella classe) a due tuoi compagni che cercheranno di indovinare. Puoi usare il vocabolario contenuto nella tabella precedente. Poi scambiatevi i ruoli.

Esempio: Era abbastanza alto e magro. Aveva i capelli lunghi e neri …

 **10**

Chiedi ad alcuni compagni di parlare delle loro vacanze. Puoi fare le seguenti domande. I tuoi compagni possono parlare delle attività nelle figure. Poi riferisci le informazioni al resto della classe.

a) Dove passavi le vacanze da bambino?

b) Con chi andavi in vacanza?

c) Cosa facevi la mattina?

d) Cosa facevi il pomeriggio?

Giocare a pallone **Giocare con l'aquilone** **Giocare a nascondino** **Andare in bicicletta**

Giocare a cricket **Fare il bagno** **Andare a cavallo** **Fare passeggiate**

11 *Chiedi al tuo compagno cosa faceva mentre …*

… la sua amica nuotava.

… il suo compagno d'appartamento guardava la TV.

… l'insegnante spiegava l'imperfetto.

… i suoi amici giocavano a tennis.

… il suo compagno dormiva.

Esempio: – Cosa facevi mentre la tua amica nuotava?
       – Prendevo il sole.

  **12** *Chiedi al tuo compagno cos'è successo mentre …*

a) … prendeva il sole.   (L'ombrellone vola via)

b) … faceva il bagno.   (Il ragazzo chiede aiuto)

c) … aspettava l'autobus.   (Succede un incidente)

d) … andava in biblioteca.   (Il ragazzino ruba la borsa)

e) … ascoltava la musica.   (Lo stereo si rompe)

Esempio: – Cos'è successo mentre prendevi il sole?
       – L'ombrellone è volato via.

  13 *Per finire, fai le seguenti domande al tuo compagno. Poi riferisci le informazioni al resto della classe.*

Esempio: – Perché hai mangiato poco?
       – Perché non avevo molta fame.

■ Perché hai mangiato poco?
■ Perché non sei uscito/a ieri sera?
■ Perché non sei venuto/a alla lezione d'italiano?
■ Perché sei andato/a a letto tardi ieri sera?
■ Perché sei andato/a al bar?

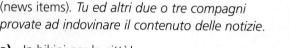

Contorno

Vacanze da dimenticare

  1

Leggi i seguenti titoli relativi a due notizie di cronaca (news items). Tu ed altri due o tre compagni provate ad indovinare il contenuto delle notizie.

a) In bikini per la città!

b) Attenzione alle nuove amicizie!

  2

Leggi le parole contenute nei due riquadri. Insieme con i compagni, prova ad indovinare a quale notizia si riferiscono.

ragazzi discoteca	camera notte	albergo svegliati	ristorante soldi

automobile spiaggia	vestiti bagno	zaini città	parcheggio a piedi

 3

Ascolta la prima notizia e decidi se le seguenti affermazioni sono vere o false.

		Vero	*Falso*
a)	Emma e Benedetta erano in vacanza a Bolzano.	____	____
b)	I ladri hanno rubato la loro macchina.	____	____
c)	L'auto era di loro proprietà.	____	____
d)	Nell'auto c'erano i loro vestiti.	____	____
e)	L'auto era in un parcheggio.	____	____
f)	Le ragazze facevano il bagno.	____	____
g)	Le ragazze hanno nuotato a lungo.	____	____
h)	Le ragazze sono andate in città in bikini.	____	____

4

Ascolta di nuovo la prima notizia e abbina le frasi italiane alle corrispondenti frasi inglesi.

Inglese	**Italiano**
The two girls were robbed of their car.	Le due ragazze si erano fermate a fare il bagno.
The theft occurred in an unattended car park.	Si sono dirette verso la città vicina.
The two girls had stopped to bathe.	Le due ragazze sono state derubate dell'automobile.
The two friends went back to the car.	La macchina era sparita.
The car had disappeared.	Le due amiche sono tornate verso la macchina.
They set out for the nearby town.	Il furto è avvenuto in un parcheggio incustodito.

  5

Ascolta la seconda notizia e rispondi alle seguenti domande.

a) Di cosa parla la notizia?

b) Dov'erano Enrico e Roberto?

c) Chi hanno conosciuto?

d) Cosa hanno accettato di fare Enrico e Roberto?

e) Dove hanno passato la notte?

f) Cosa hanno scoperto il giorno dopo?

  6

Ascolta di nuovo la seconda notizia e completa le frasi della prima colonna con l'espressione corretta della seconda.

Un'altra notizia	di prenotare una camera in albergo.
I due hanno presto fatto	erano spariti con i loro soldi, la loro macchina fotografica e i loro vestiti.
Enrico e Roberto hanno accettato	riguardante un furto.
Sono usciti per	baldoria a ballare e a bere.
Hanno passato una notte di	amicizia con altri due ragazzi stranieri.
I due nuovi amici	andare al ristorante e poi in discoteca.

7 Completa il riassunto della seconda notizia con le parole del riquadro.

Un'altra notizia riguardante un _____. Due _____ di Bologna, Enrico Termini e Roberto Vicentino, erano in vacanza all'_____ e hanno conosciuto due ragazzi _____ . I quattro hanno _____ una camera in albergo e, dopo, sono andati al _____ e poi in _____. Hanno passato la _____ a _____ e a bere.
Quando si sono _____, il giorno dopo, si sono accorti che i due nuovi amici erano _____ con i loro soldi, la loro macchina fotografica e i loro _____ .

stranieri	discoteca	furto	svegliati
prenotato	ballare	amici	notte
vestiti	ristorante	estero	spariti

8 Racconta la storia al tuo compagno e poi al resto della classe.

9 Scrivi otto parole che il termine 'furto' ti fa venire in mente.

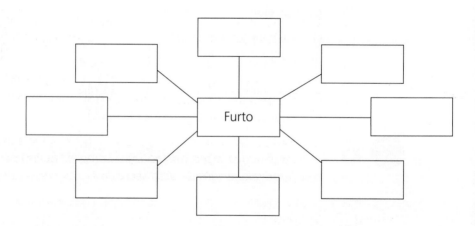

Furto

10 Tu e il tuo compagno raccontate una disavventura che vi è capitata durante una vacanza. Poi, a turno, riferite le informazioni ad altri compagni che prenderanno appunti e riferiranno al resto della classe.

Dolci

Pronuncia e Ortografia

■ I trittonghi

A *Ascolta le parole e ripeti.*

B *Ora riascolta e scrivi le parole. Mentre riascolti, sottolinea la vocale accentata delle parole.*

> ■ When an accented vowel is preceded and followed by a non accented vowel (normally *i* and *u*), the three vowels form a triphthong.
>
> *a-iuo-la*

Il tuo portfolio

Questi sono alcuni compiti, basati sul materiale di questa unità, che puoi inserire nel tuo portfolio.

1

■ Immagina di non sentirti bene al ritorno a casa dall'università. Parla dei tuoi malesseri/sintomi con il tuo compagno d'appartamento e registra il dialogo. Poi scambiatevi i ruoli.

■ Trova un amico di madrelingua italiana e registra un dialogo in cui compri delle medicine. Spiega il problema e chiedi informazioni sul dosaggio. Il tuo amico farà la parte del farmacista.

■ Adesso registra un dialogo tra te e il medico. Il tuo amico farà la parte del medico e ti chiederà cos'hai e quando sono cominciati i sintomi. Poi farà la diagnosi, ti prescriverà delle medicine e ti farà delle raccomandazioni.

2

■ Trova, in rete, degli esercizi di grammatica relativi ai punti grammaticali che hai studiato in questa unità. Completa gli esercizi online, poi stampali e aggiungili al tuo portfolio.

3

■ Con un amico di madrelingua italiana, registra un dialogo in cui denunci un furto alla polizia. Descrivi la situazione, gli oggetti rubati e fornisci una descrizione fisica dettagliata del ladro. Il tuo amico farà la parte del poliziotto. Poi scambiatevi i ruoli.

4 ■ Torna al **Contorno** (pagina 196). Riascolta la notizia di cronaca 'In bikini per la città!' e annota le espressioni equivalenti a quelle elencate.

a) A noleggio: _____

b) Nelle vicinanze: _____

c) Caldissimo: _____

d) Angoscia: _____

e) Si sono avviate: _____

f) Meravigliati: _____

■ *Ora cerca su un giornale una o due notizie di cronaca e fai un breve riassunto in italiano. Non dimenticare di inserire l'originale nel tuo portfolio.*

Digestivo

■ Le parti del corpo nascoste

Prova a cercare le parole del riquadro nella seguente tabella.

c	h	e	g	b	e	l	n	a	g
s	b	r	a	c	c	i	a	i	i
n	o	c	m	a	n	i	h	e	n
p	c	r	b	d	h	a	f	o	o
i	c	_	e	r	m	i	c	h	c
e	a	n	i	c	n	c	h	e	c
d	t	a	b	o	c	c	h	i	h
i	e	s	l	n	a	h	s	_	i
o	n	o	c	h	e	h	i	a	a
f	o	r	m	i	c	o	n	e	_

braccia	mani	ginocchia	occhi	piedi
naso	orecchie	denti	bocca	gambe

Le lettere che rimangono formano quattro versi della filastrocca (nursery rhyme) 'Le formichine'. Quali sono?

Ripasso

Ora sei in grado di

★ *Parlare di malattie*

★ *Spiegare sintomi*

★ *Comprare medicine*

★ *Parlare del dosaggio*

★ *Proibire*

★ *Denunciare un furto*

★ *Descrivere eventi passati*

★ *Fare una descrizione fisica delle persone*

★ *Usare i pronomi nell'ordine corretto*

★ *Usare l'imperativo negativo*

★ *Usare l'imperfetto dei verbi regolari e dei verbi irregolari 'essere' e 'fare'*

Svolgi i seguenti esercizi e ripassa il materiale su cui non ti senti sicuro prima di procedere all'Unità 9.

Metti le frasi seguenti nell'ordine corretto.

1 Finito / a / lo / subito / ma / sciroppo / vado / è / comprarlo.

2 Scorsa / tosse / ho / la / dormito / per / notte / non / la.

3 Comprare / gli / ricetta / per / serve / la / antibiotici.

4 Queste / tre / deve / giorno / pastiglie / volte / prendere / al.

5 Devo / e / febbre / chiamare / il / ho / alta / medico / la.

B *Adesso completa le frasi seguenti con i pronomi.*

1 Direttore, posso parlar_____ un momento?

2 Emanuela, _____ puoi prestare il CD di Eros Ramazzotti?
Mi dispiace, non posso. _____ ho prestato al mio ragazzo.

3 Hai già telefonato al medico?
No. Cerco di telefonar _____ più tardi.

4 Ho conosciuto una splendida ragazza. _____ devo rivedere subito e
_____ voglio chiedere di uscire con me.

C

Adesso riscrivi le frasi dell'esercizio B e, dov'è possibile, cambia l'ordine dei pronomi.

D

Di' al tuo compagno quello che deve fare e non deve fare se:

1 Vuole dimagrire.

2 Ha la tosse.

3 È depresso.

4 Beve troppo.

5 È molto stanco.

6 La ragazza l'ha lasciato.

E

Con un compagno, completa la tua parte dell'esercizio ad alta voce. Poi scambiatevi i ruoli.

A Buongiorno. Desidera?
B *Say you have to report a theft.*
A Cosa Le hanno rubato?
B *Say you had your suitcase stolen.*
A Dov'è successo?
B *Say you were at the station and the suitcase was near you.*
A Quando?
B *Say it happened two hours ago.*
A Com'è successo?
B *Say it happened while you were calling a taxi.*
A Di che colore era la valigia?
B *Say it was brown.*
A Cosa c'era nella valigia?
B *Say there were items of clothing: trousers, shirts, swimming costume etc.*
A Ha qualche sospetto?
B *Say you have seen a young boy around.*
A L'ha visto mentre prendeva la valigia?
B *Say no, but after your suitcase disappeared the young boy also disappeared.*
A E com'era questo ragazzino?
B *Say he was tall and slim. He had dark eyes and dark, long and straight hair. He also had several tattoos.*
A Quanti anni aveva?
B *Say he was about seventeen years old.*
A Bene. Può firmare questo modulo, per cortesia?
B *Certainly.*
A Bene. Grazie.
B *Say you're welcome.*

Vocabolario

Nomi	Nouns
alcolici (m. pl.)	wines and spirits
allergia	allergy
antibiotico	antibiotic
asma	asthma
aspirina	aspirin
attacco	fit
attimo	moment
automobile (f.)	car
baldoria	fun, good time
bibita	soft drink
bronchite (f.)	bronchitis
capsula	capsule
casco	helmet
chiave (f.)	key
clima (m.)	climate
compressa	tablet
conoscente (m. e f.)	acquaintance
cucchiaio	spoonful
denaro	money
diagnosi (f.)	diagnosis
disperazione (f.)	despair
documento	document
donna	woman
dosaggio	dosage
febbre (f.)	temperature
furto	theft
influenza	flu
medicina	medicine
meningite (f.)	meningitis
notizia	news item
nuotata	swim
ombrellone (m.)	beach umbrella
passante (m. e f.)	passer-by
passaporto	passport
pasticca	lozenge
pastiglia	tablet
pasto	meal
patente (f.)	driving licence
pomata	ointment
raccomandazione (f.)	advice
raffreddore (m.)	cold
ricetta	prescription
sciroppo	syrup
segreteria	secretariat
sgomento	dismay
signora	lady, woman
sintomo	symptom
soldi (m. pl.)	money
supposta	suppository
tatuaggio	tattoo
temperatura	temperature
tosse (f.)	cough
uomo	man
vestiti (m. pl.)	clothes
vitamina	vitamin
zaino	rucksack

Aggettivi	Adjectives
acuto/a	acute
biondo/a	blond
blu (inv.)	(dark) blue
caldo/a	warm, hot
castano/a	brown
corto/a	short
disastroso/a	disastrous
efficace	effective
forte	bad; strong
freddo/a	cold
grasso/a	fat
grigio/a	grey
incustodito/a	unattended
largo/a	wide
liscio/a	straight
magro/a	slim
necessario/a	necessary
ovale	oval
quadrato/a	square
riccio/a	curly
robusto/a	well-built
rotondo/a	round
stupito/a	astonished
torrido/a	torrid
tropicale	tropical

Verbi	Verbs
accadere	to happen, to occur
accettare	to accept
accorgersi	to find out
avvenire	to happen, to occur
condividere	to share
consegnare	to hand in
contenere	to contain
correre	to run
credere	to believe, to think
denunciare	to report
derubare	to rob
dimenticare	to forget
dirigersi	to set out
fermarsi	to stop
firmare	to sign
fumare	to smoke
guidare	to drive
prescrivere	to prescribe
respirare	to breathe
riguardare	to concern, to regard
rompere	to break
rubare	to steal
salire	to get on
scappare	to run away

sciogliere	*to melt, to suck*	in preda a	*mad with*
servire	*to need*	in prossimità di	*not far from, near*
sparire	*to disappear*	in tutto	*all together*
succedere	*to happen*	macchina fotografica	*camera*
tardare	*to be late, to be long*	mal di gola	*a sore throat*
tossire	*to cough*	mi raccomando	*please*
volare	*to fly*	misurarsi la temperatura	*to take one's temperature*
		modulo d'iscrizione	*application form*
Altre parole	**Other words**	non credo	*I don't think so*
affatto	*at all*	prendere in affitto	*to hire*
altrimenti	*otherwise*	più o meno	*more or less, approximately*
dentro	*inside*	spiaggia libera	*public beach*
entro	*within*	stabilimento balneare	*lido, bathing establishment*
mentre	*while, whilst*	tanto meglio!	*so much the better!*
prego	*you're welcome*	tessera sanitaria	*medical card*
presto	*soon*	un altro, un'altra	*another*
senza	*without*	un paio di	*a couple of*
siccome	*as, since*		
verso	*towards*	**Parti del corpo**	**Parts of the body**
		bocca	*mouth*
Espressioni utili	**Useful phrases**	braccio	*arm*
a base di	*based*	capelli (m. pl.)	*hair*
all'improvviso	*suddenly*	dito	*finger*
a piedi	*on foot*	gamba	*leg*
a piedi scalzi	*barefoot*	gola	*throat*
avere i brividi	*to shiver*	ginocchio	*knee*
avere sete	*to be thirsty*	mano (f.)	*hand*
carta di credito	*credit card*	naso	*nose*
carta di debito	*debit card*	occhio	*eye*
come ti senti?	*how do you feel?*	orecchio	*ear*
cosa ti è successo?	*what happened to you?*	pancia	*stomach, belly*
di corsa	*at a run*	pelle (f.)	*skin*
Dio mio!	*goodness!*	piede (m.)	*foot*
fare amicizia	*to become friends*	schiena	*back*
fare il bagno	*to bathe*	spalla	*shoulder*
febbre da fieno	*hay fever*	stomaco	*stomach*
hai una faccia!	*you look bad*	testa	*head*

Il mondo del lavoro

Indice dell'unità

Primo piatto: 208-213

Alla ricerca di un lavoro

Funzioni:	Parlare di lavoro; capire gli annunci; esprimere desideri; dare consigli; scrivere un CV
Vocabolario:	Professioni; aggettivi usati per descrivere i mestieri; informazioni personali
Grammatica:	Il condizionale presente dei verbi regolari e dei verbi irregolari 'cercare', 'dare', 'fare', 'stare'
Esercizi:	1–9C

Secondo piatto: 214-219

Il colloquio di lavoro

Funzioni:	Sostenere un colloquio di lavoro; descrivere i propri studi; descrivere le proprie motivazioni professionali
Vocabolario:	Lessico relativo alle esperienze professionali passate, agli studi, alla situazione lavorativa
Grammatica:	Il condizionale presente dei verbi irregolari 'andare', 'avere', 'dovere', 'essere', 'potere', 'volere'
Esercizi:	1–10B

Contorno: 220-221

La domanda d'impiego

Esercizi:	1–4

Dolci: 222-228

Pronuncia e Ortografia

Il tuo portfolio

Digestivo

Ripasso

Indice del vocabolario

unità **9** Il mondo del lavoro

In questa unità imparerai a

★ *Parlare di lavoro*

★ *Capire gli annunci di lavoro*

★ *Esprimere desideri*

★ *Dare consigli*

★ *Scrivere un CV*

★ *Sostenere un colloquio di lavoro*

★ *Descrivere i tuoi studi*

★ *Descrivere le tue motivazioni professionali*

★ *Scrivere la domanda d'impiego*

Ripasso

Cosa riesci a ricordare?

Nell'Unità 8 hai imparato a fare una descrizione fisica delle persone. Ora, a turno con un compagno, descrivi le persone nelle foto.

1

2

3

4

Antipasto

 Abbina la professione appropriata ad ogni foto.

1  2   3   4

5 6   7   8

la dentista	l'architetto	la ballerina
il pilota	l'uomo d'affari	il calciatore
il commesso	l'indossatrice	la segretaria
l'insegnante	il direttore d'orchestra	l'assistente di volo

 Quali dei seguenti aggettivi useresti per descrivere le suddette professioni?

- interessante
- creativo
- remunerativo
- facile
- difficile
- malpagato

- noioso
- faticoso
- precario
- entusiasmante
- gratificante
- impegnativo

  Prova a dire ad un compagno quale lavoro sceglieresti di fare e perché.

Esempio: Sceglierei di fare (la ballerina) perché è un lavoro (entusiasmante).

Primo piatto

Alla ricerca di un lavoro

Leggi i seguenti annunci di lavoro. Poi ascolta la conversazione e decidi quali sono gli annunci pubblicati.

a

Per importante compagnia aerea cerchiamo assistenti di volo ambosessi. Richiediamo la conoscenza dell'inglese e del francese, bella presenza, serietà.
Età 18 – 25 anni. Inviare curriculum a Casella Postale 251 – 20100 Milano

b

Libreria universitaria cerca commessi anche prima esperienza. Disponibilità immediata, bella presenza, età minima 18 anni. Possibilità part-time.
Telefonare ore ufficio al n. 075-638152

c

Azienda multinazionale cerca traduttori dal francese, inglese e tedesco, esperti in traduzioni tecniche. Telefonare al n. 075-593285

d

Cerchiamo insegnanti di tedesco e spagnolo con laurea in lingue. Solo madrelingua. Trattamento economico 18 euro all'ora. Inviare curriculum a Casella Postale 339 – 06100 Perugia

e

Cerchiamo animatori turistici ambosessi, bella presenza, età minima 18 anni per villaggi turistici. Telefonare 02-839264

f

Prestigioso ristorante di Perugia cerca camerieri ambosessi con esperienza, bella presenza e predisposizione ai contatti umani. Inviare curriculum a Ristorante Capriccio Piazza Matteotti, 8 06100 Perugia

 2

A *Richard e Pierre cercano un lavoro part-time. Li vediamo mentre leggono le offerte di lavoro su un giornale. Ascolta il dialogo. Qual è l'annuncio giusto per Pierre?*

v o c a b o l a r i o

al tuo posto: *if I were you*
contattarle:
  to contact them
traduttori: *translators*
esperto: *expert*
decisamente: *definitely*
rinunciare: *to give up*
disponibilità: *availability*
già: *indeed*
tu sei a posto:
  you are sorted
perdere: *to waste*

 B *Con un compagno, leggi il dialogo ad alta voce.*

Pierre	Hai trovato qualche annuncio interessante?
Richard	No, non direi.
Pierre	Che tipo di lavoro preferiresti fare?
Richard	Darei volentieri lezioni d'inglese, ma per non più di tre o quattro ore alla settimana.

Pierre	Guarda, qui cercano insegnanti di lingue.
Richard	Sì, ho letto. Ma cercano solo insegnanti di tedesco e di spagnolo.
Pierre	Al tuo posto, io telefonerei e chiederei se hanno bisogno anche di insegnanti d'inglese.
Richard	No, non è una buona idea. L'annuncio è chiaro.
Pierre	Va be', ci sono altre scuole di lingue a Perugia. Perché non provi a contattarle?
Richard	Non so. Forse farei meglio a mettere un annuncio nella bacheca dell'università.
Pierre	Sì, buona idea.
Richard	E tu hai trovato qualcosa d'interessante?
Pierre	No, non proprio. C'è un'azienda che cerca traduttori.
Richard	Sì, vedo. E tu sei esperto in traduzioni tecniche?
Pierre	Decisamente no.
Richard	Allora faresti meglio a rinunciare. Io, al tuo posto, sceglierei quest'altro. Vogliono immediata disponibilità e tu sei disponibile subito; soprattutto, offrono la possibilità del part-time ed è quello che vuoi, vero?
Pierre	Già, vero. Vado subito a telefonare.
Richard	Bene. Tu sei a posto. Mi daresti il giornale ora? Voglio dare ancora un'occhiata.
Pierre	Io non starei lì a perdere altro tempo. Piuttosto cercherei di preparare subito l'annuncio per la bacheca dell'università.

C *Trova l'equivalente italiano delle espressioni seguenti.*

a) You had better give up.

b) I'd be happy to teach English.

c) I'd choose this other one.

d) I wouldn't hang about wasting more time.

e) What kind of job would you prefer to do?

f) Would you give me the paper now?

g) Perhaps I had better put an advert on the university notice board.

h) I'd ring.

i) I'd try to prepare the advert now.

 3

Adesso fai le seguenti domande ad un compagno che risponderà in italiano.

a) Che tipo di lavoro preferirebbe fare Richard?

Richard preferirebbe dare _____

b) Perché non vuole telefonare alla scuola di lingue?

Non vuole telefonare perché _____

c) Dove pensa di mettere un annuncio?

Pensa di mettere un annuncio _____

d) Che consiglio gli dà Pierre?

Pierre gli consiglia di _____

e) Perché Pierre farebbe meglio a rinunciare al lavoro di traduttore?

Pierre farebbe meglio a rinunciare perché _____

f) Perché Richard gli consiglia di scegliere il lavoro di commesso?

Richard gli consiglia di scegliere il lavoro di commesso perché _____

4 *Ora chiedi al tuo compagno che tipo di lavoro part-time preferirebbe fare e perché.*

– Che tipo di lavoro preferiresti fare?
– Preferirei   dare lezioni di lingua.
               lavorare in un bar.
               fare il commesso.
               lavorare in una libreria.
               fare il cameriere.
               fare il ricercatore.
– Perché?
– Perché è un lavoro _____ (Vedi aggettivi a pagina 207) .

5 *Ritorna alla conversazione dell'Attività 2. Cosa riesci a dire su questa nuova forma verbale?*

6 **A** *Completa la tabella con le persone mancanti dei verbi al condizionale.*

	telefonare	**chiedere**	**dire**
(io)			
(tu)	telefoneresti	chiederesti	
(lui/lei)		chiederebbe	direbbe
(noi)	telefoneremmo	chiederemmo	
(voi)	telefonereste		direste
(loro)		chiederebbero	direbbero

B *Insieme con un compagno, cerca, nel dialogo, il condizionale dei verbi 'dare', 'fare', 'stare' e 'cercare'. Trovi delle differenze tra questi verbi e il verbo 'telefonare'? Riesci, adesso, a formare il condizionale? Prova a riempire la tabella seguente.*

	dare	fare	stare	cercare
(io)	darei	farei	starei	cercherei
(tu)				
(lui/lei)				
(noi)				
(voi)				
(loro)				

The conditional tense

■ The conditional corresponds to the English 'would' + verb and it is formed from the infinitive that drops the final **-e**.

-are verbs, however, change the **-a** to **-e** before adding the conditional endings. The endings of the present conditional are the same for all conjugations.

Telefonare: Telefonerei al direttore per un appuntamento.
Scegliere: Sceglierei un lavoro interessante.
Preferire: Preferirei fare un corso di musica.

■ Verbs in **-care** and **-gare**, like **cercare** and **pagare**, undergo a spelling change.

Cercare: Cercherei un lavoro part-time.
Pagare: Pagherei bene i dipendenti meritevoli.

■ The verbs **dare**, **fare** and **stare** do not undergo a stem change.

Dare: Darei volentieri lezioni d'italiano.
Fare: Farei volentieri una passeggiata.
Stare: Starei volentieri a letto fino a tardi.

  7

Chiedi al tuo compagno …

a) dove preferirebbe andare in vacanza.

b) chi inviterebbe alla sua festa di compleanno.

c) che tipo di lavoro farebbe.

d) quali lingue straniere studierebbe.

e) quali film sceglierebbe di vedere.

f) che genere di musica ascolterebbe.

g) in che zona cercherebbe un appartamento.

Esempio: – Dove preferiresti andare in vacanza?
   – Preferirei andare in Francia.

8

Ora prova a dare dei consigli ad un amico che …

a) desidera imparare l'italiano.

b) cerca lavoro.

c) desidera fare un viaggio.

d) preferisce diventare attore.

e) si sente solo.

f) ha bisogno di soldi.

Esempio: – Desidererei tanto imparare l'italiano.
– Al tuo posto, io frequenterei un corso.

 9

A *Pierre ha preparato il suo CV.*

CURRICULUM VITAE

DATI PERSONALI

Nome e cognome	Pierre Thomas
Indirizzo	Via C. Battisti, 53 – 06100 Perugia
Telefono e e-mail	075/583251 – pthomas@libero.it
Data di nascita	2/6/1984
Nazionalità	Francese
Stato civile	Celibe

ESPERIENZA PROFESSIONALE

Estate 2004	Cameriere presso un ristorante di Parigi.

STUDI COMPIUTI

2005	Progetto Erasmus presso l'Università degli Studi di Perugia.
2002–2004	Corso di laurea in Economia e Commercio presso l'Università di Parigi.
1997–2002	Diploma di Ragioneria presso l'Istituto Commerciale di Parigi.

LINGUE STRANIERE

Francese	Lingua madre.
Inglese e Italiano	Ottima conoscenza.
Tedesco	Discreta conoscenza.

INTERESSI Windsurf, tennis, nuoto, musica.

B *I dati di Richard non sono in ordine. Leggili e completa il CV.*

- Madrelingua inglese
- Richard Crompton
- 13/2/1984
- Informatica, musica moderna, rugby
- Ottimo italiano
- Britannica
- 2005 Progetto Erasmus presso l'Università degli Studi di Perugia
- Celibe
- Estate 2004 DJ a bordo della nave 'La Palma'
- 2002–2004 Corso di Laurea in Fisica Nucleare presso l'Università di Oxford
- Estate 2003 Animatore turistico presso un villaggio turistico a Malta
- Buona conoscenza del francese
- Via C. Battisti, 53 – 06100 Perugia
- 2002 A levels in Fisica, Chimica e Matematica
- 075/583251 – rcrompton@tiscali.it

CURRICULUM VITAE

DATI PERSONALI

Nome e cognome . . . .

Indirizzo . . . .

Telefono e e-mail . . . .

Data di nascita . . . .

Nazionalità . . . .

Stato civile . . . .

ESPERIENZA PROFESSIONALE

. . . .

. . . .

STUDI COMPIUTI

. . . .

. . . .

LINGUE STRANIERE

. . . .

. . . .

. . . .

INTERESSI . . . .

C *Adesso prova a compilare il tuo CV.*

★ **Nota culturale**

In Italy, in order to obtain a job in a private company, it is necessary to send a CV with the letter of application. If people would like to work for a public body, they have to take a state examination (**concorso pubblico**). The state examination is based on tests which can take the form of multiple choice tests, questions with open answers, essays and, sometimes the drawing up of an administrative document. Those candidates who pass the written tests will have to take the oral examination.

The **Gazzetta Ufficiale** is the paper in which the adverts for the public sector (**bando di concorso**) are published together with the terms of the application, the modality of the exams, the number of posts available and the subjects on which the exam will be based. With respect to the private sector, the public sector can offer a secure post and it is, therefore, attractive to certain people. On the other hand, some people might not be enthusiastic about it because of the poor career perspective and low income.

Secondo piatto

Il colloquio di lavoro

  1

A *Pierre ha ottenuto un colloquio presso la libreria. È molto nervoso. Richard cerca di calmarlo con dei consigli. Ascolta il dialogo e decidi se le seguenti affermazioni sono vere o false.*

		Vero	**Falso**
a)	Pierre si è vestito bene per il colloquio.	_____	_____
b)	Richard gli consiglia di ascoltare le domande con attenzione.	_____	_____
c)	Pierre ha già lavorato come commesso.	_____	_____
d)	L'estate scorsa Pierre ha fatto il cameriere.	_____	_____
e)	Richard gli consiglia di dimostrare interesse per il lavoro.	_____	_____
f)	Richard gli consiglia di parlare dello stipendio.	_____	_____

  B *Adesso leggi il dialogo con un compagno.*

Richard   Pierre, smettila di andare avanti e indietro per la stanza. È tardi. Dovresti cercare di essere puntuale al colloquio. Vai a prepararti.

Pierre   Ma io sono già pronto!

Richard   Ah, sì? Be', al tuo posto, io andrei a cambiarmi.

Pierre   Perché? Non vanno bene i jeans?

Richard   Eh, no! Andrebbe meglio un vestito. E non dovrebbe mancare la cravatta.

Pierre   Cosa potrebbero chiedermi?

Richard   Non lo so, ma tu dovresti ascoltare le domande attentamente e poi dare risposte brevi, ma chiare.

Pierre	Sono preoccupato. Non ho esperienza come commesso.
Richard	Lo sanno già dal CV, eppure ti hanno convocato lo stesso. Anche se non hai mai lavorato in un negozio, potresti sempre parlare degli altri lavori che hai fatto, no?
Pierre	Ma ho fatto solo il cameriere l'estate scorsa!
Richard	Va be', meglio che niente. Piuttosto, ricorda che sarebbe utile dimostrare interesse per il lavoro e di avere le idee chiare su quello che vuoi fare. Poi dovresti anche evitare di parlare dell'aspetto economico.
Pierre	Va bene. È davvero tardi. Vado a cambiarmi.

  2

Riascolta il dialogo e rispondi, in italiano, alle seguenti domande.

a) Perché Richard consiglia a Pierre di cambiarsi?

b) Cosa dovrebbe mettersi Pierre?

c) Come dovrebbe rispondere alle domande?

d) Perché Pierre è preoccupato?

e) Cosa sarebbe utile dimostrare durante il colloquio?

f) Di cosa dovrebbe evitare di parlare Pierre?

 **3**

Il tuo compagno ha ottenuto un colloquio di lavoro. Tu gli dai dei consigli. Scegli i tre consigli più importanti tra i seguenti.

Esempio: Dovresti essere puntuale.

- Essere puntuale.
- Guardare il selettore negli occhi.
- Vestirsi bene.
- Salutare i selettori.
- Essere onesto.
- Essere preparato.
- Stare calmo.
- Essere entusiasta.

  4

A *Pierre affronta, finalmente, il colloquio. Ascolta e spunta la casella corretta.*

a) Pierre ha studiato il tedesco
❏ all'università.
❏ in una scuola serale.

b) Pierre vorrebbe questo lavoro
❏ perché ama il contatto con la gente.
❏ perché può guadagnare molto.

c) Pierre vorrebbe un lavoro part-time
❏ perché può continuare a studiare.
❏ perché non ama lavorare molto.

d) Pierre
❏ non può mai lavorare più di quattro ore al giorno.
❏ a volte può fare degli straordinari.

B *Adesso leggi il dialogo ad alta voce con un compagno.*

Sig.ra Cattaneo   Lei è ancora studente, vero?

Pierre   Sì, studio Economia e Commercio all'Università di Parigi, ma quest'anno sono in Italia per uno scambio Erasmus.

Sig.ra Cattaneo   Vedo dal Suo Curriculum che conosce varie lingue.

Pierre   Sì. Il francese è la mia lingua madre. Conosco perfettamente l'inglese e l'italiano che ho studiato all'università e che ho migliorato con soggiorni all'estero. Ho poi una discreta conoscenza del tedesco che ho acquisito in vari corsi serali.

Sig.ra Cattaneo   Senta, come mai vorrebbe questo lavoro?

Pierre   Perché avrei la possibilità di stare a contatto con la gente e con i libri, naturalmente.

Sig.ra Cattaneo   E lei sarebbe interessato a un lavoro a tempo pieno o a orario ridotto?

Pierre   Veramente, vorrei un lavoro part-time perché così potrei continuare gli studi con profitto.

Sig.ra Cattaneo   Quante ore al giorno vorrebbe lavorare?

Pierre   Tre o quattro, possibilmente.

Sig.ra Cattaneo   Bene. E, se necessario, sarebbe disposto a fare degli straordinari?

Pierre   Sì, ci sono dei giorni quando potrei lavorare più a lungo.

Sig.ra Cattaneo   Sicuramente Lei sa che abbiamo un altro negozio in Via Matteotti. Se necessario, ci andrebbe a dare una mano?

Pierre   Certamente.

Sig.ra Cattaneo   Non avrebbe problemi a spostarsi?

Pierre   No, nessun problema.

Sig.ra Cattaneo   Bene. Venga. Le faccio vedere il negozio.

v o c a b o l a r i o

scambio: *exchange*
migliorato: *improved*
soggiorni: *stays*
discreto/a: *fairly good*
acquisito: *acquired*
stare a contatto con:
   to deal with
a tempo pieno: *full-time*
a orario ridotto: *part-time*
profitto: *progress*
disposto: *willing*
straordinari: *overtime*
spostarsi: *to move, to work*
   on different sites
venga: *come*

5

Trova l'equivalente italiano delle espressioni seguenti.

a)   I could work longer.

b)   How come you would like this job?

c)   Would you be interested in a full-time or part-time job?

d)   Wouldn't you have problems to move?

e)   How many hours per day would you like to work?

f)   Would you be willing to work overtime?

g)   I would like a part-time job.

h)   I would have the opportunity of dealing with people.

i)   Would you go there to give a hand?

6 *Completa le frasi con l'espressione giusta della seconda colonna. Poi riascolta il dialogo e controlla.*

Lei è ancora	conoscenza del tedesco.
Conosco perfettamente	vorrebbe lavorare?
Ho poi una discreta	di stare a contatto con la gente.
Come mai vorrebbe	problemi a spostarsi?
Avrei la possibilità	un lavoro part-time.
Lei sarebbe interessato	studente, vero?
Veramente, vorrei	a fare degli straordinari?
Quante ore al giorno	questo lavoro?
Sarebbe disposto	a dare una mano?
Ci sono dei giorni quando	l'inglese e l'italiano.
Ci andrebbe	potrei lavorare più a lungo.
Non avrebbe	a un lavoro a tempo pieno o a orario ridotto?

7 *Chiedi al tuo compagno le seguenti informazioni.*

a) Quali lingue conosce Pierre?

b) Perché Pierre vorrebbe lavorare nella libreria?

c) Perché vorrebbe un lavoro part-time?

d) Quante ore al giorno vorrebbe lavorare?

e) Sarebbe disposto a fare degli straordinari?

8

A *Nei dialoghi precedenti hai incontrato il condizionale presente dei verbi 'dovere' e 'potere'. Trovi delle differenze tra questi verbi e il verbo 'chiedere'? Riesci a trovare altri verbi che formano il condizionale allo stesso modo di 'dovere' e 'potere'? Adesso prova a completare la tabella con le persone mancanti.*

	andare	avere	dovere	potere
(io)			dovrei	
(tu)	andresti	avresti		
(lui/lei)				potrebbe
(noi)		avremmo		potremmo
(voi)	andreste		dovreste	
(loro)		avrebbero		

B *Adesso, insieme con un compagno, cerca, nei dialoghi, il condizionale degli altri verbi irregolari presenti. Riesci a completare la tabella?*

	essere	volere
(io)	sarei	
(tu)		vorresti
(lui/lei)		
(noi)	saremmo	
(voi)		vorreste
(loro)	sarebbero	

The conditional tense of some irregular verbs

Other verbs are irregular in the conditional.

- ■ **andare**, **avere**, **dovere** and **potere** drop a stem vowel.

Andare:	Andrei volentieri al cinema.
Avere:	Avrei più tempo per studiare.
Dovere:	Dovresti evitare di bere alcolici.
Potere:	Potresti farmi un favore?

  Some other verbs belonging to this group are **sapere, vedere** and **vivere**.

Sapere:	Sapresti dirmi che ore sono?
Vedere:	Vedrei volentieri un film stasera.
Vivere:	Vivrei meglio in città.

- ■ **essere** and **volere** have an irregular stem.

Essere:	Sarebbe bello avere un lavoro a tempo pieno.
Volere:	Quante ore al giorno vorresti lavorare?

  Some other verbs with an irregular stem are **bere** and **venire**.

Bere:	Berrei volentieri un caffè.
Venire:	Verrei volentieri al cinema con te, ma ho un altro impegno.

9 *Rispondi alle seguenti domande.*

    a) Come dovresti vestirti per un colloquio di lavoro?

    b) Che lavoro vorresti fare?

    c) Quando avresti intenzione di cercare lavoro?

    d) Quante ore al giorno vorresti lavorare?

    e) Saresti disposto a fare degli straordinari?

    f) Andresti all'estero per lavoro?

    g) Quanto vorresti guadagnare?

    h) Cosa potresti fare per guadagnare di più?

  **10**

A *Ora fai al tuo compagno le domande dell'attività precedente. Poi scambiatevi i ruoli.*

B *Adesso fai le stesse domande ad altri compagni e riferisci le informazioni al resto della classe.*

★ Nota culturale

In Italy, many employers pay their employees a double monthly wage twice a year. These are known as **tredicesima mensilità**, paid before Christmas, and **quattordicesima mensilità,** paid at the end of July, before the summer holidays.

Employees receive a higher rate of pay for overtime, which is paid according to whether it's a working day, a Saturday or a Sunday.

To help pay for their studies and to give them some financial independence, students tend to find jobs. During the academic year, they can choose to work part-time in the university library, laboratory or in other administrative jobs offered by the University. Many students also try to find summer jobs in the tourist sector.

Contorno

La domanda d'impiego

★ Nota culturale

The letter of application is a formal letter that accompanies the Curriculum Vitae. It is made up of three parts. The first part contains the reference to the advert to which the candidate replies. The second contains a brief summary of the candidate's qualifications, experience, professional aptitudes and references. The third part consists of a final expression of interest and the complimentary close. Like any other formal letter, its main requisites are: clearness, conciseness and courtesy.

Note that in Italian commercial letters, the salutation is generally omitted. Instead, it is found inside the address.

  1

Leggi la domanda d'impiego di Pierre e trova l'equivalente italiano delle seguenti espressioni.

Pierre Thomas
Via C. Battisti, 53
06100 Perugia

Perugia, 2 marzo 2005

Spett. Libreria
Genesi Universitaria
Via Pascoli, 8
06100 Perugia

Con riferimento al Vostro annuncio sul Corriere dell'Umbria di oggi per un posto di commesso, ho il piacere di presentare domanda per il posto in questione.

Ho 21 anni e sono celibe. Sono cittadino francese e studio Economia e Commercio presso l'Università di Parigi. Attualmente mi trovo in Italia dove frequento il terzo anno del mio corso di laurea presso l'Università degli Studi di Perugia. Durante l'estate 2004, ho lavorato come cameriere presso un ristorante di Parigi. Conosco perfettamente l'inglese e l'italiano e ho una discreta conoscenza del tedesco.

Nella speranza che prenderete la mia domanda in favorevole considerazione e che vorrete concedermi l'onore di un colloquio, Vi saluto distintamente.

Pierre Thomas

Allegato: Curriculum Vitae

---

a) I am now in Italy.

b) I have pleasure in applying for ...

c) I trust that you will consider my application favourably.

d) With reference to your advertisement.

e) I worked as waiter.

f) You will grant me the honour of an interview.

g) For the position in question.

h) I am in the third year of my degree course.

i) For a position of sales person.

j) At a restaurant.

 2 Adesso completa le frasi della prima colonna con l'espressione corretta della seconda.

Con riferimento al	mi trovo in Italia.
Ho il piacere di presentare	l'onore di un colloquio.
Attualmente	l'inglese e l'italiano.
Frequento il terzo anno	Vostro annuncio.
Ho lavorato come cameriere	la mia domanda in favorevole considerazione.
Conosco perfettamente	del mio corso di laurea.
Ho una discreta conoscenza	domanda per il posto in questione.
Nella speranza che prenderete	distintamente.
Vorrete concedermi	del tedesco.
Vi saluto	presso un ristorante di Parigi.

  3 Torna all'Attività 9, pagina 212, e rileggi il Curriculum Vitae di Richard. Poi, insieme con un compagno, scrivi la domanda d'impiego.

 4 Prova a scrivere la domanda d'impiego con i tuoi dati personali.

Dolci

Pronuncia e Ortografia

■ Le consonanti doppie

A *Ascolta le parole e ripeti.*

B *Ora riascolta le parole e scrivile.*

C *Adesso, mentre riascolti, sottolinea la consonante doppia.*

D *Con un compagno, prova a leggere le seguenti parole:*

annuncio	davvero	traduttore
ballerina	indossatrice	villaggio
commessa	interesse	
curriculum	settimana	

■ Many Italian words contain double consonants. When you come across a double consonant, you have to make the sound longer and stronger.

Il tuo portfolio

Questi sono alcuni compiti, basati sul materiale di questa unità, che puoi inserire nel tuo portfolio.

■ Prova a scrivere un annuncio da mettere nella bacheca dell'università. Non dimenticare di scrivere il tipo di lavoro che cerchi, i tuoi requisiti e il tuo numero di telefono.

■ Cerca delle offerte di lavoro su un giornale o in rete. Scegli l'offerta del lavoro per cui desideri fare domanda e traducila. Forse un amico italiano potrebbe aiutarti.

■ Dopo aver scelto il lavoro adatto a te, prova a compilare il tuo Curriculum Vitae e a scrivere la domanda d'impiego.

■ Trova, in rete, degli esercizi di grammatica relativi ai punti grammaticali che hai studiato in questa unità. Completa gli esercizi online, poi stampali e aggiungili al tuo portfolio.

■ Registra un dialogo in cui dai dei consigli al tuo amico su come si dovrebbe preparare per un colloquio di lavoro.

■ Ora immagina di presentarti al colloquio. Registra una conversazione in cui il tuo amico farà la parte del selettore. Poi scambiatevi i ruoli. Troverete delle idee a pagina 216.

■ Digestivo

'Il gatto e la volpe' di Edoardo Bennato

Edoardo Bennato is one of Italy's greatest singer-songwriters. Born at Bagnoli, near Naples, his mother encouraged his musical talents by sending him and his brothers to a teacher for accordion lessons.

His first songs were published by Numero Uno, but he resented the fact that he had no freedom to express his own personality and he developed a fierce antagonism towards the power of the record industry, which in later years he was to express in songs in the form of fables and fairy tales. He soon left Numero Uno and started to write and perform songs that more closely expressed his own feelings and interests. Since then he has managed his own career largely by relying on himself and his friends.

'Il gatto e la volpe' (The cat and the fox) comes from an album published under the title of *Burattino senza fili* (Puppet without strings), inspired by Collodi's fairy story *Pinocchio*. Collodi's characters are transformed into figures from contemporary Italian society. The cat and the fox become tricksters who try to become rich at the expense of ordinary people and there are obvious references to the music company managers whom he always preferred to do without.

La canzone di Bennato, 'Il gatto e la volpe', contiene numerose parole ed espressioni in uso nel mondo degli affari. Cerca il testo su Internet (www.italianissima.net) e poi trova, nella canzone, l'equivalente italiano delle frasi seguenti.

a) Sign here.

b) It's a specialized firm.

c) Don't miss the opportunity.

d) We'll make you a star.

e) You can trust us.

f) Draw up a contract.

g) It doesn't happen every day to have two advisors, two managers.

h) We are partners.

i) It's a real bargain.

j) It's a contract, it's legal, it's a formality.

Ora cerca, nel testo, i sinonimi delle parole seguenti.

a) Spiccioli: _____

b) Settore: _____

c) Fama:_____

d) Usare: _____

e) Persone dotate di ingegno: _____

f) Buona sorte: _____

g) Istante: _____

h) Gara: _____

Ripasso

Ora sei in grado di

★ **Parlare di lavoro**

★ **Capire gli annunci**

★ **Esprimere desideri**

★ **Dare consigli**

★ **Scrivere un CV**

★ **Sostenere un colloquio di lavoro**

★ **Descrivere i tuoi studi**

★ **Descrivere le tue motivazioni professionali**

★ **Scrivere la domanda d'impiego**

★ **Usare il condizionale presente dei verbi regolari e di alcuni verbi irregolari**

Svolgi i seguenti esercizi e ripassa il materiale su cui non ti senti sicuro prima di procedere all'Unità 10.

A

Leggi le seguenti definizioni e trova la professione relativa.

1 Gioca in una squadra di calcio.

2 Lavora in un ufficio.

3 Dirige un gruppo di musicisti.

4 Progetta e costruisce edifici.

5 Lavora in un negozio.

6 Cura le malattie dentarie.

B

Riesci a risolvere questi anagrammi? Sono aggettivi.

catosifo

citeravo

reciparo

fratigacinte

licefa

sitresennate

C

Adesso completa le frasi seguenti con il condizionale dei verbi tra parentesi.

1 Aldo Busi è uno scrittore interessante. (Io-comprare) _____ tutti i suoi libri, ma non ho i soldi.

2 (Io-volere) _____ visitare Atene. (Lei-avere) _____ dei dépliant?

3 Fa molto caldo oggi. (Io-andare) _____ volentieri al mare e tu (potere) _____ venire con me.

4 Signorina, (Lei-dovere) _____ cercare di spedire quelle lettere entro stasera.

5 (Voi-fare) _____ meglio a studiare di più.

6 (Tu-credere) _____ a lei e non a me?

D

Di' al tuo compagno quello che dovrebbe o potrebbe fare per:

1 Trovare un nuovo appartamento.

2 Superare un esame.

3 Conoscere persone nuove.

4 Ottenere un colloquio di lavoro.

5 Conquistare una ragazza.

E *Con un compagno, completa la tua parte, in questo colloquio di lavoro, ad alta voce. Poi scambiatevi i ruoli.*

A Dove ha studiato?

B *Say you studied in Manchester where you obtained a degree in languages.*

A Quante lingue conosce?

B *Say you are bilingual in English and Italian. Say that you know Spanish fairly well.*

A Attualmente Lei lavora per la IBM di Milano, vero?

B *Say yes and that you are working as a secretary.*

A Come si trova alla IBM?

B *Say fine, but the work you do is too repetitive.*

A Perché vorrebbe questo lavoro?

B *Say that this job would allow you to use your language skills.*

A Sarebbe disposto/a a viaggiare?

B *Say that you are single and you would like to travel.*

A A volte potremmo chiederLe di fare degli straordinari. Sarebbe un problema per Lei?

B *Say no, no problem.*

A Bene, Le faremo sapere quanto prima.

B *Say thank you and goodbye.*

A ArrivederLa.

Vocabolario

Nomi	Nouns	Aggettivi	Adjectives
affare (m.)	bargain	ambosessi (inv.)	of either sex
animatore (m.)	entertainer	britannico/a	British
appuntamento	appointment	calmo/a	calm
architetto	architect	celibe (m.)	single
aspetto	aspect	chiaro/a	clear
attenzione (f.)	attention	discreto/a	fairly good
bisogno	need	disposto/a	willing
cameriere (m.)	waiter	economico/a	financial
chimica	chemistry	entusiasmante	exciting
cittadino	citizen	entusiasta (inv.)	enthusiastic
colloquio	interview	esperto/a	expert
commercio	commerce	facile	easy
commesso	salesman	faticoso/a	tiring
compagnia	company	gratificante	rewarding
conoscenza	knowledge	immediato/a	immediate
consiglio	advice	impegnativo/a	demanding
cravatta	tie	interessante	interesting
dipendente (m. e f.)	employee	malpagato/a	badly paid
direttore (m.)	director	meritevole	deserving
disponibilità	availability	minimo/a	minimum
economia	economics	multinazionale	multinational
fisica	physics	nervoso/a	nervous
gente (f.)	people	nucleare	nuclear
giornale (m.)	paper	onesto/a	honest
impiego	job	precario/a	precarious
indirizzo	address	preoccupato/a	worried
indossatrice (f.)	model	preparato/a	prepared
laurea	degree	prestigioso/a	prestigious
madrelingua	mother tongue	professionale	professional
matematica	mathematics	remunerativo/a	profitable
nascita	birth	serale	evening
nuoto	swimming	tecnico/a	technical
ora	hour	turistico/a	tourist (adj)
pilota (m. e f.)	pilot	umano/a	human
possibilità	opportunity		
posto	position	**Verbi**	**Verbs**
predisposizione (f.)	predisposition	acquisire	to acquire
presenza	appearance	calmare	to calm
profitto	progress	cambiarsi	to change
ragioneria	accountancy	compiere	to complete
ricercatore (m.)	researcher	concedere	to grant
risposta	answer	contattare	to contact
scambio	exchange	convocare	to summon
segretaria	secretary	dimostrare	to show
selettore (m.)	interviewer	evitare	to avoid
serietà	reliability	guardare	to look
soggiorno	stay	inviare	to send
speranza	hope	mancare	to be missing
stipendio	salary	mettere	to put
straordinario	overtime	ottenere	to obtain
tipo	kind	perdere	to waste
traduttore (m.)	translator	prepararsi	to get ready
traduzione (f.)	translation	pubblicare	to publish

richiedere	to require
rinunciare	to give up
salutare	to greet
smettere	to stop, to give up
spostarsi	to move

Altre parole — *Other words*

attentamente	carefully
attualmente	now
come	as
decisamente	definitely
durante	during
eppure	and yet, still
già	of course
ora	now
perfettamente	perfectly
possibilmente	possibly
presso	at

Espressioni utili — *Useful phrases*

al tuo posto	if I were you
anche se	even though
a orario ridotto	part-time
a tempo pieno	full-time
avanti e indietro	to and fro
avere bisogno	to need
casella postale	post-office box
con riferimento a	with reference to
dare una mano	to give a hand, to help
domanda d'impiego	job application
meglio che niente	better than nothing
non più di	no more than
quello che	what
smettila!	stop it!
stare a contatto con	to deal with
stato civile	marital status
trattamento economico	pay
tu sei a posto	you are sorted
uomo d'affari	businessman
villaggio turistico	holiday village

Progetti

Indice dell'unità

unità **10** Progetti

In questa unità imparerai a

★ *Parlare dei tuoi progetti*

★ *Chiedere e dare informazioni sul futuro*

★ *Parlare di eventi passati*

★ *Descrivere azioni e situazioni passate*

★ *Parlare di cinema*

Ripasso

Cosa riesci a ricordare?

 A   Nell'Unità 9 hai imparato a esprimere desideri. Ora, a turno con un compagno, descrivi i desideri delle persone nelle figure.

1

2

3

4

5

6

7

8

Ora parla con il tuo compagno dei tuoi desideri.

Antipasto

Osserva le seguenti figure e scegli l'espressione appropriata dal riquadro.
Sono tutte al futuro.

1

2

3

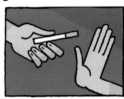

4

5

6

7

8

finirò la tesi di laurea	rimarrò in città
frequenterò un corso di ballo	mangerò solo cibi macrobiotici
tornerò in Inghilterra	farò una dieta
mi sposerò	darò lezioni di geografia
smetterò di fumare	vivrò in campagna
andrò in Egitto	cercherò un lavoro

Primo piatto

In vista del rientro

 **1**

La fine dell'anno accademico è vicina. Richard dà la sua ultima lezione d'inglese ad Andrea. Ascolta la conversazione e decidi se le seguenti affermazioni sono vere o false.

		Vero	Falso
a)	Andrea deve affrontare un esame di concorso.	____	____
b)	Andrea darà l'esame a dicembre. ·	____	____
c)	Richard starà in Italia fino a settembre.	____	____
d)	Richard farà una vacanza in Sicilia.	____	____
e)	Richard non tornerà più a Perugia.	____	____
f)	Andrea continuerà a studiare da solo.	____	____

2

A *Con un compagno, leggi il dialogo ad alta voce.*

Richard	Hai fatto dei progressi incredibili, Andrea. Il tuo inglese è migliorato davvero tanto.
Andrea	Sì, ma non ho ancora raggiunto il livello necessario per vincere il concorso.
Richard	È molto importante per te questo concorso, vero?
Andrea	Be', certo. Un lavoro presso il Ministero degli esteri non è da sottovalutare, non credi?
Richard	Assolutamente no. Quando darai l'esame?
Andrea	A settembre.
Richard	Be', c'è ancora tempo, no?
Andrea	Non tanto tempo, direi! Richard, tu cosa farai quest'estate?
Richard	Mi fermerò in Italia ancora per un po'. Poi, a settembre, partirò per l'Inghilterra.
Andrea	E starai a Perugia?
Richard	No, farò prima una breve vacanza. Passerò una settimana in Sicilia. Poi tornerò a Perugia e cercherò un lavoro estivo.
Andrea	Sai già che lavoro farai?
Richard	Non ancora, ma forse continuerò ad insegnare.
Andrea	Ah! Allora, se questa è la tua intenzione, io prenderò volentieri altre lezioni da te! Tu sei d'accordo, vero?
Richard	Se pagherai bene …!

vocabolario

raggiunto: *achieved*
vincere: *to win*
concorso:
   state competitive
   examination
Ministero degli (affari) esteri:
   Ministry of Foreign
   Affairs
sottovalutare: *to*
   underestimate
mi fermerò: *I'll stay*
estivo: *summer*

B *Con il tuo compagno, trova l'equivalente italiano delle seguenti espressioni.*

a) I'll have a short holiday first.

b) I'll be happy to take some more lessons.

c) When will you take your exam?

d) I'll leave for England.

e) I'll spend one week in Sicily.

f) I'll look for a summer job.

g) What will you do this summer?

h) If you pay well!

i) Will you stay in Perugia?

j) I'll continue to teach.

k) I'll stay in Italy.

3 *Fai le seguenti domande ad un compagno che risponderà in italiano.*

a) Quando darà l'esame Andrea?

b) Quando partirà per l'Inghilterra Richard?

c) Dove farà una breve vacanza?

d) Cosa farà a Perugia al ritorno dalla vacanza?

e) Che lavoro farà?

4 *Fai le seguenti domande al tuo compagno.*

a) Quando darai gli esami?

b) Cosa farai quest'estate?

c) Dove passerai le vacanze?

d) Cosa farai dopo le vacanze?

5 *Fai ad almeno altri tre studenti delle domande sui loro progetti.*

6 *Prova a completare la seconda parte del dialogo tra Richard e Andrea con i verbi mancanti.*

Richard Quando _____ l'esame?
Andrea A settembre.
Richard Be', c'è ancora tempo, no?
Andrea Non tanto tempo, direi! Richard, tu cosa _____ quest'estate?
Richard Mi _____ in Italia ancora per un po'. Poi, a settembre, _____ per l'Inghilterra.
Andrea E _____ a Perugia?
Richard No, _____ prima una breve vacanza. _____ una settimana in Sicilia. Poi _____ a Perugia e _____ un lavoro estivo.
Andrea Sai già che lavoro _____ ?
Richard Non ancora, ma forse _____ ad insegnare.
Andrea Ah! Allora, se questa è la tua intenzione, io _____ volentieri altre lezioni da te! Tu sei d'accordo, vero?
Richard Se _____ bene …!

7 *Ascolta Pierre mentre parla dei suoi progetti con il suo collega Renato e spunta la casella corretta.*

a) Pierre dovrà dare gli esami
❑ tra due mesi.
❑ tra due settimane.

b) Pierre
❑ lascerà l'Italia subito dopo.
❑ rimarrà in Italia ancora un po'.

c) Pierre vorrà
❑ vedere altri luoghi italiani.
❑ tornare subito in Francia.

d) Pierre visiterà prima l'Italia
❑ meridionale (Sud).
❑ settentrionale (Nord).

e) Pierre potrebbe tornare in Italia
❑ a dicembre.
❑ a gennaio.

8 Riascolta il dialogo dell'Attività 7 e spunta le frasi nella tabella appena le senti. Poi abbinale alle equivalenti inglesi.

Italiano	Inglese
Sarò felice di tornare qui.	I'll have to take my last exams in two weeks.
Quando comincerà questo viaggio?	Will you leave Italy immediately after?
Potrai stare da me.	I won't stay in Perugia.
Dovrò dare gli ultimi esami tra due settimane.	I'll want to see something more of Italy.
Tutte le volte che potrò.	Where will you go?
Dove andrai?	When will this journey start?
Avrò mille cose da fare.	I'll go to the South.
Andrò al Sud.	You'll eat plenty of fish.
Non lo dimenticherò.	I'll see.
Lascerai l'Italia subito dopo?	I'll come again.
Verrò ancora.	I'll have a thousand things to do.
Non rimarrò a Perugia.	I'll be happy to come back here.
Mangerai tanto pesce.	Whenever I can.
Vorrò vedere ancora qualcosa dell'Italia.	You can stay at my house.
Vedrò.	I won't forget it.

9 Chiedi al tuo compagno le seguenti informazioni.

a) Quando dovrà dare gli ultimi esami Pierre?

b) Perché non rimarrà a Perugia?

c) Dove andrà?

d) Cosa avrà da fare in Francia?

e) Quando verrà in Italia di nuovo?

f) Dove potrà stare?

10

Riascolta la conversazione tra Pierre e Renato (Attività 7) e completa il dialogo con i verbi mancanti.

Renato	Il tuo periodo in Italia finirà presto, vero Pierre?
Pierre	Sì, _____ dare gli ultimi esami tra due settimane.
Renato	E _____ l'Italia subito dopo?
Pierre	No, no, mi fermerò ancora un po'. Sicuramente, però, non _____ a Perugia.
Renato	Perché, ti sei trovato male qui?
Pierre	No, al contrario. Ma, prima di tornare in Francia, _____ vedere ancora qualcosa dell'Italia.
Renato	E dove _____ ?
Pierre	In giro per l'Italia.
Renato	E quando _____ questo viaggio?
Pierre	Subito dopo gli esami. _____ al Sud, prima. Mi hanno detto che il mare è splendido in quelle zone.
Renato	Sì, è vero. Ma anche la cucina è molto buona. _____ tanto pesce, immagino.
Pierre	Eh, _____ .
Renato	Non tornerai più a Perugia?
Pierre	Sì, sì, _____ ancora. Certo, al mio ritorno in Francia, _____ mille cose da fare, ma _____ felice di tornare qui e rivedere gli amici tutte le volte che _____. Chissà, forse a dicembre.
Renato	Fantastico! E ricorda che _____ stare da me.
Pierre	Grazie! Non lo _____ .

11

Ritorna alle conversazioni delle Attività 6 e 10. Cosa riesci a dire su questa nuova forma verbale?

12

A *Riempi gli spazi con le persone mancanti dei verbi nella tabella.*

	tornare	prendere	partire
(io)			
(tu)	tornerai		partirai
(lui/lei)		prenderà	
(noi)	torneremo		partiremo
(voi)	tornerete	prenderete	
(loro)		prenderanno	partiranno

B *Insieme con un compagno, cerca, nei dialoghi delle Attività 6 e 10, il futuro dei verbi nella tabella seguente. Trovi delle differenze tra questi verbi e quelli regolari? Riesci, adesso, a formare il futuro? Prova a completare la tabella.*

	avere	cercare	cominciare	dare	essere	volere
(io)			comincerò			
(tu)	avrai	cercherai	comincerai		sarai	vorrai
(lui/lei)		cercherà		darà	sarà	
(noi)	avremo	cercheremo	cominceremo	daremo	saremo	vorremo
(voi)	avrete	cercherete	comincerete	darete	sarete	vorrete
(loro)	avranno	cercheranno	cominceranno	daranno	saranno	vorranno

The future tense

■ The future tense corresponds to the English 'will' + verb. Like the conditional, it is formed from the infinitive that drops the final **-e**.
-are verbs, however, change the **-a** to **-e** before adding the future endings. The endings are the same for all conjugations.

Passare:	Passerò le vacanze in Grecia.
Prendere:	Prenderò una settimana di ferie.
Partire:	Partirò presto per Londra.

■ Irregular verbs are formed with the same root used in the conditional (Unit 9).
Verbs in **-care**, **-gare**, **-ciare**, **-giare**, **-sciare** undergo a spelling change.

Cercare:	Cercherò di migliorare il mio italiano.
Pagare:	Non pagherò molto d'affitto.
Cominciare:	Comincerò presto un nuovo lavoro.
Viaggiare:	Viaggerò spesso.
Lasciare:	Lascerò l'Italia tra qualche mese.

The verbs **dare**, **fare** and **stare** do not undergo a stem change.

Dare:	Darò gli esami tra un mese.
Fare:	Farò un viaggio all'estero.
Stare:	Starò a Roma fino a venerdì.

The verbs **andare**, **avere**, **dovere**, **potere**, **sapere**, **vedere**, and **vivere** drop a stem vowel.

Andare:	Andrò a studiare all'estero.
Dovere:	Dovrò presto cominciare un corso di specializzazione.
Potere:	Dopo gli esami, mi potrò, finalmente, rilassare.

The verbs **essere**, **bere**, **rimanere**, **volere** and **venire** have an irregular stem.

Essere:	Sarò felice di tornare qui.
Bere:	Berrò solo bibite analcoliche.
Rimanere:	Rimarrò in discoteca tutta la notte.
Volere:	Vorrò rivedere i miei amici italiani.
Venire:	Verrò presto a trovarti.

13

Le seguenti figure mostrano i progetti di Valentina e di Chiara. Sono uguali? Insieme con un compagno, descrivi i loro progetti ad alta voce ed usa connettivi come 'ma', 'anche', 'invece'.

Esempio: Valentina prenderà la laurea in Biologia.

Anche Chiara prenderà la laurea in Biologia.

Valentina   **Chiara**

Tre anni dopo: **Tre anni dopo:**

 **14**

Scrivi un paragrafo sui progetti di Valentina e di Chiara.

15

Mentre il tuo compagno ti parla dei suoi progetti, annota i fatti principali. Poi riferisci questi fatti ad un altro studente. Il tuo partner ti correggerà se sbagli e, se necessario, aggiungerà ulteriori dettagli.

Esempio: – Dopo gli esami, Mauro farà un viaggio.
– Sì, ma prima lavorerò e metterò da parte un po' di soldi.

16

Completa le frasi seguenti con le parole nel riquadro.

a) Stasera guarderò la televisione fino a _____ .

b) Andrai in montagna l'inverno _____ ?

c) Oggi Massimo starà all'università fino alle _____ .

d) Daremo gli esami fra qualche _____ .

e) La partita comincerà fra mezz' _____ .

f) Cosa farete l'estate _____ ?

due	**ora**	**prossimo**
giorno	**mezzanotte**	**prossima**

17

La tabella seguente contiene alcune espressioni di tempo usate per parlare del futuro. Abbina l'equivalente inglese alle espressioni italiane.

Italiano	Inglese
Fino all'una	The day after tomorrow
Domani	In a few days
Fra alcuni giorni	Until late
Il mese prossimo	Until one
Fra poco	Next year
Fino a tardi	Next month
Fra qualche settimana	In an hour
Dopodomani	Tomorrow
Fra un'ora	In a few weeks
L'anno prossimo	In a little while

18

Con un compagno, forma delle frasi con le espressioni di tempo dell'Attività 17.

Secondo piatto

Una serata al Cineforum

1 Michela e la sua amica Elisa hanno appuntamento in un bar con Richard e Pierre. Ascolta la prima parte della conversazione tra Michela e i suoi amici e decidi se le seguenti affermazioni sono vere o false.

		Vero	Falso
a)	Richard e Pierre sono puntuali.	——	——
b)	Hanno trovato molto traffico.	——	——
c)	Michela è stufa del lavoro.	——	——
d)	Michela lavora quattro giorni alla settimana.	——	——
e)	Richard è contento.	——	——
f)	Richard ha dato l'ultima lezione d'inglese.	——	——
g)	Ieri sera Michela ed Elisa hanno visto un film.	——	——

2 **A** Leggi il dialogo ad alta voce con tre compagni.

Michela Ragazzi, siete in ritardo!

Richard Scusa, Michela, lo so, non siamo riusciti ad arrivare in tempo. Il traffico era veramente intenso.

Michela La solita scusa! Ah, vi presento la mia amica Elisa. Elisa, questi sono Richard e Pierre.

Elisa Piacere.

Rich./Pierre Piacere.

Richard Allora, ragazzi, sembrate stanchi, cos'è successo?

Michela Io più che stanca sono stufa. Oggi non ho fatto altro che scrivere lettere e mandare fax.

Richard Ma dai, lavori solo quattro ore al giorno!

Michela Richard, per favore! Tu, invece, sembri di buon umore. C'è qualche novità?

Richard Be', sì. Oggi ho visto Andrea.

Michela Ah, già. Era l'ultima lezione, vero?

Richard Veramente, no.

Michela Perché, cos'è successo?

Richard Andrea darà l'esame di concorso a settembre e mi ha chiesto di dargli altre lezioni d'inglese.

Pierre Bene. Così, al ritorno dalla Sicilia, non dovrai affannarti a cercare un altro lavoro per appena due mesi.

Richard Infatti. Bene, ragazzi. Basta parlare di lavoro. Che avete fatto di bello ieri sera?

Michela Io ed Elisa siamo andate al Cineforum.

> **vocabolario**
>
> intenso: *heavy*
> scusa: *excuse*
> sembrate: *you look*
> stufo/a: *fed up*
> di buon umore: *in a good mood*
> novità: *news*
> affannarti: *to busy yourself*

B *Con un compagno, trova il corrispondente italiano delle seguenti espressioni.*

a) He asked me to give him some more English lessons.

b) We were unable to arrive on time.

c) It was your last lesson, wasn't it?

d) Enough talking about work.

e) Elisa and I went to the film club.

f) Today I've seen Andrea.

g) The traffic was really heavy.

h) Did you do anything nice last night?

3 *Completa le frasi con l'espressione giusta della seconda colonna. Poi ascolta la conversazione di nuovo e controlla.*

Non siamo riusciti	era veramente intenso.
Il traffico	dargli altre lezioni d'inglese.
Cos'è	lezione, vero?
Non ho fatto altro che	ad arrivare in tempo.
Tu, invece, sembri	fatto di bello ieri sera?
Era l'ultima	scrivere lettere.
Mi ha chiesto di	a cercare un altro lavoro.
Non dovrai affannarti	andate al Cineforum.
Che avete	successo?
Io ed Elisa siamo	di buon umore.

 4 *Riascolta il dialogo dell'Attività 1 e rispondi, in italiano, alle seguenti domande.*

a) Perché Richard e Pierre sono arrivati in ritardo?

b) Cos'ha fatto Michela oggi?

c) Quante ore al giorno lavora?

d) Perché Richard è di buon umore?

e) Che cosa non dovrà fare al ritorno dalla Sicilia?

5

A *Michela ed Elisa decidono di andare al Cineforum. Le figure non sono disposte in sequenza. Qual è l'ordine giusto, secondo te?*

a

b

c

d

e

f

g

h

B *Ora, a turno con un compagno, di' cosa hanno fatto Michela ed Elisa ieri sera. Usa il passato prossimo e l'imperfetto, e avverbi di tempo come 'mentre', 'prima', 'poi', 'dopo', 'finalmente'.*

Comincia così: Elisa leggeva …

6

Chiedi ad almeno cinque compagni cosa hanno fatto ieri. Poi riferisci le informazioni alla classe.

The present perfect and the imperfect

■ When talking about completed past actions, the present perfect needs to be used.

L'anno scorso Richard ha lavorato come animatore turistico a Malta.
Ieri sera Michela ed Elisa sono andate al Cineforum.

■ When talking about habitual actions or actions in progress in the past, the imperfect needs to be used.

Tutte le estati Marco lavorava come cameriere in un bar.
Mentre Tania si truccava, il suo ragazzo l'aspettava in macchina.
Elisa leggeva quando Michela le ha telefonato.

■ The imperfect is also required to describe conditions and states of being, time, age and weather in the past and the conditions around a past action.

Alessia aveva paura di volare.
Erano le quattro quando i ragazzi sono usciti dalla discoteca.
Anna aveva ventidue anni quando si è laureata.
Quando faceva caldo, Raffaella andava al mare.
Marta non è andata al cinema perché preferiva guardare la TV.

  7

I quattro amici parlano ora del film che Michela ed Elisa hanno visto. Ascolta la seconda parte della conversazione e spunta la casella corretta.

a) L'attore protagonista è
  ❏ Vincenzo Cerami.
  ❏ Roberto Benigni.

b) *La vita è bella* ha vinto
  ❏ molti premi.
  ❏ solo tre Oscar.

c) *La vita è bella* è un film
  ❏ romantico.
  ❏ drammatico.

d) I protagonisti del film
  ❏ partecipano a un gioco a premi.
  ❏ sono prigionieri in un Lager.

e) I nazisti eliminano
  ❏ Guido.
  ❏ Giosuè.

8

Riascolta la seconda parte della conversazione (Attività 7) e spunta le parole che senti.

- film
- attore
- regista
- d'avventura
- colonna sonora

- protagonista
- scenografia
- giallo
- soggetto
- dell'orrore

- effetti speciali
- fotografia
- storico
- recensioni
- commedia

- western
- trama
- drammatico
- personaggio
- fantascienza

  9

Ora, mentre riascolti la seconda parte della conversazione, riempi gli spazi con le parole mancanti.

Richard Che _____ avete visto?

Michela *La vita è bella.*

Pierre Ah, il film con ... come si chiama l'_____ principale?

Elisa Roberto Benigni.

Pierre Ah, sì. Benigni è anche il _____, vero?

Michela Non solo è il regista e l'attore _____, ma ha scritto anche il _____ insieme con Vincenzo Cerami.

Pierre Ho letto da qualche parte che ha vinto vari premi, vero?

Elisa Oh, sì, tre Oscar, nove David e molti altri.

Richard Vi è piaciuto?

Michela Tantissimo. Ma voi non l'avete visto?

Richard Io no. E tu, Pierre?

Pierre No, neanch'io, ma ho letto le _____ .

Richard Che genere di film è?

Michela È un genere _____ e _____ allo stesso tempo.

 **10**

A *Con un compagno, leggi la seconda parte della conversazione e poi riporta le informazioni.*

a) Titolo del film: _____

b) Attore principale: _____

c) Regista: _____

d) Soggettista: _____

e) Genere: _____

B *Adesso chiedi al tuo compagno le seguenti informazioni.*

- Qual è il titolo del film?
- Chi è l'attore principale?
- Chi è il regista?

- Chi è il soggettista?
- Che genere di film è?

11 Studia il vocabolario nel riquadro e poi segui il testo mentre ascolti l'ultima parte della conversazione. Infine, con un compagno, leggi il dialogo.

Richard	Di cosa parla?
Michela	È la storia di Guido, un uomo di origine ebraica, che viene deportato, con il figlio Giosuè e la moglie Dora, in un campo di concentramento.
Richard	Capisco. E poi cosa succede?
Michela	Succede che Guido e il figlio vengono portati in un campo di sterminio e Dora da un'altra parte. E Guido, per proteggere il figlio dalle violenze dei nazisti, gli dice che si trovano lì per partecipare ad un gioco dove chi fa più punti vince un carro armato.
Richard	E come finisce?
Michela	I nazisti eliminano il padre. Poi, quando finisce la guerra, Giosuè esce e incontra la madre. Quando la vede, le dice: 'Abbiamo vinto'.
Richard	È un film geniale!
Michela	Sì, decisamente.

vocabolario

ebraico/a: *Jewish*

viene deportato:
  he's deported

campo di concentramento:
  concentration camp

campo di sterminio:
  death camp

proteggere: *to protect*

gioco: *game*

punti: *points, score*

carro armato: *tank*

Abbiamo vinto!

  12 Ora pensa a cinque domande da fare al tuo compagno sulla storia di 'La vita è bella'.

Esempio: Chi sono i personaggi del film?

  13 Racconta al tuo compagno il film che ti è piaciuto di più. Il tuo compagno prenderà appunti e riferirà ad un altro studente. Non dimenticare di menzionare …

- il titolo del film
- gli attori principali
- il regista
- il genere
- di cosa parla

★ Nota culturale

From the beginning, Italian cinema achieved great success both at home and abroad. However, its golden age was the period immediately after the Second World War, when directors such as Federico Fellini, Roberto Rossellini, and many others, started producing films that described the hard realities of those years – a genre that came to be known as Neorealism. This, in turn, was succeeded by a period of successful Italian comedy and later by *il cinema d'autore* – films of high artistic merit written and directed by directors of great calibre such as Federico Fellini, Luchino Visconti, Vittorio De Sica, Michelangelo Antonioni, Pier Paolo Pasolini etc.

In the 1970s, probably due to the expansion of television, Italian cinema seemed only to be able to produce films that lacked cultural content – identified as *di pura evasione* (escapist), which, nevertheless, enjoyed considerable commercial success.

In the 1990s, this crisis began to be overcome by highly respected directors such as Gianni Amelio, Giuseppe Tornatore, Nanni Moretti and Roberto Benigni. One must also mention Massimo Troisi, who started his career in typical Italian comedy and whose great film, *Il postino,* has achieved the status of *cinema d'autore*.

Contorno

Roberto Benigni: un comico amatissimo

A *Leggi la biografia di Roberto Benigni e completa la tabella.*

vocabolario

mettersi in mostra:
to show off
ridere: *to laugh*
spettacoli teatrali:
shows and plays
serie televisiva:
television series
ha interpretato: *he acted in*
cinepresa: *cine camera*
incassi: *takings*

Il **popolare comico** toscano è nato il 27 ottobre 1952. Personaggio molto aperto e allegro, ha sentito molto presto il desiderio di mettersi in mostra e far ridere le persone. Ha partecipato così a vari spettacoli teatrali e alla serie televisiva 'Onda Libera' e ha ottenuto un notevole successo come attore comico. Ma la grande popolarità è arrivata nel 1978 con il programma di Renzo Arbore 'L'altra domenica'.

In seguito, Roberto ha interpretato vari film, ma ha cominciato a fare esperienze dietro la cinepresa nel 1983 quando ha interpretato e diretto il film *Tu mi turbi*. Questo film ha aperto la strada al grande successo popolare di *Non ci resta che piangere*, interpretato in coppia con Massimo Troisi. Sono iniziati così i suoi grandi successi cinematografici come attore-regista.

Nel 1988 Benigni ha ottenuto un enorme successo con il film *Il piccolo diavolo*, al fianco di Walter Matthau. Nel 1991 è uscito *Johnny Stecchino* che ha battuto i record di incassi del cinema italiano.

Nel 1997 è uscito il suo capolavoro, *La vita è bella*. La pellicola ha provocato numerose critiche a causa dell'argomento trattato. Il film, però, ha trionfato nell'edizione degli Oscar del 1999 e ha vinto la statuetta non solo come 'miglior film straniero', ma anche come 'miglior attore protagonista'.

1952 _____

1978 _____

1983 _____

1988 _____

1991 _____

1997 _____

1999 _____

  B *Adesso, sulla base delle informazioni contenute nella tabella precedente, riferisci, in breve, la biografia di Roberto Benigni ad un compagno.*

 Scrivi un breve sommario della biografia di Roberto Benigni.

 Torna al testo su Roberto Benigni e cerca i termini corrispondenti alle definizioni e sinonimi seguenti.

a) Film: _____

b) Notorietà: _____

c) Interpreta il personaggio principale in un film: _____

d) Interpreta una parte in un film: _____

e) Macchina per riprendere immagini cinematografiche: _____

f) Pellicola: _____

g) Provoca divertimento: _____

h) Dirige la lavorazione di film: _____

Dolci

Pronuncia e Ortografia

■ Suono duro o dolce?

A *Riesci a ricordare la pronuncia delle consonanti 'c', 'g' e 'sc'? Prova a leggere le parole seguenti.*

gioco	riusciti	Guido	qualche
capisco	cinepresa	scusa	schianto
recensione	amica	protagonista	ragazzi
stanchi	toscano	finisce	ghiotto
pagherai	geniale	cucina	commedia

B *Ascolta le parole e completa la tabella con le parole mancanti.*

comico				felice	chi
	piscina				scalino
genere		seguito			
	cultura			schiaffo	
	origine				soggetto

Il tuo portfolio

Questi sono alcuni compiti, basati sul materiale di questa unità, che puoi inserire nel tuo portfolio.

1
- ■ Registra te stesso mentre parli dei tuoi progetti per il futuro.
- ■ Trova un amico di madrelingua italiana e intervistalo sui suoi progetti per il futuro. Prepara le domande in anticipo e registra questa attività.
- ■ Ed ora scrivi un resoconto dei progetti del tuo intervistato.

2
- ■ A turno con il tuo amico, registra dei dialoghi in cui parli di come hai passato la giornata di oggi o di ieri. Prepara le domande in anticipo.
- ■ Ora scrivi un paragrafo in cui dai un resoconto della tua giornata e di quella del tuo amico.

3
- ■ Trova, in rete, degli esercizi di grammatica relativi ai punti grammaticali che hai studiato in questa unità. Completa gli esercizi online, poi stampali e aggiungili al tuo portfolio.

4
- Cerca, su Internet, una breve recensione di 'La vita è bella'. Se la recensione è in italiano, traduci quattro o cinque frasi. Se è in inglese, scrivi un breve sommario in italiano.

- Scrivi una breve recensione di un film. Ricordati di includere:
  - la data e il nome del film
  - il regista e gli attori principali
  - quando e dove l'hai visto
  - la storia

- Rileggi il testo 'Roberto Benigni: un comico amatissimo' e fai un riassunto orale di quanto ricordi. Poi registra te stesso.

- Ora scrivi un testo simile su un famoso regista o attore britannico.

Digestivo

■ Un quiz

Completa le frasi con l'alternativa giusta.

---

1 In Italia ci sono
   ❏ dieci ...   ❏ venti ... ❏ trenta ... regioni.

2 Le parole dialettali
   ❏ sono straniere. ❏ sembrano straniere.

3 L'italiano neo-standard corrisponde
   ❏ alla lingua letteraria.
   ❏ all'italiano regionale colto.
   ❏ alla lingua parlata.

4 Oggi, in Italia, tutti parlano
   ❏ solo l'italiano. ❏ l'italiano e il dialetto.

5 'Buongiorno bambina' è una canzone di
   ❏ Renato Rascel.
   ❏ Francesco De Gregori.
   ❏ Eros Ramazzotti.

6 Di solito, gli appartamenti disponibili per gli studenti sono
   ❏ arredati.   ❏ vuoti.   ❏ semiarredati.

7 Il maggiore rappresentante dell'arte rinascimentale è
   ❏ Cimabue.   ❏ Giotto. ❏ Michelangelo.

8 *La nascita di Venere* è un quadro di
   ❏ Beato Angelico.
   ❏ Botticelli.
   ❏ Leonardo.

9 Il Battistero si trova a
   ❏ Roma.   ❏ Firenze.   ❏ Venezia.

10 Odoardo Spadaro è nato a
   ❏ Firenze.   ❏ Parigi.   ❏ Londra.

11 Gianni Versace era
   ❏ milanese. ❏ fiorentino. ❏ calabrese.

12 Versace è morto a
   ❏ Milano.   ❏ Miami.   ❏ Reggio Calabria.

13 *La Traviata* è un'opera di
   ❏ Rossini.   ❏ Puccini.   ❏ Verdi.

14 Violetta muore di
   ❏ bronchite. ❏ tubercolosi. ❏ malaria.

15 Nel 1853, *La Traviata* è stata rappresentata al teatro
   ❏ La Fenice. ❏ La Scala.   ❏ San Carlo.

16 Edoardo Bennato è un
   ❏ attore.   ❏ regista.   ❏ cantautore.

17 Roberto Benigni recita con Massimo Troisi nel film
   ❏ *Tu mi turbi.*
   ❏ *Il piccolo diavolo.*
   ❏ *Non ci resta che piangere.*

Ripasso

Ora sei in grado di

★ *Parlare dei tuoi progetti*

★ *Chiedere e dare informazioni sul futuro*

★ *Parlare di eventi passati*

★ *Descrivere azioni e situazioni passate*

★ *Parlare di cinema*

★ *Usare il futuro dei verbi regolari e di alcuni verbi irregolari*

★ *Usare alcune espressioni di tempo utili per parlare del futuro*

★ *Usare il passato prossimo e l'imperfetto*

★ *Parlare della vita e della carriera di un famoso personaggio del cinema italiano*

Svolgi i seguenti esercizi e ripassa il materiale su cui non ti senti sicuro.

A *Completa il testo seguente con il futuro dei verbi tra parentesi.*

Luisa (conseguire) _____ presto una laurea in Medicina. (Dare) _____ l'esame a giugno e, subito dopo, (volere) _____ viaggiare per l'Europa. Non ha molti soldi, quindi (dovere) _____ fare qualche lavoretto part-time e risparmiare per pagarsi questo viaggio. Ha deciso che (visitare) _____ le principali capitali europee. (Andare) _____ in viaggio con il suo ragazzo e, alla fine della vacanza, (loro-partire) _____ insieme per gli Stati Uniti per la specializzazione. Luisa (specializzarsi) _____ in dermatologia e il suo ragazzo in neurologia, ma non (loro-rimanere) _____ in America. Dopo la specializzazione, (tornare) _____ in Italia e (cominciare) _____ a lavorare in un ospedale.

B

Adesso elimina la parola che non c'entra.

1 Se ami l'arte, ammiri

| una statua | un quadro | un ascensore | una scultura |

2 Se vuoi visitare luoghi nuovi, vai in una

| città | piscina | capitale | nazione |

3 Se sei sulla spiaggia, puoi

| fare il bagno | prendere il sole | giocare a bocce | navigare in rete |

4 Per girare un film, serve

| il regista | la cinepresa | i calciatori | gli attori |

5 Se vuoi andare all'università, ti iscrivi a

| Biologia | Astrologia | Medicina | Sociologia |

6 Nel tuo appartamento c'è un

| tavolo | letto | elefante | divano |

7 Il tuo nuovo amico è di nazionalità

| romana | britannica | italiana | spagnola |

8 Se cerchi lavoro, puoi lavorare come

| pilota | impiegato | fratello | insegnante |

9 Se hai fame, mangi

| una banana | una bistecca | un'insalata | un dentifricio |

10 Per comprare un vestito vai in

| una boutique | un negozio di abbigliamento | una libreria | un grande magazzino |

11 Per fare un viaggio prendi

| il treno | l'aereo | la nave | i pattini |

12 Per prenotare una camera telefoni a

| un albergo | una stazione | una pensione | una locanda |

13 Se non ti senti bene, vai

| in trattoria | al pronto soccorso | dal medico | all'ospedale |

14 Se vuoi imparare le lingue straniere, frequenti un corso di

| cinese | francese | milanese | tedesco |

C

Completa la biografia di Massimo Troisi con i verbi tra parentesi. Devi usare il passato prossimo e l'imperfetto.

Massimo Troisi (nascere) _____ a San Giorgio a Cremano, in provincia di Napoli, il 19 febbraio 1953. (Avere) _____ cinque fratelli e, insieme, (vivere) _____ con i genitori, due nonni, gli zii e cinque cugini. Quando (essere) _____ ancora studente, (cominciare) _____ ad interessarsi al teatro e (iniziare) _____ a lavorare in un gruppo teatrale.

Nel 1977 (formare) _____ il mitico trio chiamato 'La Smorfia'. Il gruppo (avere) _____ un grande successo anche per le partecipazioni ad una trasmissione televisiva. Nel 1980 (scrivere) _____ il suo primo copione per il cinema. Nel film Troisi (essere) _____ regista e protagonista.
Ricomincio da tre (avere) _____ molto successo e (procurare) _____ a Troisi molti riconoscimenti. Tra gli altri film di successo ricordiamo *Non ci resta che piangere*, con Roberto Benigni, e il suo ultimo film, *Il postino*. Troisi (essere) _____ malato di cuore e, poco dopo aver terminato le riprese del film, (morire) _____ a Roma il 4 giugno 1994.

D *Adesso scrivi, nelle caselle, otto parole che il termine 'film' ti fa venire in mente.*

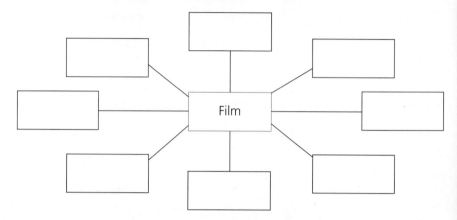

E *Con un compagno, completa la tua parte dell'esercizio ad alta voce. Poi scambiatevi i ruoli.*

A Che film hai visto?
B *Say you've seen 'Big Fish'* (Le storie di una vita incredibile). *Ask if he's seen it.*
A No, non l'ho visto. Chi è il regista?
B *Say he's Tim Burton.*
A Che genere di film è?
B *Say it's a comedy.*
A Ti è piaciuto?
B *Say yes, you liked it a lot.*
A Di cosa parla?
B *Say it's the story of Will who doesn't like his son Edward.*
A Ah! E poi cosa succede?
B *Say that Will has always told Edward incredible and absurd stories of his extraordinary life.*
A Ed Edward credeva a queste storie?
B *Say no, he didn't, but now that Will is ill, Edward wants to make up* (fare pace) *with his father and wants to know the truth about his father's life.*
A E come finisce?
B *Say that it's a nice film and that he should go and see it.*
A Bene, allora non dirmi la fine: andrò sicuramente a vederlo.

Vocabolario

Nomi	Nouns
argomento	subject, topic
campagna	country
cineforum (m.)	film club
cinepresa	cine camera
comico	comic actor
commedia	comedy
concorso	state competitive examination
copione (m.)	script
critica	criticism
cucina	cuisine
dentifricio	toothpaste
desiderio	desire
dieta	diet
divertimento	fun
gioco	game
incasso	takings
interprete (m. e f.)	actor/actress
lavorazione (f.)	filming
livello	level
locanda	inn
novità	news
partita	match
pattino	skate
pellicola	film
pensione (f.)	guesthouse
premio	prize
protagonista (m. e f.)	leading actor, leading actress
punto	point, score
recensione (f.)	review
regista (m. e f.)	director
riconoscimento	acknowledgment
riprese (f. pl.)	shooting
sceneggiatore (m.)	screenwriter
scenografia	set designing
scusa	excuse
serie (f.)	series
soggettista (m. e f.)	script writer
soggetto	story
trama	plot, story
trasmissione (f.)	programme

Aggettivi	Adjectives
allegro/a	cheerful
aperto/a	open
contento/a	happy, content
drammatico/a	dramatic
enorme	huge
estivo/a	summer (adj.)
geniale	brilliant
incredibile	incredible
intenso/a	heavy
malato/a	ill, sick
meridionale	southern
mille	thousand

notevole	considerable
particolare	unusual
popolare	popular
principale	major
settentrionale	northern
stufo/a	fed up
toscano/a	Tuscan

Verbi	Verbs
affannarsi	to busy oneself
affrontare	to face
battere	to beat
conseguire	to obtain
dirigere	to direct
fermarsi	to stay
girare	to shoot
immaginare	to guess
interpretare	to star, to act in
presentare	to introduce
provocare	to provoke
raggiungere	to achieve
ridere	to laugh
rivedere	to see again
sembrare	to look
sottovalutare	to underestimate
specializzarsi	to specialise
terminare	to finish
trattare	to deal with
trionfare	to triumph
vincere	to win

Altre parole	Other words
ancora	again
assolutamente	absolutely
basta	enough
chissà!	who knows!
dopodomani	the day after tomorrow
fra	in, within
infatti	exactly
tra	in, within

Espressioni utili	Useful phrases
a causa di	because of
al contrario	quite the reverse
al fianco di	beside
al ritorno	on return
di buon umore	in a good mood
essere d'accordo	to agree
in giro	around
mettere da parte	to save up
neanch'io	neither do I
qualche parte	somewhere
scusa!	sorry
un po'	a little while

Grammatica

A   Nouns *Nomi*

1 Gender *Genere*

In Italian, nouns are either masculine or feminine.

a) Nouns ending in **-o** are masculine: *il libro*

b) Nouns ending in **-a** are feminine: *la cassetta*

c) Nouns ending in **-e** are either masculine or feminine: *il calciatore (m.)*, *l'attrice (f.)*

d) Some nouns are irregular: *la mano, il cinema, il clima, il guardaroba*

e) Other nouns can be either masculine or feminine: *l'artista, il/la dentista, lo/la stilista*

2 Plural *Plurale*

a) Masculine nouns ending in **-o** form the plural by changing the ending into **-i**:

concerto   *concerti*

b) Feminine nouns ending in **-a** form the plural by changing the ending into **-e**:

macchina   *macchine*

c) Nouns ending in **-e** form the plural by changing the ending into **-i**:

lezione (f.)   *lezioni*
pittore (m.)   *pittori*

d) Some nouns have an irregural plural form:
il dito   *le dita*
il braccio   *le braccia*
il ginocchio   *le ginocchia*
l'uomo   *gli uomini*

B
Indefinite article
Articolo indeterminativo

The indefinite article (**a**, **an**) has different forms depending on the sound the following word begins with.

a) **Un** is used before masculine nouns beginning with a consonant or a vowel:

un biglietto, *un attore*

b) **Uno** is used before masculine nouns beginning with **s + consonant** or **z**:

uno studente, *uno zaino*

c) **Una** is used before feminine nouns beginning with a consonant:

una borsa

d) **Un'** is used before feminine nouns beginning with a vowel:

un'amica

C
Definite article
Articolo determinativo

The form of the definite article (**the**) varies according to the initial sound of the following word.

Singular	Plural	
il meccanico	*i meccanici*	Masculine nouns beginning with a consonant.
lo spettacolo	*gli spettacoli*	Masculine nouns beginning with **s + consonant** or **z**.
lo zio	*gli zii*	
l'ingegnere	*gli ingegneri*	Masculine nouns beginning with a vowel.
la commessa	*le commesse*	Feminine nouns beginning with a consonant.
l'impiegata	*le impiegate*	Feminine nouns beginning with a vowel.

The definite article is used in Italian:

a) With geographical names; that is, continents, countries, regions, mountains, rivers.

L'Italia è una penisola circondata per tre lati dal mare.
Il Po nasce dal Monviso.

The definite article is not used with names of cities or after **in** when the geographical name is feminine, singular and used alone.

Firenze è in Toscana.

b) With proper names when they are preceded by a title.

***Il** Signor Marchini è il nostro nuovo vicino.*

The definite article is not used when speaking directly to the person using the title.

Dottor Valle, mi dà qualcosa per il raffreddore?

c) With days of the week to indicate that something happens regularly; it is not used when referring to a specific day.

***Il** martedì e **il** giovedì vado in piscina.*
Martedì arriva Paolo dagli Stati Uniti.

d) With names of languages, unless they are preceded by **di**, **in** or the verbs **parlare**, **studiare**, **insegnare**.

***Il** cinese è difficile.*
L'esame di francese è stato rimandato.
Parlo francese, spagnolo e tedesco.
Carlo non è molto bravo in inglese.

e) With parts of the body and articles of clothing.

*Mi fa male **la** gamba.*
*Dove hai lasciato **la** borsa?*

f) With possessive adjectives and pronouns.

***Il** mio appartamento è al quarto piano.*

g) With nouns indicating a concept or a whole category.

***La** gelosia fa male.*
***I** vini francesi sono cari.*

D Adjectives *Aggettivi*

1 Agreement *Accordo*

In Italian, adjectives are normally placed after the noun they modify and they need to agree, in gender and number, with the noun they refer to.

un pittore italiano	*due pittori italiani*
un'attrice americana	*due attrici americane*
un calciatore inglese	*due calciatori inglesi*
una scrittrice francese	*due scrittrici francesi*

2 Comparative forms *Comparativo*

a) To make comparisons, in Italian we use **più** + **adjective**, where in English we add **-er** to the adjective or we place **more** before the adjective. **Di** is the word for **than.**

*Il film "La vita è bella" è **più** bello **del** film "Johnny Stecchino".*

b) The Italian word for **less** is **meno**.

*L'italiano è **meno** difficile **del** cinese.*

c) The English forms **as ... as** correspond, in Italian, to **(tanto) ... quanto** or **(così) ... come**. **Tanto** and **così** can be omitted.

*La chimica è **(tanto)** interessante **quanto** la fisica.*
*Il rugby è **(così)** popolare **come** il calcio.*

E   Numerals *Numerali*

1 Cardinal numbers *Numeri cardinali*

a) Numbers are invariable (i.e. they do not change), except **uno** which takes the forms of the indefinite article (see page 255).

b) When **uno** and **otto** are used with numbers from twenty onwards, the tens drop the last vowel.

ventuno   *ventotto*
cinquantuno   *cinquantotto*

c) When **tre** is used after another number, it has an acute accent.

ventitré   *trentatré*

d) **Cento** is invariable.

duecento
seicento

e) The plurals of **mille**, **milione** and **miliardo** are **mila**, **milioni** and **miliardi.** The last two are followed by **di** when used with a noun.

mille euro   *tremila euro*
un milione di euro   *sei milioni di euro*
un miliardo di euro   *otto miliardi di euro*

2 Ordinal numbers *Numeri ordinali*

1°	*primo*	6°	*sesto*
2°	*secondo*	7°	*settimo*
3°	*terzo*	8°	*ottavo*
4°	*quarto*	9°	*nono*
5°	*quinto*	10°	*decimo*

a) Ordinal numbers are adjectives and, like them, agree in gender and number with the noun they qualify.

La prima strada a destra.
Il primo giorno di primavera.

b) From one to ten, ordinal numbers have their own form. From eleven onwards, they are formed by adding the suffix **-esimo** to the cardinal number. This drops the last vowel, unless it ends with **-tré**. In this case the last vowel is kept without the accent.

| *undici* | *undicesimo* |
| *ventitré* | *ventitreesimo* |

Possessive adjectives
Aggettivi possessivi

F

	Singular		Plural	
	Masculine	Feminine	Masculine	Feminine
	Il mio	*La mia*	*I miei*	*Le mie*
	Il tuo	*La tua*	*I tuoi*	*Le tue*
	Il suo	*La sua*	*I suoi*	*Le sue*
	Il nostro	*La nostra*	*I nostri*	*Le nostre*
	Il vostro	*La vostra*	*I vostri*	*Le vostre*
	Il loro	*La loro*	*I loro*	*Le loro*

a) Possessive adjectives agree in gender and number with the noun they modify; that is, with the thing(s) possessed, not with the possessor. They are placed before the noun.

il mio appartamento
la mia casa

b) The possessive pronouns have the same forms as the adjectives and are normally used with the definite article.

*Non trovo **il mio** ombrello. Posso prendere **il tuo**?*

c) With nouns indicating members of the family in the singular, the definite article is not required, except when **loro** is used or when the noun is modified by an adjective or takes a suffix.

mio padre
il loro figlio
la mia cara sorella

mia madre
la loro figlia
il mio fratellino

G Personal pronouns
Pronomi personali

1 Subject *Soggetto*

io	I	noi	we
tu	you (informal)	voi	you (informal)
Lei	you (formal)	Loro	you (formal)
lui	he	loro	they
lei	she		

a) Subject pronouns are rarely used in Italian since verb endings show who the subject is.

A chi telefoni?   *Telefono a Francesco.*

b) They are only used to place emphasis on the subject or to contrast two different subjects.

*Hai comprato **tu** questo libro?*
***Io** sono irlandese e **lui** è inglese.*

2 Direct object *Oggetto diretto*

mi	me	ci	us
ti	you (informal)	vi	you
La	you (formal)	li	them (m.)
lo	it/him	le	them (f.)
la	it/her		

a) Direct object pronouns are normally placed before a conjugated verb.

*Marco è un buon amico: **lo** conosco da più di un anno.*

b) When the pronoun is the object of an infinitive, it is joined to the end of the infinitive. The infinitive drops the final vowel.

*Hai visto la mia borsa? Non riesco a trovar**la**.*

c) When the verbs **Dovere**, **Potere**, **Volere** and **Sapere** precede the infinitive, the direct object pronouns either follow the infinitive and are joined to it or are placed before those verbs.

*Sono in difficoltà: **mi** puoi aiutare?*
*Sono in difficoltà: puoi aiutar**mi**?*

d) The pronouns **lo** and **la** are elided before verbs beginning with a vowel and before the singular persons and the third plural person of the verb

Avere. This does not happen with the plural forms **li** and **le** and rarely with **mi**, **ti**, **ci**, **vi**.

Signor Gravini, dica pure: l'ascolto!
Ho cercato il mio orologio dappertutto, ma non l'ho trovato.
Ho questi inviti per voi.   Grazie, li accettiamo volentieri.

3 Indirect object *Oggetto indiretto*

mi	to me	*ci*	to us
ti	to you (informal)	*vi*	to you
Le	to you (formal	*gli (loro)*	to them
gli	to him		
le	to her		

a) Like direct object pronouns, indirect object pronouns are normally placed before a conjugated verb.

Non ho notizie di Mara da un po': stasera le telefono.

b) The pronoun **loro** goes after the verb. However, in spoken Italian, it is replaced by **gli**.

Comunico loro la notizia più tardi.
Gli comunico la notizia più tardi.

c) With the infinitive, the indirect object pronoun follows and is joined to it. The infinitive drops the final vowel. This does not happen with **loro**.

Il direttore è sempre molto impegnato: non riesco a parlargli.
Preferisco non dare loro il mio numero di telefono.

d) When the verbs **Dovere**, **Potere**, **Volere** and **Sapere** precede the infinitive, the pronouns either follow the infinitive and are joined to it or are placed before those verbs.

I ragazzi disturbano: gli puoi dire di fare silenzio?
I ragazzi disturbano: puoi dirgli di fare silenzio?
Note: *I ragazzi disturbano: puoi dire loro di fare silenzio?*

4 Reflexive pronouns *Pronomi riflessivi*

mi	myself	*ci*	ourselves
ti	yourself (informal)	*vi*	yourselves
si	yourself (formal)	*si*	themselves
	himself/herself		
	oneself		

The position of the reflexive pronouns follows the same rule as the direct object and the indirect object pronouns (see also page 259).

5 The pronoun "Ne" *Il pronome "Ne"*

a) **Ne** is a pronominal particle that means **of it** and **of them**. It often replaces a noun preceded by a number or an expression of quantity.

Quante giacche prendi?	*Quanti libri prendi?*
***Ne** prendo **una**.*	***Ne** prendo **uno**.*
***Ne** prendo **poche**.*	***Ne** prendo **pochi**.*
***Ne** prendo **alcune**.*	***Ne** prendo **alcuni**.*
***Ne** prendo **molte**.*	***Ne** prendo **molti**.*
*Non **ne** prendo **nessuna**.*	*Non **ne** prendo **nessuno**.*

b) The Italian for **there is one**, **there are some** etc. is **ce n'è uno/a, ce ne sono alcuni/e.**

Scusi, c'è un ristorante qui vicino?	*Scusi, c'è una banca qui vicino?*
*Sì, **ce n'è uno** in Via Roma.*	*Sì, **ce n'è una** in Via Roma.*
*Sì, **ce ne sono alcuni** in Via Roma.*	*Sì, **ce ne sono alcune** in Via Roma.*

Interrogative adjectives and pronouns
H Aggettivi e pronomi interrogativi

Che/Quale	Which	***Che** film andiamo a vedere?*
		***Quale** film andiamo a vedere?*
		***Quali** sport preferisci?*
		***Qual** è la tua macchina?*
Che		***Che** ti offro?*
Cosa	What	***Cosa** ti offro?*
Che cosa		***Che cosa** ti offro?*
Chi	Who/Whom	***Chi** viene a cena stasera?*
Quanto/a/i/e	How much/How many	***Quanto** guadagni al mese?*
		***Quanto** vino bevi a tavola?*
		***Quanta** verdura mangi alla settimana?*
		***Quanti** libri leggi all'anno?*
		***Quante** sigarette fumi al giorno?*

I Interrogative adverbs
Avverbi interrogativi

Come	How/Like what	***Come** stai?*
		***Com'**è l'Italia?*
Dove	Where	***Dove** sono le chiavi?*
Quando	When	***Quando** vieni a trovarmi?*
Perché	Why	***Perché** non esci un po'?*

J Adverbs *Avverbi*

a) Adverbs are parts of speech which modify verbs, adjectives and other adverbs.

b) Many adverbs have their own form, but many are formed by adding **-mente** to the feminine form of the adjective, like English adds **-ly**.

tenero - tenera - ***teneramente***

c) The suffix **-mente** is directly added to adjectives ending in **-e**.

veloce - ***velocemente***

d) Adjectives ending in **-le** and **-re** preceded by a vowel drop the final vowel before adding -mente.

normale – ***normalmente***
particolare – ***particolarmente***

e) In compound tenses, a few time adverbs (**già**, **mai**, **sempre**, **ancora**, **appena**) are normally placed between the auxiliary and the past participle.

*Ho **sempre** fatto molto sport.*
*Non ho **ancora** comprato i regali di Natale.*

K Prepositions *Preposizioni*

a) Prepositions are parts of speech which precede nouns and may indicate position, relationship or time.

A	at, to	*Domenica vado **a** Roma.*
Di	of	*Il libro è **di** Maria.*
Da	from	*Vengo **da** Milano.*
In	in, to, into	*Marco passa le vacanze **in** Sardegna.*
Con	with	*Luciano lavora **con** lo zio di Paolo.*
Su	on, over	*I CD sono **su** quella scrivania.*
Per	for	*Il regalo è **per** il mio ragazzo.*
Tra/Fra	in/between	*Il treno arriva **tra/fra** cinque minuti.*
		*Rimini è **tra/fra** Ravenna e Pesaro.*

Accanto a	next to	Lo scaffale è **accanto alla** finestra.
Di fronte a	in front of	C'è un nuovo ristorante **di fronte al** cinema.
Davanti a	opposite	Ci vediamo **davanti alla** pizzeria.
Lontano da	far from	Abito **lontano dal** centro.
Nel centro di	in the middle of	**Nel centro della** stanza c'è un tavolo.
Sopra	on, over, above	Il quadro **sopra** il divano è di Van Gogh.
Sotto	under	Le scarpe sono **sotto** il letto.
Vicino a	near	Ti aspetto **vicino all'**università.

b) When the simple prepositions **a**, **di**, **da**, **in**, **su** are followed by the definite article, they combine with it and form one word.

Prepositions combined with an article
Preposizioni articolate

	il	lo	la	l'	i	gli	le
a	al	allo	alla	all'	ai	agli	alle
di	del	dello	della	dell'	dei	degli	delle
da	dal	dallo	dalla	dall'	dai	dagli	dalle
in	nel	nello	nella	nell'	nei	negli	nelle
su	sul	sullo	sulla	sull'	sui	sugli	sulle
con	col				coi		

L Verbs *Verbi*

1 The present tense *Il presente*

a) There are three conjugations of verbs in Italian: verbs with the infinitive in **-are**, **-ere** and **-ire**.
To form the present tense, the ending of the infinitive needs to be replaced with the appropriate endings of the present.
Some verbs ending in **-ire** add **-isc** between the stem and the endings with the exceptions of the **noi** and **voi** forms.

	Parlare	Leggere	Partire	Preferire
(io)	parl**o**	legg**o**	part**o**	prefer**isco**
(tu)	parl**i**	legg**i**	part**i**	prefer**isci**
(lui/lei)	parl**a**	legg**e**	part**e**	prefer**isce**
(noi)	parl**iamo**	legg**iamo**	part**iamo**	prefer**iamo**
(voi)	parl**ate**	legg**ete**	part**ite**	prefer**ite**
(loro)	parl**ano**	legg**ono**	part**ono**	prefer**iscono**

b) When a verb is reflexive, the pronoun **-si** is added to the infinitive that drops the final vowel. The reflexive pronouns **mi**, **ti**, **si**, **ci**, **vi**, **si** are placed before the conjugated form of the verb.

	Divertirsi
(io)	**mi** divert**o**
(tu)	**ti** divert**i**
(lui/lei)	**si** divert**e**
(noi)	**ci** divert**iamo**
(voi)	**vi** divert**ite**
(loro)	**si** divert**ono**

c) Some regular verbs change spelling in the present tense.

• Verbs ending in **-care** and **-gare** keep the hard sound of **c** and **g** by adding an **h** in front of the verbs' endings beginning with **i** (second person singular and first person plural).

Cercare: cerco, cerchi, cerca, cerchiamo, cercate, cercano
Pagare: pago, paghi, paga, paghiamo, pagate, pagano

• Verbs ending in **-iare** drop the **i** of the stem in the second person singular and first person plural.

Cominciare: comincio, cominci, comincia, cominciamo, cominciate, cominciano
Lasciare: lascio, lasci, lascia, lasciamo, lasciate, lasciano
Mangiare: mangio, mangi, mangia, mangiamo, mangiate, mangiano
Studiare: studio, studi, studia, studiamo, studiate, studiano
Viaggiare: viaggio, viaggi, viaggia, viaggiamo, viaggiate, viaggiano

d) Some verbs are irregular in the present tense.

Andare: vado, vai, va, andiamo, andate, vanno
Avere: ho, hai, ha, abbiamo, avete, hanno
Bere: bevo, bevi, beve, beviamo, bevete, bevono

Dare:	*do, dai, dà, diamo, date, danno*	
Dire:	*dico, dici, dice, diciamo, dite, dicono*	
Dovere:	*devo, devi, deve, dobbiamo, dovete, devono*	
Essere:	*sono, sei, è, siamo, siete, sono*	
Fare:	*faccio, fai, fa, facciamo, fate, fanno*	
Potere:	*posso, puoi, può, possiamo, potete, possono*	
Sapere:	*so, sai, sa, sappiamo, sapete, sanno*	
Venire:	*vengo, vieni, viene, veniamo, venite, vanno*	
Volere:	*voglio, vuoi, vuole, vogliamo, volete, vogliono*	

e) The Italian forms for **there is**, **there are** are **c'è**, **ci sono**.

2 The perfect tense *Il passato prossimo*

a) The perfect tense is used when talking about completed past actions.

b) The perfect tense has two parts: the auxiliary (either **essere** or **avere**) in the present tense and the past participle of the main verb.

c) Most verbs take the auxiliary **avere**.

	Studiare	Sapere	Dormire
(io)	**ho** studiato	**ho** saputo	**ho** dormito
(tu)	**hai** studiato	**hai** saputo	**hai** dormito
(lui/lei)	**ha** studiato	**ha** saputo	**ha** dormito
(noi)	**abbiamo** studiato	**abbiamo** saputo	**abbiamo** dormito
(voi)	**avete** studiato	**avete** saputo	**avete** dormito
(loro)	**hanno** studiato	**hanno** saputo	**hanno** dormito

d) Other verbs such as verbs of motion, reflexive verbs and some intransitive verbs, take **essere**. In this case, the past participle must agree in gender and number with the subject.

	Andare	Vestirsi	Stare
(io)	**sono** andato/a	mi **sono** vestito/a	**sono** stato/a
(tu)	**sei** andato/a	ti **sei** vestito/a	**sei** stato/a
(lui/lei)	**è** andato/a	si **è** vestito/a	**è** stato/a
(noi)	**siamo** andati/e	ci **siamo** vestiti/e	**siamo** stati/e
(voi)	**siete** andati/e	vi **siete** vestiti/e	**siete** stati/e
(loro)	**sono** andati/e	si **sono** vestiti/e	**sono** stati/e

Here are some common verbs that require **essere** in the perfect tense:

Arrivare	Nascere	Riuscire
Diventare	Partire	Succedere
Entrare	Piacere	Tornare
Essere	Restare	Uscire
Morire	Rimanere	Venire

e) When a verb forms the perfect tense with the auxiliary **avere**, the past participle does not change, unless a third person direct object pronoun or the pronominal particle **ne** precedes the verb. In this case, the past participle agrees with the pronoun in gender and number.

- *Dove hai messo il formaggio?* **L'ho** *(lo ho) mess**o** nel frigo.*
- *So che Sabrina è tornata dall'Inghilterra, ma non* **l'ho** *(la ho) ancora vist**a**.*
- *Belli questi sandali. Dove* **li** *hai comprat**i**?*
- *Come mai Elisa e Gianna non sono alla festa?* **Le** *hai invitat**e**?*
- *Quante cartoline hai spedito?* **Ne** *ho spedit**a** una.*
- *Quanti paesi hai visitato?* **Ne** *ho visitat**i** molti.*

The pronouns **lo** and **la** are elided before the verb **avere**. The plural forms **li** and **le** cannot be elided.

f) The Italian forms for **there has been, there have been** are **c'è stato/a, ci sono stati/e.**

3 The past participle *Il participio passato*

a) The past participle of regular verbs is formed by adding the appropriate ending, **-ato**, **-uto** or **-ito**, to the infinitive stem.

Mangi**are**:	mangi**ato**
Vol**ere**:	vol**uto**
Sped**ire**:	sped**ito**

b) A number of verbs have irregular past participles.

Aprire:	aperto	Perdere:	perso (perduto)
Bere:	bevuto	Piacere:	piaciuto
Chiedere:	chiesto	Prendere:	preso
Chiudere:	chiuso	Rimanere:	rimasto
Conoscere:	conosciuto	Rispondere:	risposto
Dire:	detto	Scegliere:	scelto
Essere:	stato	Scrivere:	scritto
Fare:	fatto	Spendere:	speso
Leggere:	letto	Succedere:	successo
Mettere:	messo	Vedere:	visto (veduto)
Morire:	morto	Venire:	venuto
Nascere:	nato	Vincere:	vinto
Offrire:	offerto	Vivere:	vissuto

4 The imperfect tense *L'imperfetto*

a) The imperfect is used to:

- describe conditions and states of being – physical, mental and emotional – time, age and weather in the past.
  - *Quando era giovane, Andreina era alta, bionda e magra.*
  - *Da bambino, Enrico non amava il mare.*
  - *Era mezzanotte quando i ladri hanno rubato il quadro.*
  - *Quando aveva tre anni, Laura ha iniziato a frequentare una scuola di danza classica.*
  - *Era autunno, ma faceva ancora molto caldo.*

- express habitual actions in the past.
  - *Di solito preferivo passare le vacanze in montagna.*

- express continuous actions in the past.
  - *Io suonavo il piano e mia sorella cantava.*
  - *Mentre aspettavo l'autobus, è cominciato a piovere.*

b) To form the imperfect, the ending of the infinitive needs to be replaced with the appropriate endings of the imperfect. These are the same for the three conjugations of verbs, but each retains the characteristic vowel.

	Arrivare	*Scrivere*	*Capire*
(io)	arriv**avo**	scriv**evo**	cap**ivo**
(tu)	arriv**avi**	scriv**evi**	cap**ivi**
(lui/lei)	arriv**ava**	scriv**eva**	cap**iva**
(noi)	arriv**avamo**	scriv**evamo**	cap**ivamo**
(voi)	arriv**avate**	scriv**evate**	cap**ivate**
(loro)	arriv**avano**	scriv**evano**	cap**ivano**

c) Here are the most common irregular verbs in the imperfect.

Bere: bevevo, bevevi, beveva, bevevamo, bevevate, bevevano
Dire: dicevo, dicevi, diceva, dicevamo, dicevate, dicevano
Essere: ero, eri, era, eravamo, eravate, erano
Fare: facevo, facevi, faceva, facevamo, facevate, facevano
Tradurre: traducevo, traducevi, traduceva, traducevamo, traducevate, traducevano

d) The Italian forms for **there was**, **there were** are **c'era**, **c'erano**.

5 The future tense *Il futuro*

a) The future tense is used to express future events and is formed from the infinitive after dropping the final **-e**. The endings are the same for all conjugations. However, **-are** verbs change the **-a** to **-e** before adding the future endings.

	Guardare	*Credere*	*Finire*
(io)	guard**erò**	cred**erò**	fin**irò**
(tu)	guard**erai**	cred**erai**	fin**irai**
(lui/lei)	guard**erà**	cred**erà**	fin**irà**
(noi)	guard**eremo**	cred**eremo**	fin**iremo**
(voi)	guard**erete**	cred**erete**	fin**irete**
(loro)	guard**eranno**	cred**eranno**	fin**iranno**

b) Some regular verbs change spelling in the future tense.

- Verbs ending in **-care** and **-gare** keep the hard sound by adding an **h** after **c** and **g**.

   Cercare: cercherò, cercherai, cercherà, cercheremo, cercherete, cercheranno
   Pagare: pagherò, pagherai, pagherà, pagheremo, pagherete, pagheranno

- Verbs in **-ciare**, **-giare**, and **-sciare** lose the **i** of the stem.

   Cominciare: comincerò, comincerai, comincerà, cominceremo, comincerete, cominceranno
   Mangiare: mangerò, mangerai, mangerà, mangeremo, mangerete, mangeranno
   Lasciare: lascerò, lascerai, lascerà, lasceremo, lascerete, lasceranno

c) Some **-are** verbs do not change the **-a** to **-e**.

   Dare: darò, darai, darà, daremo, darete, daranno
   Fare: farò, farai, farà, faremo, farete, faranno
   Stare: starò, starai, starà, staremo, starete, staranno

d) Some verbs lose the characteristic vowel of the infinitive.

   Andare: andrò, andrai, andrà, andremo, andrete, andranno
   Avere: avrò, avrai, avrà, avremo, avrete, avranno
   Dovere: dovrò, dovrai, dovrà, dovremo, dovrete, dovranno
   Potere: potrò, potrai, potrà, potremo, potrete, potranno
   Sapere: saprò, saprai, saprà, sapremo, saprete, sapranno
   Vedere: vedrò, vedrai, vedrà, vedremo, vedrete, vedranno
   Vivere: vivrò, vivrai, vivrà, vivremo, vivrete, vivranno

e) Other verbs have an irregular stem.

Essere:	*sarò, sarai, sarà, saremo, sarete, saranno*
Bere:	*berrò, berrai, berrà, berremo, berrete, berranno*
Rimanere:	*rimarrò, rimarrai, rimarrà, rimarremo, rimarrete, rimarranno*
Venire:	*verrò, verrai, verrà, verremo, verrete, verranno*
Volere:	*vorrò, vorrai, vorrà, vorremo, vorrete, vorranno*

f) The Italian forms for **there will be**, are **ci sarà**, **ci saranno**.

6 The conditional *Il condizionale*

a) The present conditional corresponds to the English **would** + **verb** and is mainly used to express desires, preferences and polite requests.

b) Like the future tense, the conditional is formed from the infinitive which drops the final **-e** and, as in the future, **-are** verbs change the **-a** to **-e** before adding the conditional endings.

	Tornare	Prendere	Preferire
(io)	torn**erei**	prend**erei**	prefer**irei**
(tu)	torn**eresti**	prend**eresti**	prefer**iresti**
(lui/lei)	torn**erebbe**	prend**erebbe**	prefer**irebbe**
(noi)	torn**eremmo**	prend**eremmo**	prefer**iremmo**
(voi)	torn**ereste**	prend**ereste**	prefer**ireste**
(loro)	torn**erebbero**	prend**erebbero**	prefer**irebbero**

c) The endings of the present conditional are the same for all verbs.

d) Those verbs which are irregular in the future tense have the same irregular stem in the conditional.

e) The Italian forms for **there would be**, are **ci sarebbe**, **ci sarebbero**.

7 The imperative *L'imperativo*

a) The imperative is mainly used to give instructions, orders, advice.

	Parlare	Mettere	Dormire	Finire
(tu)	parl**a**	mett**i**	dorm**i**	fin**isci**
(Lei)	parl**i**	mett**a**	dorm**a**	fin**isca**
(noi)	parl**iamo**	mett**iamo**	dorm**iamo**	fin**iamo**
(voi)	parl**ate**	mett**ete**	dorm**ite**	fin**ite**
(Loro)	parl**ino**	mett**ano**	dorm**ano**	fin**iscano**

b) The **tu**, **noi** and **voi** forms are the same as the present indicative except for **-are** verbs, where the ending for **tu** is **-a**.

c) **Lei** and **Loro** have the same forms as the subjunctive.

d) The **noi** form corresponds to the English **let's + verb**.

Ascoltiamo un po' di musica adesso.
Let's listen to some music now.

e) Some verbs are irregular in the imperative.

Andare:	*va' (vai), vada, andiamo, andate, vadano*
Avere:	*abbi, abbia, abbiamo, abbiate, abbiano*
Dare:	*da' (dai), dia, diamo, date, diano*
Dire:	*di', dica, diciamo, dite, dicano*
Essere:	*sii, sia, siamo, siate, siano*
Fare:	*fa' (fai), faccia, facciamo, fate, facciano*
Stare:	*sta' (stai), stia, stiamo, state, stiano*
Uscire:	*esci, esca, usciamo, uscite, escano*
Venire:	*vieni, venga, veniamo, venite, vengano*

f) To form the negative imperative, **non + the infinitive** is used in the second person singular.

Non dormire troppo!

g) In the plural and in the **Lei** form, the negative imperative is formed by using **non + the affirmative imperative**.

Signore, non apra il finestrino: fa freddo!
Non parlate ad alta voce!

8 The verb "Piacere" Il verbo "Piacere"

a) The verb **Piacere** (**to like**) is used to express likes or dislikes. Literally, it means **to be pleasing to**. In the Italian construction, the English object becomes a subject and the English subject becomes an indirect object.

b) With the verb **Piacere**, the subject (the thing liked) generally follows the verb, used mainly in the third person singular and plural, and the indirect object (the person who likes) is expressed by a pronoun.

mi
ti
Le
gli　　　　*piace la musica*
le　　　　　*piace leggere*
ci　　　　　*piacciono i romanzi gialli*
vi
gli

Note: *piace/piacciono loro*

c) When the indirect object is expressed by a person's name or a noun, the preposition **a** is required.

A Clara piace la letteratura.
Al mio ragazzo piacciono i quadri di Picasso.

d) In the perfect tense (**passato prossimo**) the verb **Piacere** is conjugated with **Essere** and the past participle of **Piacere** (**piaciuto**) agrees with the subject (what is liked).

*Mi è piaciut**o** il concerto.*
*Ti è piaciut**a** l'Italia?*
*Le sono piaciut**i** i regali.*
*Gli sono piaciut**e** le piazze di Roma.*

Vocabolario italiano–inglese

a	*at, to*	animatore (m.)	*entertainer*
abbastanza	*quite*	anno	*year*
abilità	*ability*	annuncio	*advert*
abitare	*to live*	antibiotico	*antibiotic*
abiti (m. pl.)	*clothes*	aperto/a	*open*
abituale	*regular*	appartamento	*flat*
accadere	*to happen, to occur*	appena	*as soon as; just*
accento	*accent*	appetito	*appetite*
accessorio	*accessory*	appuntamento	*appointment*
accettare	*to accept*	aprile (m.)	*April*
accorgersi	*to find out*	aprire	*to open*
acqua	*water*	aquilone (m.)	*kite*
acquisire	*to acquire*	architetto	*architect*
acquistare	*to buy*	architettura	*architecture*
acquisto	*purchase*	argomento	*subject, topic*
acuto/a	*acute*	arredato/a	*furnished*
addormentarsi	*to fall asleep*	arrivare	*to arrive*
adesso	*now*	arrivederci	*goodbye*
adorare	*to adore*	arrivo	*arrival*
affannarsi	*to busy oneself*	arte (f.)	*art*
affare (m.)	*bargain*	artista (m. e f.)	*artist*
affatto	*at all*	artistico/a	*artistic*
affermarsi	*to become popular*	ascensore (m.)	*lift*
affittare	*to rent*	ascoltare	*to listen to*
affrontare	*to face*	ascolto	*listening*
affumicato/a	*smoked*	asma	*asthma*
agosto	*August*	aspettare	*to wait; to expect*
albergo	*hotel*	aspetto	*aspect*
alcolici (m. pl.)	*wines and spirits*	aspirina	*aspirin*
allegro/a	*cheerful*	assassinare	*to murder*
allergia	*allergy*	assolutamente	*absolutely*
allora	*so*	attacco	*fit*
alto/a	*high, tall*	attentamente	*carefully*
altrimenti	*otherwise*	attenzione (f.)	*attention*
altro/a	*other*	atterraggio	*landing*
alzarsi	*to get up*	attimo	*moment*
amare	*to love*	attività	*activity*
amaro	*bitters*	attore (m.)	*actor*
ambosessi (inv.)	*of either sex*	attraversare	*to cross*
americano/a	*American*	attraverso	*through*
amico	*friend*	attrice (f.)	*actress*
anche	*also, too*	attualmente	*now*
ancora	*again; still, yet*	aula	*classroom*
andare	*to go*	austriaco/a	*Austrian*
angolo	*corner*	autobus (m.)	*bus*

automobile (f.)	car	cambiare/cambiarsi	to change
autunno	autumn	camera	room
avere	to have	cameretta	study-bedroom
avvenire	to happen, to occur	cameriere (m.)	waiter
azienda	firm	camminare	to walk
azzurro/a	blue	campagna	country
bacheca	notice board	cantante (m. e f.)	singer
bagaglio	luggage	cantare	to sing
bagno	bathroom	capelli (m. pl.)	hair
balcone (m.)	balcony	capire	to understand
baldoria	fun, good time	capitale (f.)	capital
ballare	to dance	capo	article, item
balletto	ballet	capolavoro	masterpiece
bambino	child	capoluogo	regional capital
bandiera	flag	capsula	capsule
bar (m.)	bar	caratteristico/a	characteristic
barba	beard	carino/a	pretty
basso/a	low	carne (f.)	meat
basta	enough	caro/a	dear, expensive
battere	to beat	carrozza	carriage
batteria	battery	casa	house, home
bello/a	beautiful	casco	helmet
bene	all right; well	cassetta	cassette
benissimo	very well	cassettiera	chest of drawers
bere	to drink	castano/a	brown
bianco/a	white	categoria	category
bibita	soft drink	cattedrale (f.)	cathedral
biblioteca	library	celebre	famous
bicicletta	bicycle	celibe (m.)	single
biglietto	ticket	cena	dinner
binario	platform	cenare	to dine
biografia	biography	centrale	central
biondo/a	blond	cercare	to look for
bisogno	need	certamente	certainly
blu (inv.)	(dark) blue	certo	of course
bocca	mouth	che	what, which
borsa	bag	chi	who, whom
bottiglia	bottle	chiamarsi	to be called
braccio	arm	chiaro/a	clear
brasiliano/a	Brazilian	chiave (f.)	key
bravo/a	good	chiedere	to ask
breve	short	chimica	chemistry
britannico/a	British	chissà	who knows
bronchite (f.)	bronchitis	chitarra	guitar
brutto/a	bad	chiudere	to close
buonanotte	good night	ci	there
buonasera	good evening	ciao	hi; bye
buongiorno	good morning	cineforum (m.)	film club
buono/a	good	cinema (m.)	cinema
cadenza	intonation	cinepresa	cine camera
caffè (m.)	coffee	città	city
calciatore (m.)	football player	cittadino	citizen
caldo/a	warm, hot	classe (f.)	class
calmare	to calm	classico/a	classical
calmo/a	calm	clima (m.)	climate
calzare	to wear (shoes)	cognato/a	brother-/sister-in-law

cognome (m.)	surname	costare	to cost
coincidenza	connection	costoso/a	expensive, costly
colazione (f.)	breakfast	costruire	to build
collaborare	to cooperate	costume (m.)	costume
collana	necklace	cravatta	tie
collegare	to link	creare	to create
colloquio	interview	creativo/a	creative
colore (m.)	colour	creazione (f.)	creation, composition
coltivare	to cultivate	credenza	sideboard
come	how; as	credere	to believe, to think
comico	comic actor	critica	criticism
cominciare	to begin, to start	cuccetta	berth
commedia	play, comedy	cucchiaio	spoonful
commercio	commerce	cucina	cuisine; kitchen; cooker
commesso	salesman	cucinare	to cook
commovente	moving	cuffia	headphones
comodino	bedside table	cugino/a	cousin
comodità	comfort	cuore (m.)	heart
comodo/a	comfortable	da	from
compagnia	company	dare	to give
compagno/a	partner	data	date
compiere	to be, to turn; to complete	davanti	opposite
compleanno	birthday	davvero	really
comprare	to buy	decidere	to decide
comprendere	to include	decimo/a	tenth
compressa	tablet	decisamente	definitely
con	with	decollo	take-off
concedere	to grant	denaro	money
concerto	concert	dente (m.)	tooth
concorso	state competitive examination	dentifricio	toothpaste
		dentista (m. e f.)	dentist
condividere	to share	dentro	inside
confortevole	comfortable	denunciare	to report
conoscente (m. e f.)	acquaintance	derubare	to rob
conoscenza	knowledge	descrivere	to describe
conoscere	to know	desiderio	desire
conquistare	to win	destinazione (f.)	destination
consegnare	to hand in	di	of, from
conseguire	to obtain	diagnosi (f.)	diagnosis
consigliare	to recommend	dialetto	dialect
consiglio	advice	dicembre (m.)	December
contattare	to contact	dieta	diet
contatto	contact	dietro	behind
contenere	to contain	difficile	difficult
contento/a	happy, content	dimenticare	to forget
continuare	to carry on	dimostrare	to show
conto	bill	dipendente (m. e f.)	employee
contro	against	dipinto	painting
controllare	to check	dire	to say, to tell
convocare	to summon	direttore (m.)	director
copione (m.)	script	dirigere	to direct
correre	to run	dirigersi	to set out
corridoio	corridor	disastroso/a	disastrous
corso	course	discoteca	discothèque, nightclub
corto/a	short	discreto/a	fairly good
così	so	disegnare	to design

disegno	drawing	fa	ago
disperazione (f.)	despair	facile	easy
disponibile	available	famiglia	family
disponibilità	availability	famoso/a	famous
disposto/a	willing	fantastico/a	fantastic
distributore (m.)	dispenser	fare	to do, to make
dito	finger	faticoso/a	tiring
ditta	firm	febbraio	February
divano	sofa	febbre (f.)	temperature
diventare	to become	felice	happy
diverso/a	different	femminile	female
divertimento	fun	fermarsi	to stay; to stop
doccia	shower	fermata	stop (bus)
documento	document	festa	party
dolce (m.)	dessert, sweet	figlio/a	son/daughter
domanda	question	filetto	fillet
domani	tomorrow	finestra	window
domenica	Sunday	finire	to finish
donna	woman	firmare	to sign
dopo	after, afterwards	fisica	physics
dopodomani	the day after tomorrow	fondare	to establish
doppio/a	double	formaggio	cheese
dormire	to sleep	forse	perhaps
dosaggio	dosage	forte	bad; strong
dove	where	fortuna	luck, fortune
dovere	must, to have to	fortunato/a	lucky
drammatico/a	dramatic	forza	strength
dritto	straight	fra	in, within
durante	during	francese	French
e	and	fratello	brother
eccezionale	extraordinary	freddo/a	cold
ecco	here	frequentare	to attend, to go to
economia	economics	frigorifero	fridge
economico/a	financial	frizzante	sparkling
edicola	bookstall	frutta	fruit
edificio	building	fumare	to smoke
efficace	effective	fumatore (m.)	smoker
elegante	smart	fungo	mushroom
elettronico/a	electronic	funzionale	functional
enorme	huge	fuori	out
entrare	to get in	furto	theft
entro	within	gabinetto	lavatory
entusiasmante	exciting	galleria	gallery
entusiasta (inv.)	enthusiastic	gamba	leg
eppure	and yet, still	gamberetto	prawn
equitazione (f.)	horse-riding	gamberone (m.)	king prawn
esame (m.)	exam	gara	competition
esattamente	exactly	gemello/a	twin
esperienza	experience	genere (m.)	type, kind; genre
esperto/a	expert	geniale	brilliant
esprimere	to express	genitore (m.)	parent
essere	to be	gennaio	January
estate (f.)	summer	gente (f.)	people
estivo/a	summer (adj.)	già	already; of course
età	age	giallo/a	yellow
evitare	to avoid	giardino	garden

ginocchio	knee	inizio	beginning
giocare	to play	innamorarsi	to fall in love
gioco	game	insalata	salad
gioielleria	jewellery shop	insegnante (m. e f.)	teacher
giornale (m.)	paper	insegnare	to teach
giornata	day	insieme	together
giorno	day	intenso/a	heavy
giovane	young	interessante	interesting
giovane (m. e f.)	youth	interesse (m.)	interest
giovanile	youthful	interpretare	to star, to act in
giovedì (m.)	Thursday	interprete (m. e f.)	actor, actress
girare	to turn; to shoot	invece	on the contrary
giro	stroll	inverno	winter
gita	trip	inviare	to send
giugno	June	invitare	to invite
gola	throat	irlandese	Irish
gonna	skirt	iscriversi	to enrol
gotico/a	Gothic	isola	island
gradimento	liking	italiano/a	Italian
grande	big, great	lampada	lamp
grasso/a	fat	largo/a	wide
gratificante	rewarding	lasciare	to leave
gratuito/a	free	laurea	degree
grazie	thank you	laurearsi	to graduate
grigio/a	grey	lavanderia	laundry
grigliata	mixed grill	lavandino	washbasin
guadagnare	to earn	lavarsi	to wash
guanto	glove	lavorare	to work
guardare	to look; to watch	lavorazione (f.)	filming
guardaroba (m.)	wardrobe	lavoro	work
guidare	to drive	leggere	to read
gusto	taste	letto	bed
ieri	yesterday	lezione (f.)	lesson
immaginare	to guess	lì	there
immediato/a	immediate	libero/a	free
imparare	to learn	libreria	bookcase; bookshop
impegnativo/a	demanding	libro	book
impiego	job	lingua	language
importante	important	liscio/a	straight
improvvisare	to improvise	livello	level
in	in	locanda	inn
incasso	takings	lontano/a	far away
incontrarsi	to meet up with	luglio	July
incredibile	incredible	luminoso/a	bright
incrocio	crossroad	lunedì (m.)	Monday
incustodito/a	unattended	lungo/a	long
indietro	back	luogo	place
indirizzo	address	ma	but
indossatrice (f.)	model	macchina	car
infatti	exactly	madre (f.)	mother
influenza	flu	madrelingua	mother tongue
informatica	computer science	magari	perhaps
ingegnere (m.)	engineer	maggio	May
inglese	English	maggiore	major
ingresso	hall	maglietta	T-shirt
iniziare	to start	magnifico/a	magnificent

magro/a	slim	nascita	birth
mai	never	naso	nose
malato/a	ill, sick	Natale (m.)	Christmas
malpagato/a	badly paid	natura	nature
mancare	to be missing	naturale	still (water)
mandare	to send	naturalmente	obviously
mangiare	to eat	nave (f.)	ship
mano (f.)	hand	navigare	to surf
marchio	brand	nazione (f.)	nation
mare (m.)	sea	necessario/a	necessary
marito	husband	negozio	shop
marrone	brown	nero/a	black
martedì (m.)	Tuesday	nervoso/a	nervous
marzo	March	niente	nothing
maschile	male	nipote (m. e f.)	nephew/niece; grandson/grand-daughter
matematica	mathematics		
materia	subject	no	no
mattina	morning	noioso/a	boring
medicina	medicine	nome (m.)	name
medico	doctor	non	not
meglio	better	nonno/a	grandfather/grandmother
meningite (f.)	meningitis	nono/a	ninth
meno	less	notevole	considerable
mensa	refectory	notizia	news item
mentre	while, whilst	notte (f.)	night
mercato	market	novembre (m.)	November
mercoledì (m.)	Wednesday	novità	news
meridionale	southern	nucleare	nuclear
meritevole	deserving	numeroso/a	numerous
mestiere (m.)	job	nuotare	to swim
mettere	to put	nuotata	swim
mettersi	to put on	nuoto	swimming
mezzanotte (f.)	midnight	nuovo/a	new
mezzogiorno	midday	o	or
migliorare	to improve	occasione (f.)	opportunity
mille	thousand	occhiata	look
minerale	mineral	occhio	eye
minimo/a	minimum	offrire	to offer
minuto	minute	oggi	today
misto/a	mixed	ogni	every
mobile (m.)	piece of furniture	ombrellone (m.)	beach umbrella
moda	fashion	onesto/a	honest
modello	model	opera	work
moderno/a	modern	ora	hour
moglie (f.)	wife	ora	now
molto	very, very much	orario	timetable
molto/a	a lot of, much	orata	sea bream
mondo	world	ordinare	to order
montagna	mountain	orecchio	ear
monumento	monument	ostrica	oyster
morire	to die	ottavo/a	eighth
multinazionale	multinational	ottenere	to obtain
muro	wall	ottimo/a	very good
museo	museum	ottobre (m.)	October
musica	music	ovale	oval
nascere	to be born	ovviamente	obviously

padre (m.)	father	piscina	swimming pool
paese (m.)	country; village	pittore (m.)	painter
pagare	to pay	pittura	painting
paio	pair	più	more
palazzo	block of flats	piuttosto	rather
palestra	gym	poco	little
pancia	stomach, belly	poi	then
panino	roll	poliziotto	policeman
panorama (m.)	view	poltrona	armchair
pantaloni (m. pl.)	trousers	pomata	ointment
parcheggio	car park	pomeriggio	afternoon
parlare	to speak, to talk	popolare	popular
parola	word	popolarità	popularity
partecipare	to take part in	porta	door
partenza	departure	portare	to bring, to take; to wear
partire	to leave		(clothes)
partita	match	portineria	porter's office
passante (m. e f.)	passer-by	portoghese	Portuguese
passaporto	passport	porzione (f.)	portion
passare	to pass; to spend	posizione (f.)	location
pasticca	lozenge	possibile	possible
pastiglia	tablet	possibilità	opportunity
pasto	meal	possibilmente	possibly
patente (f.)	driving licence	posta	mail
paterno/a	paternal	posto	place; position; seat
pattinaggio	skating	potere	to be able to, can
pattino	skate	pranzare	to have lunch
pelle (f.)	skin	pranzo	lunch
pelletteria	leather goods shop	praticare	to practice, to do
pellicola	film	precario/a	precarious
penisola	peninsula	predisposizione (f.)	predisposition
pensare	to think	preferire	to prefer
pensione (f.)	guesthouse	prego	please; you're welcome
per	for	premio	prize
perché	why; because	prendere	to take
perciò	therefore	prenotare	to book
perdere	to lose; to waste	prenotazione (f.)	reservation
perfettamente	perfectly	preoccuparsi	to worry
periodo	period	preoccupato/a	worried
però	but; however	preparare	to prepare
personaggio	character; figure	prepararsi	to get ready
pesce (m.)	fish	preparato/a	prepared
pettinarsi	to comb one's hair	prescrivere	to prescribe
piacere	to like	presentare	to introduce, to present
piano	floor	presenza	appearance
pianta	plant	presso	at
piantina	map	prestigioso/a	prestigious
piatto	dish	presto	early; soon
piazza	square	prezzo	price
piccolo/a	small	prima	first
piede (m.)	foot	primavera	spring
pieno/a	full	primo/a	first
pigiama (m.)	pyjamas	principale	major
pigro/a	lazy	privato/a	private
pilota (m. e f.)	pilot	probabilmente	probably
pinacoteca	picture gallery	problema (m.)	problem

produrre	to produce
professionale	professional
profitto	progress
profondo/a	deep
profumeria	perfumery
profumo	perfume
pronto!	hello!
pronto/a	ready
pronuncia	pronunciation
proprio	precisely
prossimo/a	next
protagonista (m. e f.)	leading actor, leading actress
provare	to try
provincia	province
provocare	to provoke
pubblicare	to publish
punto	point, score
puntuale	punctual
purtroppo	unfortunately
quadrato/a	square
quadro	picture
qualche	some
qualcosa	something
qualcuno	someone
quale	such as; which
quando	when
quanto	how much
quarto/a	fourth
quasi	almost, nearly
quello/a	that
questo/a	this
qui	here
quinto/a	fifth
raccomandazione (f.)	advice
raccontare	to tell
radiosveglia	alarm-radio
raffinato/a	refined
raffreddore (m.)	cold
ragazzo	boy; boyfriend
raggiungere	to achieve; to reach
ragioneria	accountancy
recensione (f.)	review
recitazione (f.)	acting
regalo	present
regione (f.)	region
regista (m. e f.)	director
remunerativo/a	profitable
respirare	to breathe
restare	to stay, to remain
resto	change
rete (f.)	web
riaprire	to open again
riccio	sea urchin
riccio/a	curly

ricerca	search
ricercatore (m.)	researcher
ricetta	prescription
richiedere	to require
riconoscimento	acknowledgment
ricordare	to remember
ridere	to laugh
riguardare	to concern, to regard
rimanere	to remain
rinascimentale	Renaissance
rinunciare	to give up
rione (m.)	district
riordinare	to tidy up
riposarsi	to rest
riprese (f. pl.)	shooting
risparmiare	to save
rispondere	to answer
risposta	answer
ristorante (m.)	restaurant
ritirare	to collect
riuscire	to be able
rivedere	to see again
robusto/a	well-built
romantico/a	romantic
romanzo	novel
rompere	to break
rosso/a	red
rotondo/a	round
rubare	to steal
sabato	Saturday
sala	hall, room
salire	to get on
salmone (m.)	salmon
salotto	sitting room
salutare	to greet
salve	hello
sandalo	sandal
sapere	to know
sartoria	dressmaker's shop
scaloppina	escalope
scambio	exchange
scappare	to run away
scaricarsi	to go flat (battery)
scarico/a	flat, run-down
scegliere	to choose
sceneggiatore (m.)	screenwriter
scenografia	set designing
scherzare	to joke
schiena	back
sci (m.)	ski
sciare	to ski
sciogliere	to melt, to suck
sciroppo	syrup
sconosciuto	stranger
scontrino	cash slip

scoprire	to find	soltanto	only
scorso/a	last	sondaggio	survey
scozzese	Scottish	sopra	on, over, above
scrittrice (f.)	writer	soprattutto	above all
scrivania	desk	sorbetto	sorbet
scrivere	to write	sorella	sister
scultore (m.)	sculptor	sotto	under
scultura	sculpture	sottovalutare	to underestimate
scuola	school	spagnolo/a	Spanish
scuro/a	dark	spalla	shoulder
scusa	excuse	sparire	to disappear
se	if	spazioso/a	spacious
secondo/a	second	specialità	speciality
sedia	chair	specializzarsi	to specialize
segretaria	secretary	spendere	to spend
segreteria	secretariat	speranza	hope
seguire	to follow	spesso	often
selettore (m.)	interviewer	spettacolo	show, showing
semaforo	traffic lights	spiaggia	beach
sembrare	to look	spinaci (m. pl.)	spinach
semiarredato/a	half-furnished	sport (m.)	sport
semplice	simple	sportivo/a	casual
sempre	always	sposarsi	to get married
sentimento (m.)	feeling	sposato/a	married
sentire	to hear	spostarsi	to move
sentirsi	to feel	stadio	stadium
senza	without	stamattina	this morning
sera	evening	stancarsi	to get tired
serale	evening (adj.)	stanco/a	tired
serata	evening	stanza	room
serie (f.)	series	stare	to stay
serietà	reliability	stasera	tonight
servire	to need	statua	statue
sesto/a	sixth	stazione (f.)	station
settembre (m.)	September	stella	star
settentrionale	northern	stesso/a	same
settimo/a	seventh	stilista (m. e f.)	designer
sgomento	dismay	stipendio	salary
sguardo	look	stomaco	stomach
sì	yes	stonato/a	tone-deaf
siccome	as, since	storia	story
sicuramente	definitely	storico/a	historical
sicuro/a	sure	strada	road
signora	lady, woman	straniero/a	foreign
sinfonia	symphony	straordinario	overtime
singolo/a	single	straordinario/a	extraordinary
sintomo	symptom	stretto/a	tight
sistemazione (f.)	accommodation	strumento	instrument
smettere	to stop, to give up	struzzo	ostrich
soggettista (m. e f.)	script writer	studente (m.)	student
soggetto	story	studentessa	student
soggiorno	living room; stay	studiare	to study
soldi (m. pl.)	money	stufo/a	fed up
solito/a	usual	stupendo/a	stupendous
solo	only	stupito/a	astonished
solo/a	lonely	su	on, upon

subito	immediately	tutto/a	all
succedere	to happen	ufficio	office
successo	success	ultimo/a	last
suonare	to play	umano/a	human
superare	to get over	università	university
supermercato	supermarket	uomo	man
supplemento	supplement	usare	to use
supposta	suppository	uscire	to go out, to leave
svedese	Swedish	uscita	gate
svegliarsi	to wake up	utile	useful
sviluppo	development	vacanza	holiday
svizzero/a	Swiss	valigia	suitcase
tacco	heel	varietà	variety
taglia	size	vario/a	several
tanto/a	so much	vedere	to see
tappeto	rug	vedersi	to meet
tardare	to be late, to be long	vela	sailing
tardi	late	veloce	quick
tatuaggio	tattoo	venerdì (m.)	Friday
tavolo	table	venire	to come
teatro	theatre	veramente	actually; really
tecnico/a	technical	verde	green
tedesco/a	German	verdura	vegetables
telefonare	to ring	vero/a	true
telefonino	mobile phone	verso	at about; towards
televisore (m.)	TV set	vestirsi	to get dressed
temperatura	temperature	vestiti (m. pl.)	clothes
tempo	time	vestito	dress; suit
terminare	to finish	vetrina	window
terzo/a	third	via	away
testa	head	viaggiare	to travel
tetto	roof	viaggio	journey
tipo	kind	videogioco	video game
tornare	to come back; to go back	videoregistratore (m.)	video recorder
torrido/a	torrid	vincere	to win
torta	cake	vino	wine
toscano/a	Tuscan	visita	visit
tosse (f.)	cough	visitare	to visit
tossire	to cough	vista	view
tra	between; in, within	vitamina	vitamin
traduttore (m.)	translator	vivace	bright
traduzione (f.)	translation	vivere	to live
trama	plot, story	volare	to fly
tranquillo/a	quiet	volentieri	with pleasure
trasferirsi	to move	volere	to want
trasmissione (f.)	programme	volo	flight
trattare	to deal with	volta	time
treno	train	vuoto/a	empty
trionfare	to triumph	zafferano	saffron
tropicale	tropical	zaino	rucksack
troppo	too	zio/a	uncle/aunt
trovare	to find	zona	area
trovarsi	to feel, to be; to meet	zucchero	sugar
truccarsi	to put on make-up	zuppa	soup
turistico/a	tourist (adj.)		